全国高等职业教育"十三五"现代学徒制规划教材
——酒店专业系列——

酒店餐饮管理
实务教程

PARCTICAL COURSE OF HOTEL CATERING MANAGEMENT

主编◎张恒　张远　　副主编◎夏远利

中国旅游出版社

全国高等职业教育"十三五"现代学徒制规划教材
酒店管理专业系列丛书编辑委员会

编委会主任：刘胜勇　吉敏生

编委会副主任：李筱刚　蔡振东

编　委　委　员：夏远利　孙　瑜　胡欣哲　张　恒　林风吟
　　　　　　　　　张　远　王文骏　王　燃　吕丹丹　苏松梅
　　　　　　　　　王月华　韩飞燕　金维全　王霞清

编　　　审：刘胜勇　吉敏生　韩飞燕

序 言

2014年8月,教育部印发《关于开展现代学徒制试点工作的意见》明确提出现代学徒制是一项旨在深化产教融合、校企合作,进一步完善校企合作育人机制,创新技术技能人才培养的现代人才培养模式。

江苏建筑职业技术学院(以下简称江苏建院)作为教育部遴选的第二批现代学徒制试点牵头单位,学校酒店管理专业早在2015年8月就参与到无锡江阴海澜集团有限公司牵头的现代学徒制试点项目中。同时,该专业教研室还主持了2016年教育部高教所重点课题《现代学徒制教学管理体系》研究。

一方面,在现代学徒制研究与实践的过程中,校企双方都积极地参与人才培养全过程中,基本上实现了专业设置与产业需求对接,课程内容与职业标准对接,教学过程与生产过程对接,提高了人才培养质量和针对性。经过近五年的大胆探索实践,按照教育部现代学徒制试点实施方案及教育部课题研究的重点内容要求,江苏建院酒店管理教研室课题组基本完成了现代学徒制试点项目的教学管理体系的构建工作,获得了很多经验,也认识到了高职院校在现代学徒制试点实践中,除了有很多教学管理问题亟待解决外,最为重要的是没有适合现代学徒制教学管理体制下的专业教材。因此,江苏建院酒店管理专业教学研究团队与教育部现代学徒制试点合作单位协商,决定重点针对高职院校酒店管理专业现代学徒制建设中的核心课程撰写一套实用、适用并贴合高职特色的教材,用于现代学徒制体制下的专业教学实践。

另一方面,随着酒店业的迅猛发展,酒店业的竞争越来越激烈。提高企业竞争力的核心是提高酒店人才的竞争力,而酒店人才的培养需要一套紧跟行业发展趋势、紧跟酒店岗位专业需求、贴合现代酒店业管理实际的教学及培训系列教科书。

江苏建院2016年成立了酒店管理专业现代学徒制教材丛书编写委员会,在刘胜勇教授的带领下,筹备酒店管理专业现代学徒制教材丛书的规划编写。经过近三年的构思编撰,目前该套教材中的8门核心课程书稿基本完成。每本书的编者将酒店岗位的工作任务作为学习的目标,将真实的工作场景编入教材,在读者的学习过程里融入了工作职责、工作流程等知识,还加入了现代学徒制的核心内容——资深工作者(师傅)的引领、指导和评价,让教材的使用者既能作为主体参与学习,又可以得到更高的视角对自我的表现进行评估,以此作为有效的激励机制促进学生的学习。由此构成了本套教材的现代学徒制特色,依据工作岗位工作流程设定学习内容的特色,学做结合、讲练互融的特色。本编撰组成员力争将丛书编撰成高职院校相关专业的学生实用、企业员工培训需用,行业企业选用的参考资料。

本套教材由中国旅游出版社出版,由酒店管理专业培养方案中的"酒店心理学理论基础与实践""酒店管理学理论基础与实践""高星级酒店职业形象塑造""酒店实境英语教程""酒店前厅管理实务教程""酒店餐饮管理实务教程""酒店客房管理实务教程"等8门核心课程组成。通过介绍酒店管理涉及的基本理论,结合酒店行业、企业各岗位实际工作中的实践体验,每本书基本设置了6~8个模块;每个模块含有3~5个学习情境;包含20~26个项目单元学习内容,涵盖了酒店管理的有关服务与管理方面的基本理论及酒店管理岗位的实际操作。学习情境之间是平行关系,各项目单元之间是递进关系;在学习情境内容的设计过程中,重视对学徒生社会能力和方法能力的培养,每个学习情境都分师傅讲授、师傅提示、徒弟记忆、徒弟操作、徒弟拓展等师徒互动环节,贯穿了资讯、决策、计划、实施、检查、评价6个工作步骤;学徒生在完全真实(或模拟)学习任务工作情境中,通过师傅与学徒生间的团队合作,制订计划、工作分配、角色扮演来进行,强调工作的效率和标准化要求的执行;本套书的学习情境采用结构化设计,以目标、内容要求为基础构建学习情境框架,提供多个项目、案例作为载体,教师教学及读者自学时可直接使用这些载体,也允许教师从企业和实际工作中引入新的载体;学生的创新项目也可作为学习情境的载体,并可形成创新成果;培养学生灵活应用专业知识分析和解决工作中遇到的实际问题的能力。

现代学徒制培养模式在中国还是一个新鲜事物,还有很多值得探究的问题。本套教材也是为了满足学徒制试点项目应急编撰的,还没有经过大面积的使用与完善。因为编写时间仓促,试点范围狭窄,编者水平有限等诸多因素导致本套教材疏漏之处、文字不妥之处、结构的争议之处在所难免,敬请同行专家们批评指正。

孙进

2018年12月

前言

2014年中华人民共和国教育部创新技术技能人才培养模式，提出一项旨在深化产教融合、校企合作，进一步完善校企合作的育人机制——现代学徒制。现代学徒制是通过学校、企业深度合作，教师、师傅联合传授，对学生以技能培养为主的现代人才培养模式。现代学徒制有利于促进行业、企业参与职业教育人才培养全过程，实现专业设置与产业需求对接，课程内容与职业标准对接，教学过程与生产过程对接，毕业证书与职业资格证书对接，职业教育与终身学习对接，提高人才培养质量和针对性。

2019年，国务院印发《国家职业教育改革实施方案》，对职业教育提出了全方位的改革设想。职业教育的重要性，被提高到了"没有职业教育现代化就没有教育现代化"的地位。因此，如何落实国家政策，培养高质量的现代学徒，成为职业教育从业者应思考的首要问题。

我国旅游业已成为国民经济新的增长点和第三产业中的优势产业，新形势下旅游业将发挥多元功能，对旅游人才提出了新的要求。基于此，为了更好地满足旅游饭店业用人需求，适应全国旅游饭店业职业教育和职业培训需求，我们根据旅游饭店业发展现状、发展趋势，对《酒店餐饮管理实务教程》现代学徒制教材进行规划和编写。该教材针对业界一线员工职业标准的关键需求提出解决方案，使服务人员通过学习能够掌握满足各类客人需求的服务方式和专业技能。

《酒店餐饮管理实务教程》现代学徒制教材主要特点体现在以下几个方面。

第一，适应现代学徒制培养模式。教材突出职业教育以能力为本位，重视实操能力的培养，理论以够用为度，进一步加强了实践性教学内容，以满足旅游饭店从业者和毕业生所从事职业的实际需要。

第二，根据行业发展趋势，力求教材内容与时俱进。合理编写教材内容，尽可能多地在教材中体现新理念、新知识、新方法和新设备等方面内容，并力求贴合实际岗位的变化和新的要求，以使更好地提升旅游饭店从业人员的岗位竞争能力。

第三，贯彻国家职业教育"1+X"证书制度。内容能够满足旅游饭店从业人员教育和相关职业资格考试所要求的内容。

因此，《酒店餐饮管理实务教程》现代学徒制教材既可作为高职高专院校旅游管理专业、酒店管理专业学生的教材，又可以作为餐饮企业服务与管理人员的培训教材或自学用书。

教材在编写过程中参考并引用了国内外同行的有关教材、资料和研究成果，在此表示衷心感谢！由于编者水平有限，书中难免有疏漏和不妥之处，恳请同行专家和读者指正。

编者
2020 年 1 月

目 录

模块一 餐饮从业人员素质要求 ··· 1
  任务一 餐饮从业人员素质要求 ··································· 1
  任务二 餐饮从业人员岗位职责 ··································· 9

模块二 餐饮服务基本技能 ··· 21
  任务一 托盘 ·· 21
  任务二 餐巾折花 ·· 31
  任务三 摆台 ·· 47
  任务四 酒水服务 ·· 64
  任务五 菜肴服务 ·· 72

模块三 餐饮服务与基层管理能力 ··································· 82
  任务一 预订服务与管理 ·· 82
  任务二 迎宾领位服务与管理 ···································· 88
  任务三 点菜服务与管理 ·· 93
  任务四 餐间服务与管理 ·· 107
  任务五 餐后服务与管理 ·· 121

模块四 餐饮企业经营与管理能力 ································· 127
  任务一 餐厅的设立 ·· 127
  任务二 菜单的设计与制作 ······································ 134

  任务三 餐饮服务质量管理……………………………………………… 146
  任务四 餐饮营销管理………………………………………………… 155
  任务五 餐饮组织机构的设置和人力资源管理……………………… 175
  任务六 餐饮企业安全管理…………………………………………… 189
  任务七 餐饮原料采购管理…………………………………………… 195

模块五 餐饮业发展现状与展望………………………………………… 203
  任务一 餐饮部在酒店中的地位与作用……………………………… 203
  任务二 餐饮从业人员的职业现状与职业发展…………………… 214
  任务三 我国餐饮行业发展趋势……………………………………… 224

结 语……………………………………………………………………… 230

参考文献………………………………………………………………………… 231

餐饮从业人员素质要求

任务一 餐饮从业人员素质要求

【学习内容】

1. 思想政治要求。
2. 服务态度要求。
3. 服务知识要求。
4. 服务姿态要求。

【师傅要求】

1. 能够知晓餐饮服务人员的素质要求。
2. 能够达到餐厅服务人员仪容仪表、服务姿态的规范要求。
3. 树立服务意识，养成良好的纪律观念。

【师徒互动】

随着餐饮业竞争的日趋激烈和消费者自我保护意识的增强，宾客对餐饮服务质量的要求越来越高，而餐饮服务质量的提高有赖于高素质的员工。因此，餐饮从业人员应树立正确的观念与意识，改善服务态度，更新本职工作所需的知识，提高管理与服务能力，从而提高餐饮服务质量。餐饮从业人员的素质要求主要有以下几方面。

一、思想政治要求

1. 政治上坚定

餐饮从业人员应确立正确的政治立场，即应坚持党的基本路线，认真学习马列主义、毛泽东思想、邓小平理论、三个代表、科学发展观和习近平新时代中国特色社会主义思想。在服务工作中，严格遵守外事纪律，讲原则、讲团结、识大体、顾大局，不做有损国格、人格的事。

2. 思想上敬业

餐饮从业人员必须树立牢固的专业思想，充分认识到餐饮服务对提高服务质量的重要作用，热爱本职工作，在工作中不断努力学习，奋发向上，开拓创新；自觉遵纪守法、文明礼貌、助人为乐、爱护公物、保护环境；倡导爱岗敬业、诚实守信、办事公道、服务群众、奉献社会的职业道德，并养成良好的行为习惯，培养自己的优良品德。

二、服务态度要求

服务态度是指餐饮从业人员在对客服务过程中体现出来的主观意向和心理状态，其好坏直接影响到宾客的心理感受。服务态度取决于员工的主动性、创造性、积极性、责任感和素质的高低。其具体要求是：

1. 主动

餐饮从业人员应牢固树立"宾客至上、服务第一"的专业意识，在服务工作中应时时处处为宾客着想，表现出一种主动、积极的情绪，凡是宾客需要，不分分内、分外，发现后即应主动、及时地予以解决，做到眼勤、口勤、手勤、脚勤、心勤，把服务工作做在宾客开口之前。

2. 热情

餐饮从业人员在服务工作中应热爱本职工作，热爱自己的服务对象，像对待亲友一样为宾客服务，做到面带微笑、端庄稳重、语言亲切、精神饱满、诚恳待人，具有助人为乐的精神，处处热情待客。

3. 耐心

餐饮从业人员在为各种不同类型的宾客服务时，应有耐性、不急躁、不厌烦，态度和蔼。服务人员应善于揣摩宾客的消费心理，对于他们提出的所有问题，都应耐心解答，百问不厌；并能虚心听取宾客的意见和建议，对事情不推诿。与宾客发生矛盾时，应尊重宾客，并有较强的自律能力，做到心平气和、耐心说服。

4. 周到

餐饮从业人员应将服务工作做得细致入微、面面俱到、周密妥帖。在服务前，服务人员应做好充分的准备工作，对服务工作做出细致、周到的计划；在服务时，应仔细观察，及时发现并满足宾客的需求；在服务结束时，应认真征求宾客的意见或建议，并及时反馈，以将服务工作做得更好。

三、服务知识要求

餐饮从业人员应具有较广的知识面，具体内容有：

1. 基础知识

主要有员工守则、服务意识、礼貌礼节、职业道德、外事纪律、饭店安全与卫生、服务心理学、外语知识等。

2. 专业知识

主要有岗位职责、工作程序、运转表单、管理制度、设施设备的使用与保养、饭店的服务项目及营业时间、沟通技巧等。

3. 相关知识

主要有宗教、哲学、美学、文学、艺术、法律知识，各国的历史地理、习俗和礼仪、民俗与宗教知识，本地及周边地区的旅游景点及交通知识等。

四、能力要求

1. 语言能力

语言是人与人沟通、交流的工具。餐厅的优质服务需要运用语言来表达。因此，餐饮从业人员应具有较好的语言能力。《旅游饭店星级的划分与评定》（GB/T 14308—2010）对饭店服务人员的语言要求为："语言文明、简洁、清晰，符合礼仪规范；以协调适宜的自然语言和身体语言对客服务，使宾客感到舒适和被尊重；对宾客提出的问题应予耐心解释，不推诿和应付。"此外，服务人员还应掌握一定的外语知识。

2. 应变能力

由于餐厅服务工作大都由员工通过手工劳动完成，而且宾客的需求多变，所以，在服务过程中难免会出现一些突发事件，如宾客投诉、员工操作不当、宾客醉酒闹事、停电等，这就要求餐厅服务人员必须具有灵活的应变能力，遇事冷静，及时应变，妥善处理，充分体现饭店"宾客至上"的服务宗旨，尽量满足宾客的合理需求。

3. 推销能力

餐饮产品的生产、销售及宾客消费几乎是同步进行的，且具有无形性的特点，所以要求餐厅服务人员必须根据客人的爱好、习惯及消费能力灵活推销，以尽力提高宾客的消费水平，从而提高餐饮部的经济效益。

4. 技术能力

餐饮服务既是一门科学，又是一门艺术。技术能力是指餐厅服务人员在提供服务时显现的技巧和能力，它不仅能提高工作效率、保证餐厅服务的规格标准，更能给宾客带来赏心悦目的感受。因此，要想做好餐厅服务工作，就必须掌握娴熟的服务技能，并灵活、自如地运用。

5. 观察能力

餐厅服务质量的好坏取决于宾客在享受服务后的生理、心理感受，也即宾客需求的满足程度。这就要求服务人员在对客服务时应具备敏锐的观察能力，随时关注宾客的需求并给予及时满足。

6. 记忆能力

餐厅服务人员通过观察了解到的有关宾客需求的信息，除了应及时给予满足之外，还应加以记忆，当宾客下次光临时，服务人员即可提供有针对性的个性化服务，这无疑会提高宾客的满意程度。

7. 自律能力

自律能力是指餐厅服务人员在工作过程中的自我控制能力。服务人员应遵守饭店的员工守则等管理制度，明确知道在何时、何地能够做什么，不能够做什么。

8. 服从与协作能力

服从是下属对上级的应尽责任。餐厅服务人员应具有以服从上司命令为天职的组织纪律观念，对直接上司的指令应无条件服从并切实执行。与此同时，服务人员还必须服从客人，对客人提出的要求应给予满足，但应服从有度，即满足客人符合传统道德观念和社会主义精神文明的合理需求。

五、身体素质要求

1. 身体健康

餐饮从业人员必须身体健康，定期体检，取得卫生防疫部门核发的健康证，如患有不适宜从事餐厅服务工作的疾病，应调离岗位。

2. 体格健壮

餐饮服务工作的劳动强度较大，餐厅服务人员的站立、行走及餐厅服务等必须具有一定的腿力、臂力和腰力等，因此，餐饮从业人员必须要有健壮的体格才能胜任工作。

此外，餐厅服务工作需要团队精神，餐厅服务质量的提高需要全体员工的参与和投入。在餐厅服务工作中，要求服务人员在做好本职工作的同时，要与其他员工密切配合，尊重他人，共同努力，尽力满足宾客需求。

【师傅指导】

服务员的职责是确保客人的就餐经历愉悦，这一点只有具备良好品质的服务员才能做到。一名专业的服务员不仅具有谨慎而积极的工作态度（主动、热情、耐心、周到等）、丰富的产品知识等，更重要的是掌握娴熟的服务技能，并通过形体语言和服务语言正确地表达出来。

形体语言是一种非语言的交际手段，形体语言的基本特征是共通性、传承性、心理性、符号性，它包括人的表情、体貌、体态、动作、姿势等。

一、员工的表情和态度规范

表情是人的面部所流露的情感。在给人的印象中，表情非常重要。员工的表情和态度要体现对客人的尊重和友好，服务态度表现热情、诚恳、亲切、耐心，使身在异乡的客人产生回家的亲切感，消除陌生感，给客人精神上的享受，从而使客人对饭店产生情感上的吸引力。在对客服务时，应注意以下几点。

微笑是员工最基本的表情。在对客服务时，应面带微笑，和颜悦色，不能以冷漠、呆板的表情对待客人。要神色坦然，轻松、自信，给人以镇定、宽慰感；不要眉头紧锁，满面愁云。

面对客人要表现出热情、亲切、友好、真诚、关心、关注，必要时还要有同情的表情，要做到精神振奋，情绪饱满。

和客人交谈时要做到全神贯注、与对方有眼神交流（不得一直盯着对方），适时点头称是，不得目光呆滞、目光向上（傲慢）、眼帘低垂（心不在焉、不热情），视而不见（不礼貌），目光虽专注而无反应（轻佻、嘲讽）。

在为客人服务时，不得流露出厌烦、冷淡、愤怒、僵硬、紧张和恐惧的表情。不得扭捏作态（如做鬼脸、吐舌、眨眼）。

在服务、工作、打电话与客人交谈时，如有其他客人靠近，应示意客人已注意到他（她）的到来，不得无所表示等客人先开口。

对客服务时杜绝谈论个人私事，不能变相向客人索要小费。

二、员工的仪容仪表规范

员工的仪容仪表能给客人尊重和美的享受，体现员工礼仪修养和文明气质，同时也表现地区和民族特色，反映饭店的品牌特性和企业文化。员工的仪容仪表主要从以下几个方面体现。

1. 头发

男士：不得留长发或蓬松的发式，不得留大鬓角，头发两侧不得遮住耳朵，后面不得盖住衣领。

女士：头发过领口应扎起，严禁披头散发，前额刘海不得压住眉毛，不得让头发遮住脸。不得使用刺激性气味较大的发胶、发乳、头油等。要保持清洁，注意有无脱发落在制服上。

2. 饰物

厨师严禁佩戴任何戒指，其他员工仅限于佩戴婚戒。工作时不得佩戴耳环、项链、手镯等华丽、显眼的装饰品。员工工作时间禁止佩戴有色眼镜，制服上不得佩戴除铭牌及饭店规定以外的装饰品。

3. 化妆

工作期间，女员工应化淡妆，但不得浓妆艳抹，不得使用气味浓重的化妆品。须选用与工服及肤色相配的化妆品。口红、腮红应自然，不得化不合时宜的妆。

4. 个人卫生

口腔：上班前不得食用有刺激性气味的食物（如韭菜、大蒜等），上班前三小时内不得饮酒，严禁带酒味上岗。早晚要刷牙以防止口臭，经常漱口。

身体：要勤洗澡，防止有汗臭味。

手、指甲：应勤洗手、剪指甲，手部要保持清洁，不得留长指甲，女士不得使用有色指甲油。

胡须：不准留任何胡须，上班前必须刮净。

5. 工作服

工作时间只能穿饭店发放的工作服。工作服要保持平整，凡是有污迹、开线、缺口子等情况应立即修补或更换。褶皱、带有油污或异味的工作服将影响饭店的气氛，给饭店形象带来不好的影响。

工作服外衣、衣袖、衣领处不得显露个人衣物，内衣下摆不得露在工作服外；除工作需要以外，工作服口袋里不得放置其他物品。

在工作岗位上，工作服纽扣要全部扣好，制服袖口、裤脚不得挽起。

6. 鞋、袜

只准穿饭店发放的或普通样式的鞋，鞋要穿好。不得穿凉鞋和破损的鞋。上岗前应将鞋擦拭干净。

男士应穿着深色的袜子。女士应穿着肤色或与工作服相匹配的颜色的袜子；穿短裙的女士要穿长筒袜，穿长筒袜要贴紧，不得显出松散的样子；不得穿跳丝或有洞的袜子。

三、员工的服务用语规范

员工在工作中要做到谈吐文雅，语调轻柔，语气亲切，与宾客对话时，首先要面带微笑地倾听，并通过关注的目光进行感情交流，或通过点头和简短的提问、插话表示出对宾客谈话的注意与兴趣。

在对客服务时，要多说"请、谢谢、您好"等礼貌用语，并根据接待对象的不同，选择合适的问候语、称呼语。

称谓语。如：先生/××先生；小姐、夫人、女士、太太等。

欢迎语。如：欢迎您入住我们饭店，欢迎您来这里用餐，祝您在我们饭店入住愉快。

问候语。如：您好，早安/午安/晚安等。

告别语。如：再见，祝您一路顺风，欢迎下次再来等。

征询语。如：我能为您做什么？需要我帮助您吗？您需要×××吗？……

道歉语。如：实在对不起；打扰您了；这是我们的过错，请您不要生气；请您不要介意等。

【徒弟操练】

1. 请归纳总结餐饮从业人员应具备的素质。
2. 情景模拟：在迎宾、就餐服务、送客等情境下，餐饮服务人员基本礼貌用语和服务用语的正确使用。

【拓展提高】

一、培养能"挨骂"的能力

在职场上，任何人都少不了"挨骂"的经历。即便知道这一点，很多人也无法接受，有时明明是对方的错，却要自己承担怒火。所以，控制情绪没有那么容易。但我们知道，越不易的事情，当你办到的时候收获就会越大，当你控制好情绪，就离成功不远了。

有核心竞争力的人，懂得把每次的羞辱和伤害，视作"转骨"所需的营养珍馐，来提升你的格局。否则事过境迁后，别人只会记得你爆发的情绪，却不记得原因，徒留给别人你容忍力不够的印象。

在职场上，我们都没有避免受委屈的选择权；然而当委屈来临时，也无须惧怕。

只要你能训练自己，每次受伤害时，都有脱胎换骨的能力，就必定能在职场上破茧而出。

（一）把你讨厌的人，当客户看

某公司有位年轻员工马克，负面情绪很强，有时候，主管稍微指出他的工作缺失，他就会一直把"讨厌主管"挂在嘴边。

当时，跟他同组的某位同事说话比较嚣张，爱吹嘘自己，马克也会控制不了厌恶之情，甚至跟主管反映，他不想跟讨厌的人一起工作。

有一回，其他员工在跟马克讨论工作时，觉得老板的指示颇有道理，于是表达了他的看法，但马克竟然很不理智地说："我才不管她说的有没有道理，反正我就是讨厌她。"

同事只能诚实地劝告马克，虽然老板的"讨厌"碍到他，但他自己的情绪，却只会阻碍到工作，最后倒霉的是自己。

孔子曾说："君子不以言举人，不以人废言。"如果讨厌一个人就不听他的建言，不但会阻碍你的工作，也会让自己错失良机。

确实，要做到控制讨厌的情绪实在很困难，每个人都可能陷入厌恶的情绪泥沼里爬不出来，只有在缴了很多"学费"后，才让自己学会管理它。

事实上，这种能力是可以训练的，训练心法就是，把你讨厌的人，当"客户"看。一旦你修炼成功，你的竞争力就能再往上爬一层。

在职场上，"客户"就是能为你带来"利益"的人，只有客户让公司获利时，你才能得到金钱、地位和成就感；相反地，如果没有客户，你就得不到你想要的"利益"。

再者，你的部属如果有贡献，身为主管的你，也应该控制讨厌部属的情绪，否则，你的团队竞争力就会下降。

所以，把你讨厌的人当"客户"看，其实是为了你自己的"大局"着想，当你想通了这点，你就能够不以情绪碍事。

（二）谁能吞下更多委屈，谁就拥有说话权利

一名女士在某公司担任老板秘书，有一回，老板因为自己记错会议时间，结果到客户那里扑了个空。

老板负气回到公司，当众对该女士大发雷霆。该女士认为她明明给过老板行程表，是他自己记错了，觉得受到了委屈，忍不住也动怒并和老板对质起来，还脱口而出："你每次都这样。"

本来是个小误会，最后却演变成算总账，老板没有台阶下，当场拍桌子不欢而散。

后来，虽然老板找她喝咖啡和解，也互相道了歉，但自此以后，老板与她的互动已经不像以前那般亲切热络，该女士也越做越不快乐。

因为她不想承受委屈，当下急着想替自己说话，但事实上，她正在失去她的发言权，反而让自己陷入危机。

相反地，如果当时她能沉住气，给老板台阶下，等情绪过后，再以平和的方式让老板知道事情原委，并且日后更积极地按时做提醒，老板会对她另眼相看，一定更加重视她的意见。

名厨阿基师十几岁就开始学徒生涯，苦熬了30年才出头，他曾在接受访问时说道："忍受委屈可以让人更成熟，对事情的判断更淡定。"

而每次能吞下委屈的那份淡定与成熟，皆是涵养自己气度更大的养分。有朝一日必须面对更大场面的挑战，你也才顶得住。

请记住，遭受委屈时，通常伴随着一股动力，但是这种想证明自己的动力，并非像八点档乡土剧那种低下的反击复仇。

面对委屈时，你真的不需要太在意旁人的眼光，只要记得，永远对自己负责。

事实上，这个道理男女都适用，尤其是刚进入职场的年轻人，如果能及早悟透它，在职场上，就越能凸显自己的重要性。

你的气度和格局，将在老板眼中占领一席之地，让老板不得不挺你，这就是竞争力。

当委屈来临时，你要把自己桎梏在愤恨不平的牢狱里，或是拥有说话权利，你现在应该已经懂得如何选择。

职场挨骂是一种能力与进步，没有冲突和不满注定只能待在原地。把每一次挨骂当成磨炼和成长的过程去喂大自己的格局，能吞下更大的委屈，方能成更大的事。请收起那所谓的玻璃心，你并没有那么好，但是，你还可以更好。

（改编自酒店人指南：http://www.sohu.com/a/303022235_100016384）

任务二　餐饮从业人员岗位职责

　　餐饮从业人员的岗位职责也称为工作描述，是在工作分析的基础上所制定的、针对某一岗位的责任书。它规定了该岗位的特点、主要工作任务及任职资格等方面的内容。餐饮部是饭店组织机构的重要组成部分，餐饮部管辖范围广，员工人数较多，营业点比较分散。要做好餐饮部的管理工作，必须建立科学、合理、有效的组织网络，并进行科学分工，使所属各部门、各岗位各司其职，保证餐饮经营正常运转。餐饮部的组织机构因饭店的规模、接待能力、餐厅类型的不同而形式各异。从组织机构的设计上看，也没有绝对统一的标准。

【学习内容】

　　1.餐饮服务员的岗位职责。
　　2.餐饮服务员的纪律要求。

【师傅要求】

　　1.明确餐饮服务员的岗位职责。
　　2.了解餐饮服务员纪律的重要性。

【师徒互动】

　　学徒不仅要熟记自己的岗位职责，也要了解其他岗位的岗位职责，做好本职工作。

一、餐厅服务部门岗位职责

（一）值台服务员岗位职责

　　（1）遵守考勤制度、卫生制度、工作纪律等各项规章制度。接受领班的例行检查和工作安排。
　　（2）及时清理属于自己服务区域内的桌面、更换骨盘和烟灰缸、始终保持区域卫生，并及时清洁、调整台面。
　　（3）每天严格按餐厅服务程序、操作规范为前来就餐的顾客提供桌面服务，顾客来到餐桌前，为顾客拉椅、方便顾客入座。工作中服从上级，听从指挥，坚守岗位。
　　席间服务时，值台服务员应做到以下几点：
　　①礼貌待客，微笑服务，能及时处理顾客投诉或及时向上级反映。
　　②做到六勤：勤巡视、勤换烟灰缸、勤换骨碟、勤整理台面、勤斟酒水、勤问顾客

需要什么。

③做到三轻：说话轻、走路轻、拿放东西轻。

④思想高度集中，随时关注顾客的眼神、表情、手势、言谈、心理等。

（4）负责本区域或台位的服务用品及设施设备的使用、保养工作，需维修事项按报修程序报工程部门处理。

（5）协助领位员，做好客人的迎送工作和安排客人入座。

（6）了解预订情况，提前做好接待准备工作，确保为客人提供准确、周到的服务。

（7）掌握餐厅所提供食品的基本知识，熟悉其原配料、口味、单价。

（8）正确摆台，确保所有餐具、器皿清洁、光亮、无污渍、无斑痕、无破损，桌布、口布干净、无破损、无污渍。

（9）了解饭店其他部门及餐厅各项服务项目和设施，灵活机动地向客人推销。

（10）核对客人账单，协助客人结账。

（11）积极收集客人对本饭店和本餐厅产品的意见或建议并及时向领班、主管或经理报告。

（12）认真仔细做好客人离去后的检查、清洁整理工作。

（13）执行上级命令，完成上级布置的任务。

（二）餐厅预订员岗位职责

（1）负责接听电话，客人电话订餐应问清楚姓名、单位、时间及人数，做到准确、快捷。

（2）掌握客情，接受客人的预订，安排留台。

（3）向客人介绍餐厅各式菜点、各种饮品和特色菜点，吸引客人来餐厅就餐。

（4）了解客人的饮食习惯及爱好，熟记常客与贵宾的姓名、职务，争取宾客的再次光临。

（5）解答客人提出的有关饮食、饭店设施方面的问题，收集客人的意见及投诉，并及时向领班汇报。

（6）留意常客姓名，以增加客人的亲切感和自豪感。

（7）熟知当天订餐的单位（或个人）名称、时间、人数及台位安排等情况，注意记录客人的特别活动（如生日庆祝会），如有重要情况，及时向主管汇报。

（8）服从餐厅领班的安排，严格遵守饭店及部门规定的各项规章制度，按质按时完成上级交予的任务。

（三）餐厅迎宾员岗位职责

迎宾员是餐厅的门面，负责做好迎送宾客，安排宾客就座等工作。

（1）上岗时要求衣冠整洁、端庄大方、笑容可掬、彬彬有礼。

（2）掌握和运用礼貌语言，如："先生、小姐您好，欢迎光临""欢迎您到我们餐厅就餐"等。

（3）营业时间，热情主动地迎送宾客，引领客人到预订台位或客人满意的台位。

（4）营业高峰期做好宾客疏散工作，或将客人带到其他餐厅，并做好解释工作，随时与餐厅服务员沟通，密切合作，尽快让客人用餐。

（5）迎接客人，引导客人到预订台位或客人满意的台位，为客人拉椅，铺好餐巾，递上菜单。

（6）替客人存取、保管衣物，并询问有无贵重物品，提醒客人自行保管贵重物品。

（7）客满时，负责安排好后到的客人，使客人乐于等位。

（8）客人用餐后离开餐厅时，站在门口目送客人，征求客人意见并向客人表示感谢，欢迎客人下次光临。

（四）餐厅领班岗位职责

（1）协助餐厅主管做好日常管理工作，认真执行各种制度和工作标准，按时、保质保量完成上级分配的工作任务。

（2）带领、督促员工做好接待工作，发挥带头作用，组织好现场培训。

（3）与客人建立良好的宾客关系，主动与客人沟通，并在第一时间处理客人投诉或立即报告楼面主管，收集客人对菜品和服务的意见并及时反馈到楼面主管。

（4）掌握客人每天的进餐情况，要求服务员准确、周到地进行服务。注意服务员的表现，随时纠正他们在服务中的失误、偏差。开餐后注意观察客人用餐情况。随时满足客人的各种用餐需求。遇有重要客人或服务员人手不够的情况时，要亲自上阵。

（5）做好每天卫生工作计划，保障餐厅整洁，确保管辖范围内的清洁卫生，餐具及服务用品卫生要达到国家卫生消毒标准。

（6）带领员工做好开餐前的准备工作，检查餐台摆设、定位情况，收餐后检查餐柜内餐具的摆放情况。加强现场管理，营业时间坚持在一线，及时发现和纠正服务中出现的问题。

（7）对分管区域物品的领用和保管，应定期进行检查和清点，有问题及时向楼面主管汇报。

（8）负责检查分管区域的设施、设备，检查厅、门、电开关、空调开关、音响情况，做好安全和节电工作，若发现损坏要及时报修。

（9）与其他领班互相协作，做好本职工作。

（10）完成上级领导安排的其他工作。

（五）餐厅经理岗位职责

（1）负责酒店餐饮良好组织氛围的塑造和人员素质的管理，保证员工对企业的满意

度。认真贯彻餐饮部经理意图，积极落实各个时期的工作任务和日常运转工作。

（2）掌握和控制餐饮综合毛利率及各餐厅毛利水平，控制餐饮成本消耗水平和费用开支，及时提出价格策略和价格调整方案，报总经理审批后组织实施。

（3）创造餐厅内部友好和谐的工作气氛和工作环境，改善服务、提高标准，激励员工，发挥下属骨干的作用，并对其进行培养。

（4）负责制定服务质量标准与服务程序。巡视检查各项工作的具体实施，纠正不符合规范的行为，改进服务方法与态度。

（5）负责营业额、经费及劳动成本的预算工作。

（6）组织安排员工的工作，监督制定排班表，招聘新员工，制订培训计划。具有为酒店多做贡献的精神，不断提高管理水平，业务上要追求精益求精。

（7）指导和监督餐厅的日常工作，保证经营业务的正常进行。

（8）评估员工的工作表现，保证执行各项规章制度，解决有关问题。

（9）组织安排员工工作，制定排班表，培训新员工，实施员工在岗培训，评价员工工作表现，做好餐厅安全和防火工作。

（10）发展良好的客户关系，安排顾客预订的宴会及便餐，迎接顾客到来，必要时向顾客介绍食品、饮料，解决处理客户投诉。

（11）促进销售，适时向顾客提出各种建议，利用纯熟的销售技巧做好推销，扩大餐饮销售。

（12）督导员工坚守岗位，检查各岗位餐前准备工作，负责前台指挥和监督，按服务质量标准、要求、指导员工提供优质服务，征求顾客意见，不断改进工作。

（13）负责餐饮店的整体运营管理工作，带领全店员工完成公司下达的各项经营指标。

（14）负责做好餐饮店的服务管理、菜品管理、客户信息及关系管理、应急事件管理、安保管理及卫生保洁管理等，保证顾客的满意度。

（15）在总经理领导下，贯彻餐厅经营方针和各项规章制度，认真贯彻领导决策，全面负责餐厅各项经营管理工作，对总经理下达的目标管理责任制度和经营利润、营业收入、毛利率、费用率、部门优质服务率、设备完好率及安全无事故率等指标承担领导责任。

二、员工工作纪律

对于饭店组织而言，纪律是品牌形象的基础，是其能否生存的基本前提，没有纪律就没有效率与合作，服务规程无法有效落实，组织系统无法正常运行，组织目标无法实现。对于员工来讲，是否遵守劳动纪律反映了员工素质的高低，也是员工实现个人职业生涯规划目标的关键。要正确地认识纪律的重要性，严于律己，爱岗敬业，团结协作，做有理想、有道德、守纪律的优秀员工。

员工纪律的基本要求如下所示：

（1）员工当班期间需佩戴服务证章，保持服务证章清洁、端正。

（2）除因公事或得到特别许可外，员工不得在酒店外穿工作服。

（3）未经部门允许，员工不得穿私人服装进入酒店楼内。

（4）上下班走员工通道。

（5）上岗前员工要做好仪容、仪表的整理和检查。

（6）上岗前不吃异味食品，如葱、蒜等食品。

（7）上班前禁止饮酒。

（8）未经允许，不得在工作时间会私客，不得将自己的朋友、亲戚私自领入工作领域。

（9）当班期间，不得接打私人电话。

（10）工作时间员工不得到其他餐厅串岗聊天。

（11）非上班时间，不得无故在餐厅逗留。

（12）禁止在客人面前饮水、吃东西。

（13）员工仪容、仪表的整理工作需在指定区域进行，不得在公共场所和对客区域进行。

（14）操作中轻拿轻放，杜绝违章操作，野蛮作业。

（15）在工作时间，对客服务区域内杜绝以下行为：挖鼻、梳头、吐痰、修理指甲、唱歌、吹口哨、插手入袋、叉腰、聊天、坐客椅、伸懒腰、挖耳朵、剔牙等行为。

（16）服务人员咳嗽或打喷嚏，应用手捂住口鼻转向一侧。

（17）拿取物品需使用托盘操作，对客账单、发票、现金必须使用结账夹。

（18）当班时间内，任何员工在前台做任何工作均不能解开袖口、挽起袖子。在不当班时间段内，均不能在酒店工作区域解开袖口、挽起袖子、披头散发。

（19）员工按时上下班，工作期间不准擅离职守，严格遵守工作时间，不迟到、早退、串岗、脱岗，严格执行考勤制度，如有事需提前请假。

【师傅指导】

优秀服务员的好习惯

一、工作准备时

1. 上班前先检查自己的仪容仪表。在客人面前，你的形象不属于个人，而是属于酒店。

2. 上班前想想是否准备好工作用具及前一天遗留工作是否已经准备到位。一个小细节也许会影响你的服务质量。

3. 不管是否在自己的工作区域，只要走过、路过，养成随手捡起地上垃圾的习惯，举手之劳却可行大家方便。

4. 客人未到时，包房内只开一组灯，光线能够工作即可。如果每个房间每天可以节约一度电，那么整个楼面每天至少可以节约60度电，一个月或一年下来就不是个小数目了。

5. 营业前，仔细检查自己的工作区域餐前准备工作是否做好，如卫生、餐具、开水、茶叶、酱醋缸、牙签盅等。这就像考完试后也要仔细复查一下考卷一样。

二、客人落座中

1. 服务中拆筷套时注意不要把筷套弄坏，这是很容易做的事情，成本随之就降下来了。

2. 要了解自己房间的客人情况，如预订人的姓名、位数等，最大可能记住客人的名字、职务、爱好、口味等，以便下次能提供更好、更周到、更热情的服务，努力把客人转变成酒店的固定客户。并非只有经理才会有老客户，作为普通服务员，如果你愿意并努力，也一样可以。

3. 包房的客人进房间后，脱外衣时要主动为客人挂好衣服；离去时主动为客人拿包或衣服。其实，这时你是在很客气地履行"监督"的职责，我们既不希望客人遗留下自己的东西，更不希望客人把不属于自己的东西带走。

三、客人点菜时

1. 客人所点菜品已卖完时，要第一时间通知客人换菜或者帮其退掉，拖的时间越长，客人越不满意。菜品不管有没有，第一时间告之客人是对客人的尊重。

2. 开单时字迹要清晰，不要浪费点菜单。一张菜单是经过很多环节的，应该让所有人能看明白。

3. 点完菜而客人未到齐时，一定要标明所有菜品"叫单"；客人到齐后，只有主食"叫单"；热菜上齐后要通知客人已上齐菜品，并根据实际情况询问客人是否要加菜或是否可以上主食。

4. 点完菜后要复查台号，内容包括菜品做法、就餐人数、所点菜品是否准确等。多检查一遍，会减少很多部门很多人的麻烦。

5. 如遇到客人同时点口味或原料重复的两道或多道菜品，但你提示无效时，要在菜单上标五角星以做注释。要让你的上级和厨房知道，这是客人的要求，不是重复点菜。

四、服务客人时

1. 如客人带有小孩，应及时为客人搬来宝宝凳；点菜时，为客人介绍一至两道适合小朋友的菜品。

2. 上菜前尽量先检查菜内是否有异物（如头发、玻璃、虫子、苍蝇等），多把一道关卡，就减少一分投诉的可能。酒店的利益损失，也许就可以在这一关弥补。

3. 上菜时要清楚响亮报上菜名并请顾客慢用。这样做可以让客人清楚地知道自己吃的什么菜。因为不是一位客人点所有菜，报菜名可以让其他客人了解并记住他喜欢吃的菜，这样会为酒店积累下一批客人。

4. 端菜上桌时，要提醒客人注意，避免将汤汁、酒等倒在客人身上。

5. 上菜要先划单再移位然后上菜，并考虑下一道菜的上菜位置。

6. 上菜和倒酒水饮料的服务姿势都是丁字步。

7. 如果送上来的菜品非客人所点或者未到上菜时机（如冷菜未上热菜就已上来），要及时退回传菜部妥善处理。找理由说服客人接受不是聪明之举。

8. 菜品全部上完并划单后，要及时告诉客人。

9. 不论上菜还是收拾东西，都要尽量避免发出声音，物品要轻拿轻放。

10. 拿取餐具或饮料要用托盘。使用托盘是规范服务的表现，多加练习才能熟能生巧。

11. 就餐客人中如有外宾朋友，要主动询问是否需要刀叉。

12. 为客人斟酒时小声问候一句：您看斟多少？客人会很喜欢。

13. 上豆粒、豆腐等菜品时要记得放上调羹，不要等客人要求时才想起。

14. 看到苍蝇、飞虫等，应立刻想办法消灭。就餐时遇到飞虫，不仅客人会倒胃口，还会让酒店环境大煞风景，如飞到菜品里更是麻烦。

15. 要及时撤下空盘，所剩不多的菜品换成小盘。这样，不仅上菜会很方便，还能保持桌面的整洁。

16. 上带调料的菜品，要先上调料，后上菜肴。这样做的目的是告诉客人上来的调料是用在这道菜品上的。

17. 客人用餐过程中，注意客人对环境、菜品、价格的看法并努力记下反映给经理。每天不断总结就能揣摩到顾客的心理。

18. 随时保持桌面和工作台的清洁，把餐桌上撤下的盘子随时拿走，垃圾和美味放在一起实在是不协调。

19. 客人离席去洗手间，将客人的餐巾叠好放在一边，等客人回来再给客人打开，会让客人更加惊喜。记得每次叠一个不同的花式，这就需要平时多积累叠纸技巧。

20. 客人用餐完毕后，剩余比较多的菜品要送回厨房，并请经理或厨师品尝，以便查明不受欢迎的原因。

21. 看到客人掏香烟，应该马上拿打火机，第一时间为客人点烟。

22. 客人把筷子或其他餐具掉在地上时，要在第一时间为客人换上干净餐具。服务员应该眼疾手快，不要处处等着被要求。

23. 随时留意客人的茶杯是否有水，酒杯内是否有酒。这样，酒店不仅可以提高酒水销售，还会避免客人干杯时杯子里没酒的尴尬。

24. 如要暂时离开岗位时（埋单、催菜、送餐具、拿酒水饮料等），要交代其他同事代为照看自己的服务区域。客人需要的服务是随时随地的，有时就恰好是在离开的那一小会儿。

25. 给客人倒好饮料酒水后，收去茶杯；客人表示不再饮酒时，收去酒杯，并倒上

饮料或茶水。

26.营业中接到沽清通知时,要及时告知身边其他同事。

27.在工作中,如有事找不到经理时,请到预订处或楼层迎宾小姐处问讯经理的去向。这比"扔下"客人、到处乱跑找经理效率要高。因为迎宾小姐一般都配备有对讲机。

28.在大厅值台或巡台过程中随时留意客人的表情、动作和需要,如有客人东张西望,要主动前去问询是否需要帮助。

五、客人埋单时

1.客人埋单之前要核对账单,查看是否有多单、漏单。最好不要在客人提出埋单时才匆匆忙忙看上一眼,越忙的时候越是容易出错。

2.客人埋单时,对未打开的酒水饮料,要征询客人是打开还是退掉。如果客人买完单再退,会增加你和收银员的麻烦。

3.埋单前后应说三声"谢谢":送上账单时说声"谢谢",收到钱时说声"谢谢",送回找零或发票时再说声"谢谢"。

4.埋单后收到客人的钱款后,当着客人的面点清金额,并要清楚地告知客人收到多少钱。多收、少收都是你的错,最好还是当面点清,尤其要注意钞票的真假。

5.埋单给客人送回发票和找零时,记得在找零内袋放一张所在酒店的预订卡,多做一件小事,就会多给酒店带来客人光顾的机会。

6.客人埋单以后,将花瓶放上桌,表示已买完单。客人离去时候,看到桌上的花瓶,其他同事或者领导就会放心了。

7.客人就餐完毕离开时,告别一定要热情,千万不要流露"终于走了"的表情。售后服务和前期服务一样重要。

8.客人埋单离开后立刻检查酒店的东西是否有丢失(高楼层更要特别留意)、客人的东西有否遗留。高档、新奇的餐具的确能吸引客人,但是损坏或丢失的风险也随之加大。

9.服务中有客人给小费,证明客人对你的服务认可,完全拒绝收取小费有时也会让客人难堪。客人给小费时要对客人解释:谢谢您的鼓励,这是我们应该做的。

六、客人离开后

1.收台的时候先收布草(口布、毛巾、盘垫),再收玻璃器皿,然后是小件(筷架、筷子、调羹、牙签盅)等,按顺序收台效率会大大提高。收台时还要特别注意,不要把烟缸内的垃圾倒在台布内,以免烧坏台布,严重时会引起火灾。

2.客人未使用过的一次性毛巾或餐巾纸随时退回吧台,积少可以成多,爱店如家从小事开始做起。

3.客人用过的一次性毛巾要集中回收,用作其他部门清洁用具,较为干净的可以给客用卫生间。变废为宝的事情做得越多越好。

4.使用物品要遵守原则:哪里拿的东西放回那里,给谁借的东西还给谁,要记住本

16

部门物品用具摆放的位置。慢慢你就会发现，这的确是一个好习惯，不但你方便，大家都很方便。

5. 是自己打破的东西应该由自己来赔，勇于承担责任会给你带来好处和赞誉。

6. 发现设备设施损坏，要及时报告主管或工程部，以便得到及时维修，避免影响正常营业工作。

7. 每日楼面发生的意外事故或投诉要告知值班主管，避免其他同事犯同样的错误。可以在例会上强调一下，拿自己的错误举例，是一种风范。

8. 没事的时候多到厨房看看，会让你的工作更如鱼得水。

9. 打哈欠或喷嚏时要用手或餐巾纸挡掩，挖耳抠鼻的动作一定要下班后躲到没人看见的地方去做。

10. 遇到客人或上级应主动且有礼貌地问好，一句简单的问候语可以给人留下美好的印象。

11. 看到别的同事忙不过来时，主动上前帮忙，发扬团队合作精神。如果你希望别人对你好，那么你要先对他好，你主动去帮助他，他也会来帮助你。

12. 客用电梯如非紧急情况不要去乘坐。

13. 看到陌生人进入非营业区域时，要主动上前阻止并问明身份。服务员在酒店内分布最为广泛，所以这一责任最该肩负。

14. 捡到客人遗留的任何物品，要马上交给经理或预订处，以便及时与客人取得联系还给客人。这对人对己都是尊重。

15. 任何时候、任何场合都要维护所在酒店的财产和声誉。既然你是酒店的员工，酒店的声誉其实就是你的声誉，店兴我荣、店衰我耻的道理不难理解。爱店如家、尽心尽责的员工，哪个老板不喜欢？

16. 在营业场所无论什么情况下，都不要大声喧哗吵闹，告诫自己声音小一点、再小一点。

17. 认真做好周记录，详细写明每天的出勤情况、投诉情况、客流情况、楼面发生的事情、例会内容……当天发生的事情要当天记清楚，以免日后出现问题而解释不清。

18. 进入包间或办公室之前先敲门（一般敲三下），在任何时候皆通用。

19. 下班前一定先妥善交接好工作，再请示主管是否可以下班，得到允许后再下班。也许领导还有别的事情安排去做，这既是对领导的尊重，也是责任心的表现。

【徒弟操练】

简述餐厅值台人员工作职责。

【拓展提高】

微笑服务已成为餐饮业服务的基本要求之一。然而真正的微笑服务中的"微笑"一

定要发自内心。

众多的餐饮企业招聘了一批年轻的小姑娘，但观其服务工作，难以令人满意。本来年轻貌美的女青年服务于餐饮业，会给人一种美的享受，可是餐馆老板错在只注重服务人员的外在美，而忽视了客人的需求，没有抓住客人就餐的目的，从而导致服务质量不高。

客从笑中来，微笑出效益。

一、微笑对于餐饮员工个人成长的巨大作用

1. 微笑是自信的象征

一个人只有充分尊重和重视自己，同时拥有理想和抱负，充分看到自身存在的价值，才会重视强化自我形象，青春常驻、笑脸常开。

2. 微笑是和睦相处的反映

现实是多彩的，既有风和日丽、鲜花盛开的春日，也有风雪交加、百花凋谢的寒冬；人生旅途既有坦道，也有坎坷。但是只要我们脸上带着微笑，"乐以忘忧"就会使身处人生这个大舞台的人们都感到愉快、安详、融洽、平和。微笑可比作"磁力""电波"，能够让人心灵相通、友好、亲近。

3. 微笑是礼宾修养的充分展现

一个有知识、重礼宾、懂礼貌的人，必然十分尊重别人，即便是陌路相逢，也不吝把微笑当作礼物，慷慨地奉献给别人。

4. 微笑是心理健康的标志

一个心理健康的人，能将美好的情操、愉快的心境、温暖的盛意、善良的心地都变成微笑。它既可用作对别人的尊重和友善的表示，与他人分享成功的欢愉，也表明愿意用微笑分担他人的不幸和忧伤，减轻他人的痛苦。正如瑞典的一句著名谚语："与人分享的快乐是双重的快乐，与人分担的痛苦是减半的痛苦。"

二、餐饮员工如何微笑更得体

或许，的确有一部分职业微笑不是发自内心，只是出于职业的需要，但我们不能因此放弃做到发自内心地去微笑。

因为，唯有这种发自内心的微笑，才能感染对方，唯有这种会心的微笑，方可使客人产生良好的心境，从而消除陌生感，使之感到处处有亲人，心平气顺，食则有味，宿则安宁。

微笑与狂笑、奸笑、冷笑、阴笑、耻笑、皮笑肉不笑大相径庭，关于微笑的特征及规范要求，可用以下四个结合来概括。

1. 口眼结合

在笑的艺术修养中，眼睛的表情是关键一环，具有传神送情的特殊功能。因此，口到、眼到、神色到、笑眼传神，微笑才能扣人心弦。

2. 笑与神、情、气质相结合

这里讲的"神"就是笑得有情，笑出自己的神情、神色、神态，做到情绪饱满，神

采奕奕;"情"就是要笑出感情,笑得亲切甜美,反映美好的心灵;"气质"就是要笑出谦恭、稳重、大方、得体的良好气质。

3.笑与语言相结合

语言和微笑都是传播信息的重要符号,只有注意微笑与美好语言的有机结合,声情并茂、相得益彰,微笑服务方能发挥它应有的特殊功能。

4.笑与仪表和举止相结合

端庄的仪表和得体、适度的举止是服务人员不可缺少的气度。以姿助笑、以笑促姿就能形成一个完整的、统一的、和谐的美。国人的气质素养较为内向,因此,我们应要求员工在接待服务中对顾客更热情一些。

总体上应该做到直率而不鲁莽,活泼而不轻佻,持重而不呆板,热情而不过分,轻松而不懒散,紧张而不失措。

三、餐饮员工如何有意识地培养微笑习惯

微笑给人以一种亲切、和蔼、热情的感觉,加上适当的敬语,会使客人感到亲切、安全、宾至如归。在商务场合,讲究严肃与庄重,所以此时在微笑时不宜发出响亮的笑声。

即使是爱笑的女士们也要克制,应当避免不论听到什么事情,都习惯地"咯咯咯"地笑个不停;而作为男士,即使是生性为人豪爽的人,开怀大笑,笑声"惊天动地",在公众场合也是不合时宜的做法。

"一笑解千愁""笑一笑,十年少""怒拳不打笑脸人",微笑的好处自是不言而喻。生活不能缺少微笑,服务更离不开微笑。

许多企业纷纷实行"三步微笑""三米微笑""微笑服务",足见对微笑的重视非同一般。然而是否都笑得自然、迷人,员工心里最有数,想必主管也清楚,甚至还为此抓破头脑。主管在场,就强颜欢笑,不在场,则愁眉苦脸,好像上班、服务顾客对他们来说是一件很痛苦的事情。

其实微笑是一件很容易的事情,因为每个人天生都会笑。但要时刻保持微笑,在心情不好的时候也能微笑自如,那恐怕就不易了。

(一) 我快乐,所以我笑;我笑,所以我快乐

人一开心就会笑,呼吸自然而顺畅,全身放松,走路轻快。因为心情影响了外在的肢体动作。而人不开心时则绷着脸,呼吸急促而不流畅,走路沉重。这也是因为心情影响了外在的肢体动作。

但科学研究表明:外在的肢体动作也会反过来影响心情。

1.如果一个人强迫自己做出开心的动作(呼吸均匀,全身放松,走路轻快),几分钟后会觉得开心。

2.同样地,如果一个人强迫自己做出不开心的动作(呼吸有快有慢,走路不抬腿,绷着脸),几分钟后便会有不开心的感觉。

故我快乐我就笑，我笑我就快乐。这是每位员工需要认识的观点。

(二) 积极乐观的心态

任何一件事物，都有两面性甚至多面性，总有好的和坏的，积极的和消极的，就看你如何看待。以下两个例子很能说明这个问题。

美国总统罗斯福小时候，有一次他家失窃。一般人都会苦恼不已的事情，罗斯福并不认为是坏事，反而认为有三件好事：

1. 还好只被偷了一部分东西，没有全部被偷。
2. 还好只是丢了东西，人平安无事。
3. 还好小偷是别人，不是我。

您是否也能这样想呢？

有这样一个老太太，她有两个儿子，大儿子是卖饮料的，二儿子是卖伞的，她整天为两个儿子发愁。天一下雨，她就会为大儿子发愁，因为饮料卖不出去了；天一放晴，她就会为二儿子发愁，因为不下雨二儿子的伞就卖不出去。老太太总是愁眉紧锁，没有一天开心的日子，弄得疾病缠身，骨瘦如柴。一位哲学家告诉她，为什么不反过来想呢？天一下雨，你就为二儿子高兴，因为他可以卖伞了；天一放晴，你就为大儿子高兴，因为他可以卖饮料了。在哲学家的开导下，老太太以后天天都是乐呵呵的，身体自然健康起来了。

难怪心理学家叔本华说过：事物本身不影响人，人们只受对事物的评价与看法的影响。也就是说，开心还是不开心，积极还是消极，不在于你遇到了什么事情，关键在于你是从哪个角度来看待。

不管你怎么想，你都是对的，从来就没人规定丢东西一定要不开心，那我们为什么不往好的方面想，往对我们的心情有利的方面想，就像罗斯福那样？

(三) 隐藏一切不愉快

人有喜怒哀乐，生活在世，难免会遇到烦心事。当在做服务工作时产生不愉快的情绪时，不妨暂且把它看成是在演戏以期快速调整自己的情绪：营业大厅是戏台，服务人员是演员，顾客则是观众。

演戏的规则是：演员要擅长演技，剧情需要演哭，他就得一把鼻涕一把泪的，剧情需要演笑，他得马上破涕为笑。

观众喜欢看什么，演员就演什么，观众喜欢看哭，他就得演哭，观众喜欢看笑，他就得演笑。在服务这场"戏"中，作为"观众"的顾客喜欢看什么？是笑还是哭？当然是笑了。

作为"演员"的服务人员得抛弃一切多愁善感，伪装一下自己不愉快的心情和忧愁的表情，将自己打扮成一个"白脸小生"，等"戏"演完后，卸下"装"，洗把脸，露出最真实的自己，躲进被窝里重温当天的忧愁和苦恼，即使是泪满襟也无伤大雅。

(改编自搜狐网http://www.sohu.com/a/245277813_174304)

餐饮服务基本技能

餐饮服务基本技能是指餐饮服务人员在不同场合、不同时间对不同客人提供服务时，能适应具体情况而灵活恰当地运用操作程序和方法以取得最佳服务效果所显现出的技巧和能力，主要包括托盘、餐巾折花、摆台、酒水服务、菜肴服务等技能。熟练掌握餐饮服务基本技能是做好服务工作、提升服务质量的基本条件，也是餐饮服务人员应具备的基本功。

任务一　托盘

托盘是餐饮服务人员为客人服务时最重要的服务工具，几乎所有的餐饮服务中都需要托盘来辅助服务工作。例如，餐前的准备工作需要用托盘盛装餐具摆台；上菜服务时为客人提供菜点；用餐期间为客人更换、增添餐具；餐后收拾餐台，撤掉用过的餐具用品等。熟练的托盘技巧可以帮助餐厅服务人员事半功倍地完成工作任务，但如果掌握不好必定会给工作带来不必要的麻烦，给餐厅带来损失。所以，餐饮服务人员必须下功夫练好托盘这项基本功。

【学习内容】

1. 托盘相关常识。
2. 如何装摆托盘物品。
3. 端托程序与操作要领。
4. 端托服务形体知识。

【师傅要求】

1. 托盘物品摆放达到无菌、整洁、美观、安全、方便服务的要求。
2. 托盘物品码放整齐、合理，重量分布适宜。
3. 能平稳端托托盘。
4. 能按照所托物品选择适宜的端托方式。
5. 能运用托盘进行服务，达到熟练端托、运用自如的操作要求。

【师徒互动】

托盘是餐厅服务员经常使用的服务工具。在餐厅服务过程中无论是摆、换、撤、送餐、酒具，还是传菜、运送盘碟和斟倒酒水等服务操作，都需要使用托盘。正确掌握托盘的操作技能，体现服务的规范化，提高工作效率，是每位餐厅服务员必须达到的基本工作要求。

一、托盘的种类及用途

（一）按材质分

按材质分，常见的托盘有木质托盘、金属托盘、塑胶防滑托盘等。

1. 木质托盘

主要在一些特色餐厅用于餐具托送，撤换餐具、酒具，菜品托送等服务。这种托盘一般较为笨重，除了在一些特色餐厅使用外，一般餐厅较少使用。

2. 金属托盘

以不锈钢、银、铜等材料加工而成，具有坚固耐用、使用寿命长、易于维护和适用广泛等特点。其中，不锈钢托盘一般用于菜品运送及厨房菜品配制，镀银、镀铜托盘主要用于小件物品、账单及贵重物品的运送。这类托盘一般导热较快，容易烫手。

3. 塑胶防滑托盘

具有防滑性好、卫生洁净、质轻耐酸碱、易于护理、价格低廉等特点。多数餐厅使用这种托盘（见图2-1）。

图2-1 按材质分不同类型托盘

（依次为木质托盘、不锈钢托盘、塑胶防滑托盘）

（二）按大小分

按大小分，托盘分为大、中、小三种规格。

大型托盘（圆形托盘的直径大于45厘米，长方形托盘其中一边大于50厘米）：主要用于托运较重的菜品、酒水和盘碟等物品。

中型托盘（直径在35~40厘米）：主要用于摆台，撤换餐具、酒具，斟倒酒水，托送饮料等。

小型托盘（直径小于30厘米）：通常用于递送餐桌上的小器皿及账单、贵重物品。

（三）按形状分

按形状分，主要分为圆形托盘、长方形托盘、椭圆形托盘和异形托盘。

圆形托盘、长方形托盘是主要用于餐厅服务及厨房烹饪工作的辅助工具，椭圆形托盘、异形托盘是主要用于特殊鸡尾酒会或其他庆典活动的辅助工具。

二、托盘的使用方法

按照所托物品轻重，可以分为轻托和重托两种方式。物品重量在5公斤以内，适宜采用轻托方式；物品重量在5公斤以上，则采用重托方式。

（一）轻托

轻托又称胸前托，也可称为平托，在端送酒水和席间服务时常用，所运送物品较轻，一般在5公斤以下。由于轻托需要在客人面前进行操作，因此服务员使用轻托的熟练、准确、优雅程度十分重要。

（二）重托

重托因以上肩的方式来托送物品，所以也被称为"肩托"或"肩上托"，主要用于托较重的菜品、酒水和餐具，所托物品重量一般在5~10公斤。重托通常使用大型的托盘，所以可一次性托送较多物品，从而达到提高工作效率、降低员工成本的目的。

值得注意的是，有些饭店在运送一些沉重物品时，将托盘放在胸前，采用双手端托的形式。这种方式对于确保菜点卫生、文明服务等会有负面影响，不建议服务员采用此种端托方式。

三、端托基本操作程序与要求

无论是轻托还是重托，都有理盘、装盘、起托、端托行走、落托与卸盘五大基本步骤，每个步骤具体操作如下。

（一）理盘

理盘是指清洁、整理端托所用的托盘，以达到托盘清洁卫生、防滑和美观的效果。可根据所托的物品选择清洁合适的托盘，或根据不同的使用要求选择不同的托盘。

整理托盘时应注意托盘的平整。有些托盘使用一段时间后，会出现变形，这样的托盘不仅影响美观，而且在使用过程中也容易带来安全隐患。有些塑料托盘在使用一段时间后，容易出现变色或污痕，如果仍继续使用，一来不够雅观，二来容易使顾客对食品安全卫生产生疑虑。因此，此类托盘应适时停止使用。

对于非防滑托盘，可以在托盘内铺垫潮湿干净的餐巾，或经过消毒的专用托盘垫布。应注意，垫布的大小要与托盘相适应，垫布的形状可根据托盘的形状而定，无论是方形还是圆形，其外露部分一定要均等、美观、铺拉平整，使整理铺垫后的托盘既整洁美观又可避免托盘内物品滑动。

（二）装盘

装盘是端托的关键环节，往往决定着端托的安全、操作方便程度、美观与否等，还影响着落托与卸盘。在装盘过程中，有以下注意事项。装盘示例如图 2-2 所示。

（1）根据物品的形状、体积和使用顺序合理安排，以安全稳当和方便为宜。一般是重物、高物放在托盘里挡，轻物、低物放在外挡；先上桌的物品放在上、在前；后上桌的物品放在下、在后。

（2）要求托盘内物品重量分布均衡，重心靠近身体。

（3）装盘时要使物与物之间留有适当的间隔，以免行走时发生碰撞而产生声响。

（4）托运酒水时，商标朝外，显示给客人。

图 2-2　装盘示例

(三)起托

1. 轻托起托

(1)服务员站立于距离服务台约30厘米处,先将左脚向前迈一步,双腿屈膝,站立成弓步形(或站立于操作台前,双脚分开,双腿屈膝),上身略向前倾,左小臂垂直于左胸前,左手掌心向上。

(2)用右手将托盘拉出桌面三分之二(先三分之一,再三分之一),左手掌心向上,五指分开稍弯曲,以大拇指端到手掌的掌根部位和其余四指托住盘底,手掌自然形成凹形,掌心不与盘底接触。

(3)待左手掌握好托盘重心后,左脚收回,使身体成站立姿势,托盘平托于胸前,略低于胸部,将右手放开。右手自然下垂或放于背后。

2. 重托起托

(1)双手将托盘移至服务台的边沿处,使托盘的1/3悬空,右手将托盘扶稳。

(2)左手伸入托盘底部,五指分开,掌心向上,用掌心和五指托住托盘底部的中心。

(3)上身前倾,双脚分开,呈外八字形,双腿屈膝下蹲,腰部略向左前方弯曲,左手臂呈轻托起伏状。

(4)起托后,在左手确定好端托重心后,右手协助左手向上用力将托盘慢慢托起。在托起的同时,手腕和托盘向左后方(逆时针)旋转180°,使托盘在左旋转过程中送至左肩外上方,左手指尖向后,距肩2厘米左右。

(5)左手托实、托稳后,右手扶住托盘的前内角或自然下垂摆动。

注意:无论物品轻重大小,均需按规范做。如果端托不规范、姿势不正确,有可能造成物品坠落或把物品(汤汁、饮料)倒到顾客身上,影响服务质量或被顾客投诉。

(四)端托行走

端托站立时,须头正、肩平、盘平,上身挺直,面部表情轻松自如,目视前方,面带微笑,精力集中。

轻托行走要求上身挺直自然,目视前方,步伐轻快,上臂不紧贴身体(约一拳),手腕要轻松灵活,托盘边沿不贴腹,应随行走节奏自然摆动,但托盘上下摆动的幅度不可过大,否则既不美观也不礼貌。一般以菜肴汤汁不洒、物品之间不碰撞、酒水不外溢为准。

重托右手扶住托盘前角,或自然摆动,并随时预防与他人碰撞。要做到托盘前不靠嘴、后不靠发、底不搁肩。

（五）落托与卸盘

1. 落托

轻托端托托盘行走到目的地后站稳，落托时，先将左脚向前一步，站立成弓步形，弯膝不弯腰，以防汤汁外溢或翻盘；用左手将托盘放到已经选择好的平面上，同时右手协助将托盘推向平面上；待托盘放稳后，及时将盘内物品整理或清理好。

重托则按起托相反的程序落托即可。也可以身体下蹲，眼睛视线与台面平行时，再用左肩及左手掌将托盘顺时针旋转至台面边缘，然后向前推进。

2. 卸盘

一般用于轻托。托盘行走至目的地或服务过程中，用右手取用盘内物品，应注意从前后左右（四周）交替取用，随着托盘内物品的不断变化，重心也要不断调整，左手手指应不断移动，掌握好托盘的重心。特别是用托盘给宾客斟酒时，更要随时调节托盘重心，勿使托盘翻掉而将酒水泼洒在宾客身上。

【师傅指导】

一、端托服务小技巧及应注意的问题

（一）理盘小技巧

为达到卫生无菌要求，可在托盘内垫上消毒过的餐巾或专用盘布，但盘布要铺平拉正，四边与盘底相齐，这样既美观又卫生。还可防止盘内物品滑动。必要时再在盘布上洒些清水，防滑效果更佳。

（二）装盘小技巧

轻托装盘时单件物品平摆；多件物品可根据托盘的形状归类摆放，将物品放于托盘的中心部位，一般圆形托盘呈圆形、弧形，长方形托盘横竖成行，摆放均匀。重托装盘时，要把物品摆放均匀，重的物品放在托盘的中间，中间高四周低，物品与物品之间要留有一定间隔。

（三）起托小技巧

起托时左手掌心向上，五指充分张开，指尖向前与操作台平行，右手拉住托盘边沿，轻轻将托盘从桌边拉出。用左手托住托盘的中间位置，掌握好重心后平托于胸前，距胸部15厘米为宜，再松开右手，然后身体直立，右手自然下垂或背在身后。

（四）端托服务小技巧

盘内物品增减时，托盘手指要随时根据盘内物品重量变化而做相应的调整，以保持托盘的平稳。一般在右手取放物品的同时进行调整。

托盘斟酒时左手托盘不能越过客人头顶，应将左手向外侧延伸，并保持平稳，否则容易发生碰撞。要保持托盘向外延伸的平稳，可以采取调节手腕的角度以达到托盘的平稳。

轻托撤台时要随时注意盘内物品的摆放，一般应分类摆放，重物如餐盘等放在后

面，筷勺等较轻的放在前面，这样既显得整齐，又比较安全。

（五）注意事项

1. 注意训练强度不宜过大，应符合徒弟实际能力；力量练习时建议循序渐进，避免伤及手腕。

2. 托盘时拇指不能向上抠住托盘边，以免影响托盘姿势美观和礼貌。

3. 注意对酒瓶等易碎物品的使用。

二、端托行走步伐

端托行进时，选用正确的步伐是端托服务的关键，步伐应根据所托物品的需要而定。

（一）常步

常规步伐，指步距均匀，快慢得当，形如日常走路的端托步伐。端托一般物品时，可选用常规步伐行走，这是端托服务中最常使用的步伐。

（二）疾步

疾步，也称快步，指较快的步伐，但不同于跑步。适宜托送急需物品，如火候菜肴，在保证菜肴不变形、汤汁不洒、安全平稳的前提下，以最快的行走速度将物品托送到位，适用于汤汁较少的火候菜肴。

（三）碎步

碎步，也称小步，指小步幅的中速行走，适宜于托送汤汁多的菜肴及重托物品。采用这种步伐行走，可保持上身平稳及减少手臂的过大摆动而保持所托物品的平稳。

（四）垫步

垫步，又称辅助步，这种步伐能使身体呈略微向前的姿势，以便平稳地将物品放下。如托送物品到餐台前欲将所托物品放于餐台上时，应采用垫步。如通过狭窄通道时，也采用这种步伐。

（五）巧步

巧步，也称技巧步，是指超出常规行走的、灵活多变的步伐。在托送行走时，突然遇到意外或障碍时宜用巧步，以避免发生冲撞、意外事故。

【徒弟操练】

一、理盘训练

用餐巾和专用的盘布对不同材质的托盘进行理盘，要求清洁、卫生整齐、美观。

二、装盘训练

根据装盘原则对3瓶水（或不同的餐具）进行装盘，要求装盘得当，物品摆放整齐，重量分布均匀，物与物之间有一定空隙。

三、托盘训练

按轻托操作程序进行理盘、装盘、起盘，托盘，要求托姿正确、轻松、优雅。

（1）端托3瓶水，站立3~5分钟。练习左手臂的臂力，待臂力加强后进入下一步训练。根据自身情况，可自行增加、减少重量。

（2）端托4瓶水，站立3~5分钟。熟练后逐步增加数量，练习托盘的平稳性。根据自身情况，可自行增加、减少重量。

四、托盘行走训练

以托送3瓶水进行托盘行走训练。

按轻托操作程序进行理盘、装盘、起盘、托盘，要求托姿正确、轻松、优雅。行走时要保持肩平头正，上身挺直，两眼注视前方，步履轻快，托盘不贴腹，托盘的手腕要轻松灵活；上臂不可紧贴身体，随着走路的节奏自然摆动，切忌僵硬死板。

（1）练习托盘平地行走。托送3瓶水在平地行走，练习托盘行走的平稳性。

（2）练习托盘上下楼梯。托送3瓶水，练习托盘上下楼梯行走的平稳性。

（3）练习托盘障碍行走。托送3瓶水，练习托盘障碍行走的平稳性。

练习方法：每组学生按纵向排队，每人间隔1~1.5米，进行托盘站立练习，同时每组有一名学生进行托盘行走避让练习，按照S形从排头走到排尾，轮流进行（或用凳子作为障碍物）。

（4）练习托盘向外平移。掌握托盘站立行走操作后，再进行托盘向外延伸的训练。托送一瓶酒向外平移，熟练掌握后，托送两瓶酒。

练习方法：左手托盘小臂与胸前角度由90°角，逐渐向左外侧平移至小臂与胸前成180°角，再由180°角平移回90°角，反复练习。

动作要求：左臂平移时，托盘手腕角度做适当的调整，身体角度不随之移动。托盘向外平移时速度不要过快，以托盘内物品平稳、不晃动为标准。

（5）练习托盘拾物。托盘拾物时上身保持直立，双腿弯曲下蹲，左手托盘保持平稳，右手拾物（同时练习托盘下蹲放物）。

（6）托盘撤换餐具。掌握托盘站立行走操作后，再进行托盘撤换餐具的训练。以撤换骨碟、汤碗、筷子为例来进行训练。左手托盘，右手进行撤换，要求托盘内的物品摆放整齐均匀，手指随盘内物品重量的变化而不断调整，以保持托盘的平稳。

五、卸盘训练

托盘行走练习结束时，进行卸盘练习。卸盘时操作要慢、轻、稳，注意掌握好托盘的平衡，避免盘内物品倾斜。轻托、重托操作程序及规范如表2-1、表2-2所示。

表 2-1 轻托操作程序及规范

程序	规范
理盘	（1）选择合适的托盘并将托盘洗净、消毒、擦干 （2）将洁净的专用垫巾铺平，垫巾四边与盘底对齐，力求整洁美观
装盘	（1）根据物品的形状、体积、派用的先后，进行合理装盘，一般重物、高物在内侧；先派用的物品在上、在前 （2）物品摆放要均匀稳定，要注意重心的均衡，物品之间要有一定的间隔
起托	（1）起托时左脚在前，右脚在后，屈膝直腰，即：站成弓形步 （2）左手与托盘持平，用右手慢慢地把托盘平拉出 1/3 （3）左手伸入盘底，右手相帮，待左手掌握重心后将右手放开 （4）托起托盘撤回左脚，使身体呈站立姿势
站立与行走	（1）站立时头正、肩平、盘平，上身挺直，目视前方 （2）行走时步伐轻盈，托盘应与身体保持一定间距，托盘随着步伐可自然摆动
落托与卸盘	（1）左手将托盘放到桌面上，右手协助将托盘放平 （2）托盘放平稳后再卸物品 （3）给顾客斟酒时，要随时调节托盘重心

表 2-2 重托操作程序及规范

程序	规范
理盘	（1）盘面常与菜肴接触，易粘上油腻，理盘时一定要仔细检查和擦洗干净 （2）铺上专用的垫巾防滑防油
装盘	（1）注意控制重心 （2）物品摆放要均匀稳定，物品之间要有一定的间隔，例如三个汤锅可摆放成"品"字形
起托	（1）双脚分开呈八字形，双脚下蹲，双手将托盘拉出桌面 （2）按重托要领将左手伸入盘底，用手托住托盘 （3）用右手协助将托盘送至肩上，待左手掌握重心后将右手放开，使身体成站立姿势
站立与行走	（1）站立时保持上身挺直，两肩平行 （2）行走时步伐不要太大，平稳自如 （3）行走时肩不倾斜，身不摆晃
落托与卸盘	（1）左手托住盘底，右手协助将托盘向右前方旋转 180°，放置在选择好的桌面上 （2）托盘放平稳后再卸物品

【拓展提高】

一、情景模拟

包厢内，作为服务员，你需要为客人更换骨碟，请问应如何运用托盘进行端托服务？

二、案例分析

深浅盘巾

早就听说青岛的某星级饭店服务周到细致、很有特色，张先生特意将欢迎北京客户的宴会安排在这家饭店。众人入座后，服务员托送酒水，一一为客人斟倒，细心的张先生看到服务员在整洁的托盘内垫着一块干净的浅色盘巾，心中暗想：看看这块干净的盘巾就知道今天的选择是正确的。品尝过凉菜后，客人们对菜肴的色、香、味都挺满意。热菜上桌前，服务员用托盘对餐台进行了小整理，当服务员用托盘撤换骨碟时，张先生留意到托盘里的浅色盘巾不见了，换成了一块深色的盘巾，依然干净整洁。这引起了张先生的好奇，他仔细观察后发现，服务员在上菜、上酒水时均使用垫有浅色盘巾的托盘，而在撤换客人使用过的骨碟、烟灰缸等物品时都会使用垫有深色盘巾的托盘。张先生把这一发现告诉了大家，大家都对这种服务方式大加赞赏，对服务员的服务十分满意。张先生非常高兴，心想：以后请客就定这儿了。

评析：一块小小的盘巾，其颜色的变化，反映了不同的服务程序，这一细节深深打动了客人，体现了餐厅服务的细致入微和人性化，得到了客人的认可和好评。客人就是饭店最好的宣传员，几块小盘巾将为饭店带来良好的口碑，并不断增加像张先生一样的回头客。

任务二 餐巾折花

餐巾折花是餐前的准备工作之一，主要工作内容是餐厅服务员将餐巾折成各式花样，插在水杯内，或放置在骨碟内，供客人在进餐过程中使用。餐巾折花是餐饮服务的重要技能之一，美观的餐巾折花本身就是餐桌上的装饰品。由于在使用时，餐巾一般直接接触客人的手和嘴，因此在卫生程度上要特别注意。当前餐巾折花的趋势是美观大方、造型简单。因为复杂的餐巾折花不仅在折叠时费时费力，而且由于多次折叠，不可避免地会带来卫生问题。

【学习内容】

1. 餐巾的作用和餐巾花的种类。
2. 餐巾折花六种基本技法。
3. 如何根据不同要素选择合适的餐巾花型。
4. 如何运用餐巾折花基本技法独立完成简单的餐巾花折叠。

【师傅要求】

1. 折叠时一次叠成。
2. 推折的褶裥均匀整齐。
3. 卷时用力均匀，卷紧、卷挺。
4. 穿好的褶裥要平、直、细小、均匀。
5. 翻时注意大小适宜、左右对称、自然美观。
6. 捏时棱角分明，头顶角、嘴尖角到位。
7. 操作精细，动作优美，作品美观。

【师徒互动】

餐巾，又名口布、茶巾、茶布、席布、花巾等，各地有不同的叫法，是餐厅中为就餐宾客用餐而准备的一种卫生用品，又是一种装饰、美化餐台的艺术品。

一、餐巾花的作用

（一）卫生保洁

餐巾是餐饮服务中的一种卫生用品。宾客用餐时，餐厅服务员将餐巾放在宾客的膝上或胸前，餐巾可用来擦嘴或防止汤汁、酒水弄脏衣物。

（二）美化席面

餐巾可以装饰、美化餐台。将餐巾折叠成栩栩如生的各种花形和惟妙惟肖的实物造型，并根据餐具的特点和台布的色泽进行巧妙的构思，不但表现了各类宴会的主题，起到了美化席面的作用，而且给餐厅增加了欢快的气氛，给客人一种艺术美的享受。

（三）烘托就餐气氛

餐巾花形可以烘托就餐气氛。如用餐巾折成喜鹊、和平鸽等花形表示欢快、和平、友好，给人以诚悦之感。如折出比翼齐飞、心心相印的花形送给一对新人，可以表示出永结同心、百年好合的美好祝愿。

（四）标示主人位

餐巾花形的摆放可标出主人的席位。在折餐巾花时应选择好主人的花形，主人花形高度一般应高于其他花形高度。

二、餐巾的种类

（一）按质地分

按质地分，餐巾可分为棉织品和化纤织品。棉织品餐巾吸水性较好，去污力强，浆熨后挺括，造型效果好，但只有折叠一次，效果才最佳。化纤织品色泽艳丽，透明感强，富有弹性，如一次造型不成，可以二次造型，但吸水性差，去污力不如棉织品。

（二）按颜色分

按颜色分，餐巾分为白色与彩色两种。白色餐巾给人以清洁卫生、恬静优雅之感。它可以调节人的视觉平衡，可以安定人的情绪。彩色餐巾可以渲染就餐气氛，给人以兴奋、热烈、富丽堂皇、鲜艳醒目的感觉等。如大红、粉红餐巾给人以庄重热烈的感觉，橘黄、鹅黄色餐巾给人以高贵典雅的感觉，湖蓝在夏天能给人以凉爽、舒适之感。

三、餐巾花的种类

（1）按造型外观分，可分为植物类、动物类、实物类。

植物类包括各种花草和果实造型，如月季、荷花、水仙花、竹笋和玉米等。其造型美观、变化多样。

动物类包括鱼虫飞兽造型，如鸽子、海鸥、金鱼、蝴蝶、孔雀和燕子等，有的取其特征，形态逼真，生动活泼。

实物类包括模仿自然界和日常生活中的各种形态的实物造型，如帽子、折扇、水晶鞋、花篮等。

（2）按摆放器皿分，可分为杯花、碟（盘）花、环花。

杯花是将折叠好的餐巾插入饮料杯或葡萄酒杯。特点为：立体感强、造型逼真、但常用推折、捏、卷等复杂手法，容易污染杯具，不宜提前折叠储存，从杯中取出后即散型且褶皱感强。

盘花是将折叠好的餐巾花直接摆放在餐盘中或台面上。特点为：手法卫生简洁，可以提前折叠以便于储存，打开后平整，目前被中西餐厅广泛使用。

环花是将餐巾平整卷好或折叠成造型，套在餐巾环内。餐巾环也称为餐巾扣，有瓷质、银质、象牙、塑料、骨质的等。此外餐巾环也可用色彩鲜明、对比感强的丝带代替，将餐巾卷成造型，中央系成蝴蝶结状，然后配以鲜花；餐巾环花通常放在装饰盘或餐盘上。特点为：传统、简洁和雅致。

四、餐巾折花基本技法

（一）折叠

折叠就是将餐巾平行取中一折为二、二折为四或折成三角形、长方形等其他形状。折叠的要领是要熟悉基本造型，叠时看准折缝线和角度一次叠成，避免反复。

折叠是最基本的餐巾折花技法，几乎所有折花都可用到。

（二）推折

推折是将两个大拇指相对成一线，指面向外，指侧面按紧餐巾向前推折，两手食指将推折好的褶挡住，两手中指控制好下一个褶的距离，三个手指互相配合做往返运动。

推折的要领是折时拇指、食指紧紧握裥，不能松开，中指控制间距将餐巾向前推折，要求两边对称的折裥，一般应从中间向两边折，折出的褶裥均匀整齐。所折的裥要求距离相等，高低、大小一致。每裥的宽度要根据花型的不同而有所区别，一般在2厘米左右。

（三）穿

穿是指用工具从餐巾的夹层褶缝中边穿边收，形成皱褶，使造型更加逼真美观的一种手法。穿时左手握住折好的餐巾，右手拿筷子，将筷子的一头穿进餐巾的夹层褶缝中，另一头顶在自己身上，然后用右手的拇指和食指将筷子上的餐巾一点点往里拉，直至把筷子穿过去。

穿的要领是筷子要光滑，拉折要均匀。穿好的褶裥要平、直、细小、均匀。遇到双层穿裥时，如"孔雀开屏"，一般应先穿下面，再穿上面，这样两层之间的折裥不易被挑出散开，造型饱满，富有弹性，更加逼真美观。

（四）卷

卷是用大拇指、食指、中指三个手指相互配合，将餐巾卷成各种圆筒状。

卷的要领是卷紧、卷挺。平行卷要求两手用力均匀，一起卷动，餐巾两边形状必须一样。斜角卷要求两手能按所卷角度大小来互相配合好。

（五）翻拉

翻拉是指在餐巾花折叠过程中，把餐巾折、卷的部位翻成所需花样的方法。

翻拉的要领是注意翻时大小适宜、自然美观。拉时用力要均匀，不要猛拉，否则会损坏花形，前功尽弃。

（六）捏

捏的方法主要用于折鸟的头部。操作时先将鸟的颈部拉好，然后用一只手的大拇指、食指、中指三个指头，捏住鸟颈的顶端，食指向下，将餐巾一角的顶端尖角向里压下，大拇指和中指将压下的角捏出尖嘴。

捏的要领是棱角分明，鸟类的造型的头顶角、嘴尖角到位。

【师傅指导】

一、餐巾花花形的选择

餐巾花花形的选择和运用，一般根据宴会的性质、规模，接待环境特点，冷菜名称，季节时令，宾客宗教信仰、风俗习惯、爱好，宾主席位的安排和台面的摆设需要等因素进行考虑。

（一）根据宴会的性质选择餐巾花形

婚宴：宜选用并蒂莲、鸳鸯、喜鹊、玫瑰花、百合花等，不宜选用扇子，因为"扇"的谐音为"散"。

寿宴：宜选用仙鹤、寿桃等餐巾花造型，不宜选用菊花等。

迎宾宴：宜选用迎宾花篮、和平鸽等。

（二）根据宴会的规模选择餐巾花形

一般大型宴会可选择简洁、挺括的花形。可以每桌选 1~2 种花形，使每个台面花形不同，台面显得多姿多彩。如果是 1~2 桌的小型宴会，可以在一桌上使用各种不同的花形，也可以 2~3 种花形相间搭配，形成既多样又协调的布局。

（三）根据接待环境特点选择餐巾花形

大厅堂宜选用花、叶、形体高大的花形，小包厢宜选用小巧玲珑的花形。

（四）根据冷菜的名称选用与之相配的花形

根据冷盘及菜肴特点选择合适的花形，可以提升宴会档次，既可以形成台面的和谐美、紧密配合宴会主题，又可以突出中华美食的特点。如上蝴蝶造型的冷盘时，可以选择花卉造型的花形，使整个台面形成"花丛彩蝶"的画面。

（五）根据季节选择餐巾花形

按季节选择花形，可以给人季节感。例如：春季选用迎春、月季等，寓意满园春色；夏季选用荷花、玉兰花等令客人感到凉爽；秋季选用菊花、枫叶等花形；冬季可选用梅花等花形。

（六）根据客人的宗教信仰、风俗习惯及爱好选择餐巾花

不同国家、地区的宾客在宗教信仰、风俗习惯以及性别年龄等方面存在差异，这就需要根据实际情况区别对待，尽可能选择客人喜欢的花形。如客人信仰佛教，要忌用动物造型，又如日本人喜樱花、忌荷花，法国人喜百合花等。

（七）根据宾主席位的安排选择花形

宴会主人座位上的餐巾花称为主花，主花要选择美观而醒目的花形，其目的是使宴会的主位更加突出。

二、餐巾花摆放要求及餐巾折花注意事项

（一）餐巾花摆放要求

1. 主位花要插摆在主位上。
2. 将观赏面朝向客人席位，有些餐巾花为正面观赏，有些为侧面观赏。
3. 插入杯中的餐巾花要掌握好深浅度，并注意杯内餐巾的整齐。
4. 形态相似的餐巾花形要错开并对称摆放。
5. 各餐巾花之间的距离要均匀，餐巾花不能遮挡台上用品，不能影响服务操作。
6. 餐巾花要放正、放稳，保持折痕清晰。

（二）餐巾折花注意事项

1. 选择好餐巾，餐巾要干净、熨烫平整、无破损，并根据具体情况选定餐巾；既能点缀台面，方便来宾观赏使用，又不能遮住餐具和台上用品，且要方便服务员值台操作。
2. 在折花操作前，要洗净双手（不准留长指甲）；操作中不能用嘴咬餐巾，也不要多说话，以防唾沫玷污餐巾。
3. 折花操作时要在干净的工作台或托盘上操作，并准备好辅助工具（筷子）。
4. 折花时，要姿态正确，手法灵活，用力得当；角度要算准，折褶要均匀，力争一次折成。
5. 折花要简单美观，折用方便，造型生动，形象逼真。

【徒弟操练】

运用不同的折叠技法折出 10 种以上杯花（其中 5 种以上植物花形、5 种以上动物花形）和 10 种以上盘花。以下为部分花形示例。

一、杯花

(一) 植物造型杯花

1. 仙人掌

(1)　　　　　　　　　(2)　　　　　　　　　(3)

图 2-3　仙人掌

2. 四叶荷花

(1)　　　　　(2)　　　　　(3)　　　　　(4)

图 2-4　四叶荷花

3. 老树新芽

(1)　　　　　　　　　(2)　　　　　　　　　(3)

（4）

（5）

（6）

图 2-5　老树新芽

4. 双心结缔

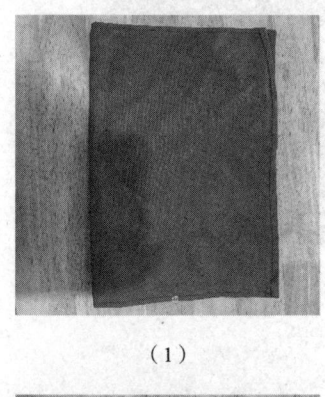
（1）

（2）

（3）

（4）

（5）

（6）

图 2-6　双心结缔

5. 马蹄莲

（1）

（2）

（3）

（4）

图 2-7　马蹄莲

6. 冰玉水仙

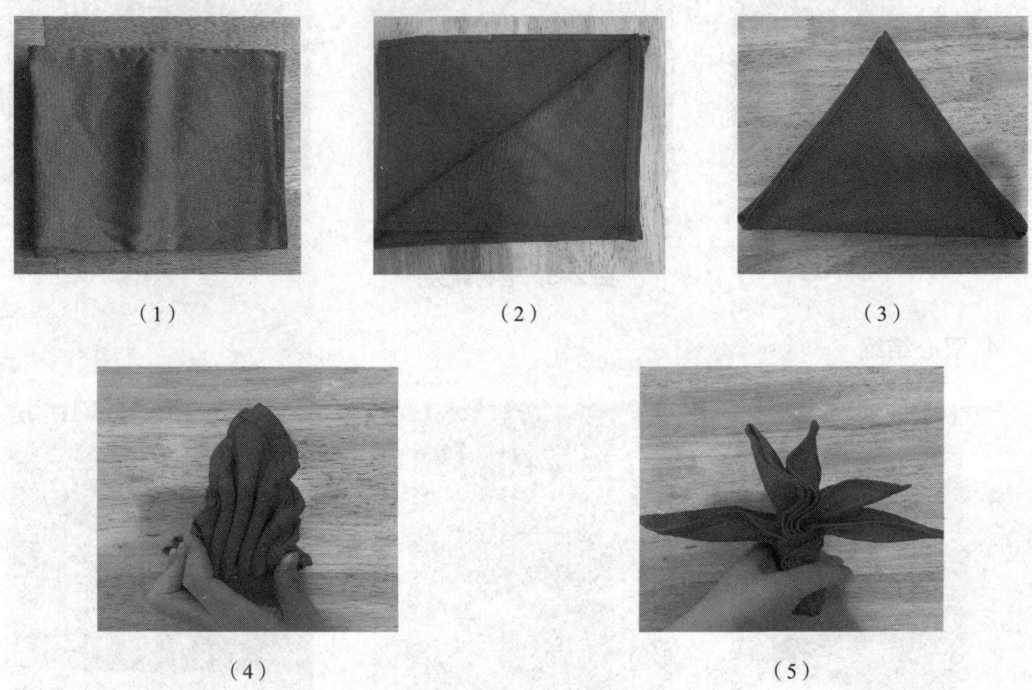

图 2-8　冰玉水仙

7. 玫瑰花

图 2-9　玫瑰花

8. 双叶荷花

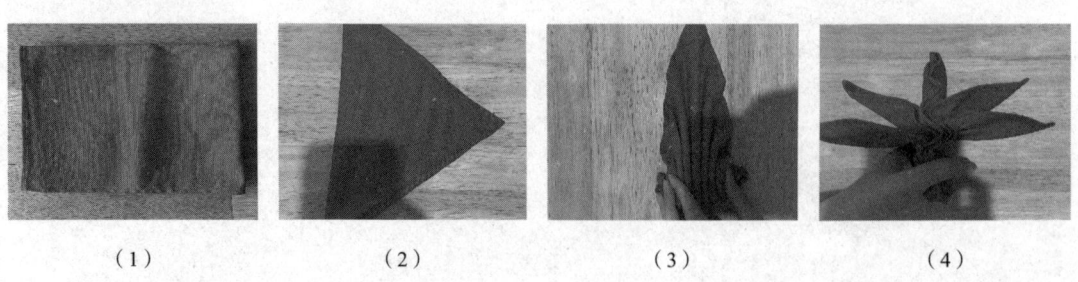

图 2-10　双叶荷花

9. 单蕊鸡冠

（1） 　　　　（2） 　　　　（3）

（4） 　　　　（5） 　　　　（6）

图 2-11　单蕊鸡冠

（二）动物造型杯花

1. 蝴蝶

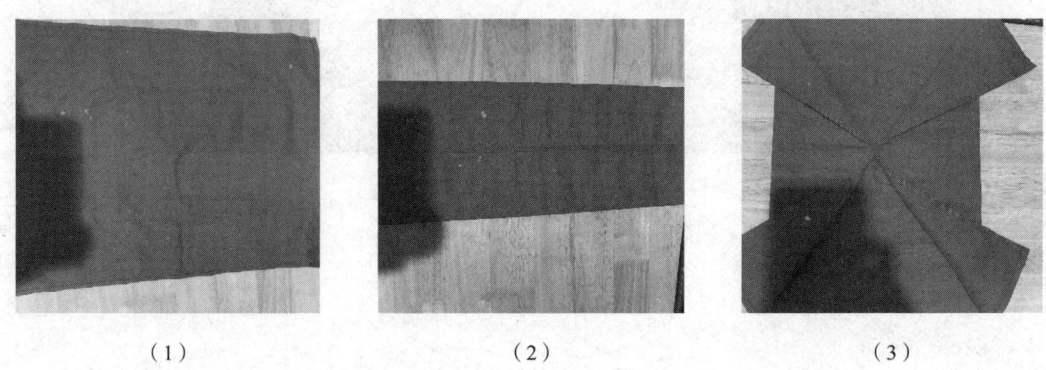

（1）　　　　（2）　　　　（3）

（4）

（5）

（6）

图 2-12　单蕊鸡冠

2. 立体孔雀

（1）

（2）

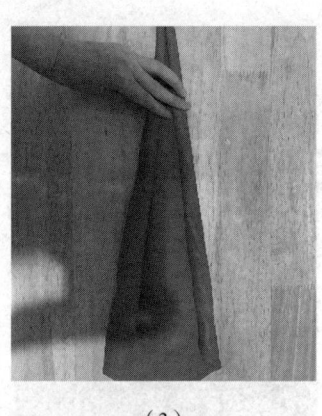
（3）

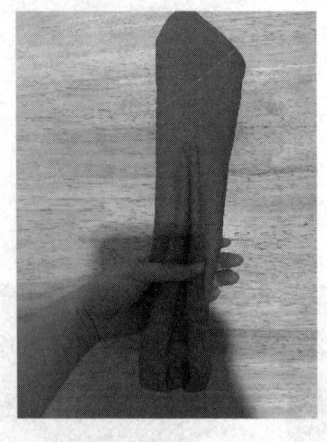
（4）

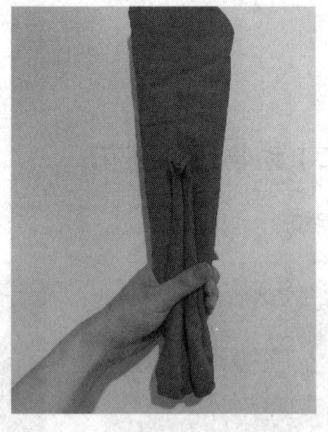
（5）

图 2-13　立体孔雀

3. 四尾金鱼

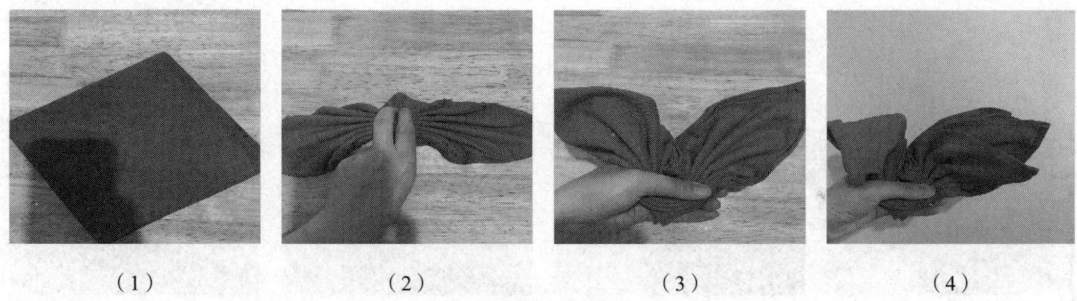

（1）　　　　　（2）　　　　　（3）　　　　　（4）

图 2-14　四尾金鱼

4. 一尾鸟

（1） 　　　　　　　　（2） 　　　　　　　　（3）

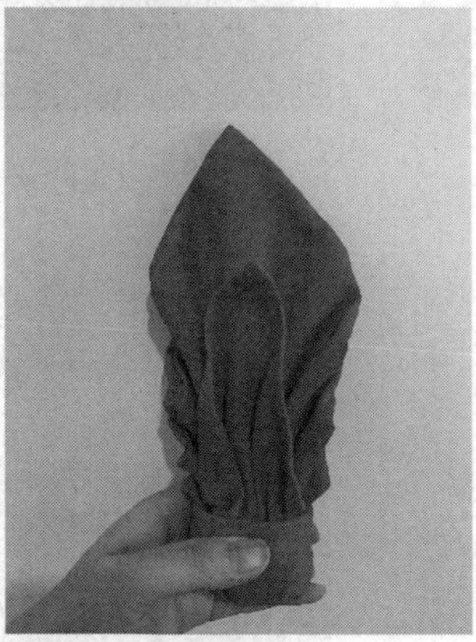

（4） 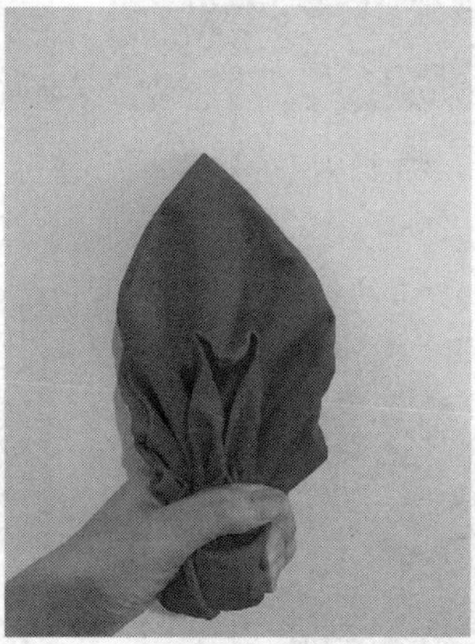　　　　　　　　　　　（5）

图 2-15　一尾鸟

5. 孔雀戏牡丹

（1） （2） （3） （4）

图 2-16 孔雀戏牡丹

6. 圣诞火鸡（正方形，翻三片，每片高度不同，打折）

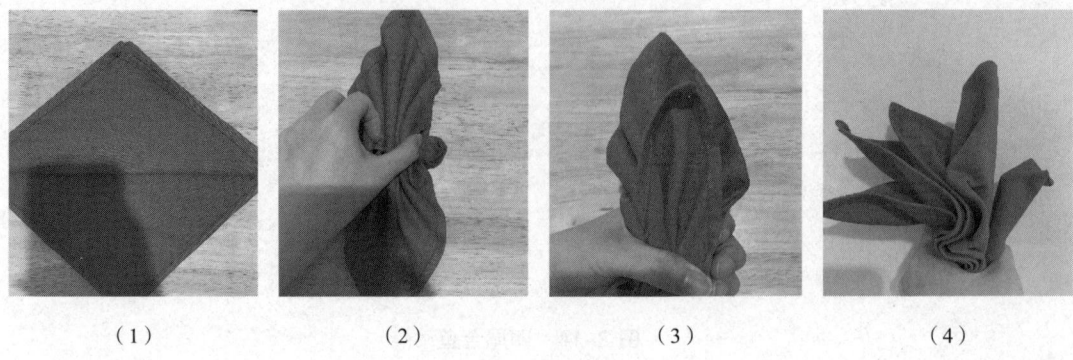

（1） （2） （3）

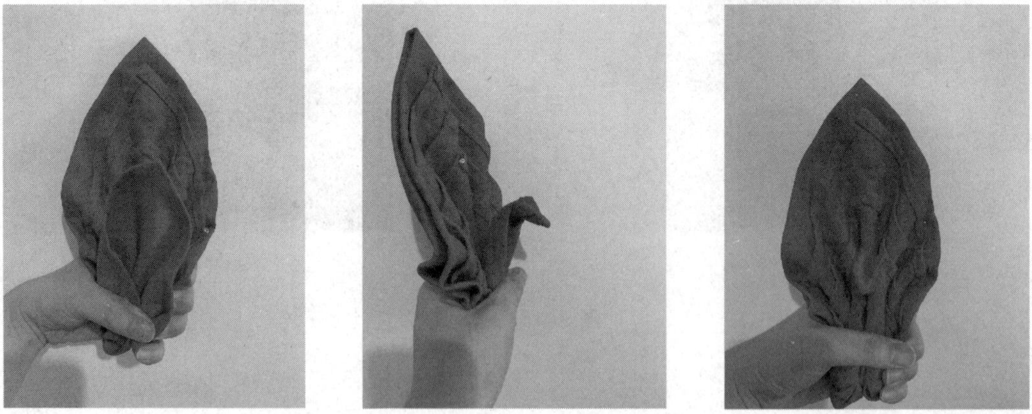

（4） （5） （6）

图 2-17 圣诞火鸡

二、盘花

(一) 爱意

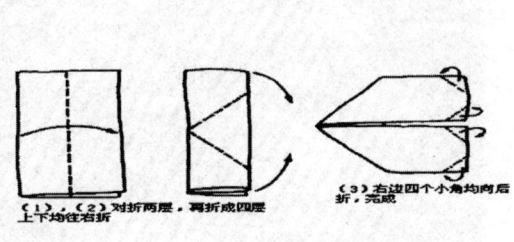

图 2-18 爱意

(二) 餐巾袋

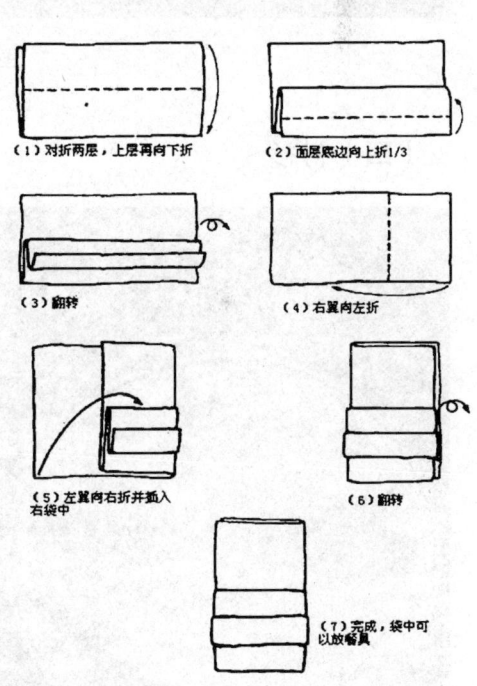

图 2-19 餐巾袋

（三）风车

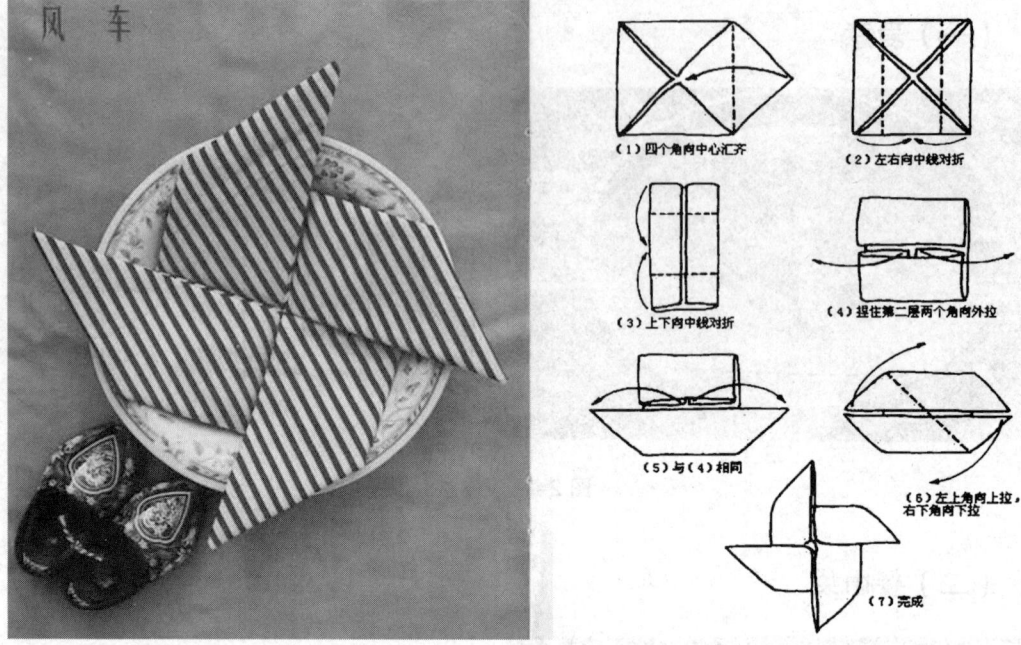

图 2-20　风车

（四）衬衫

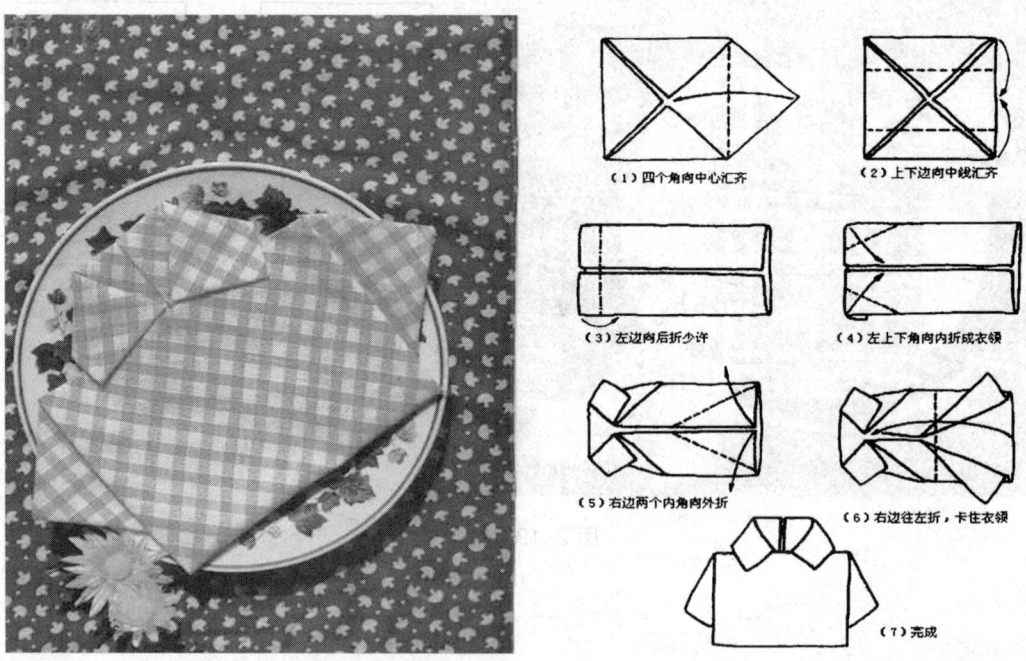

图 2-21　衬衫

（五）帆船

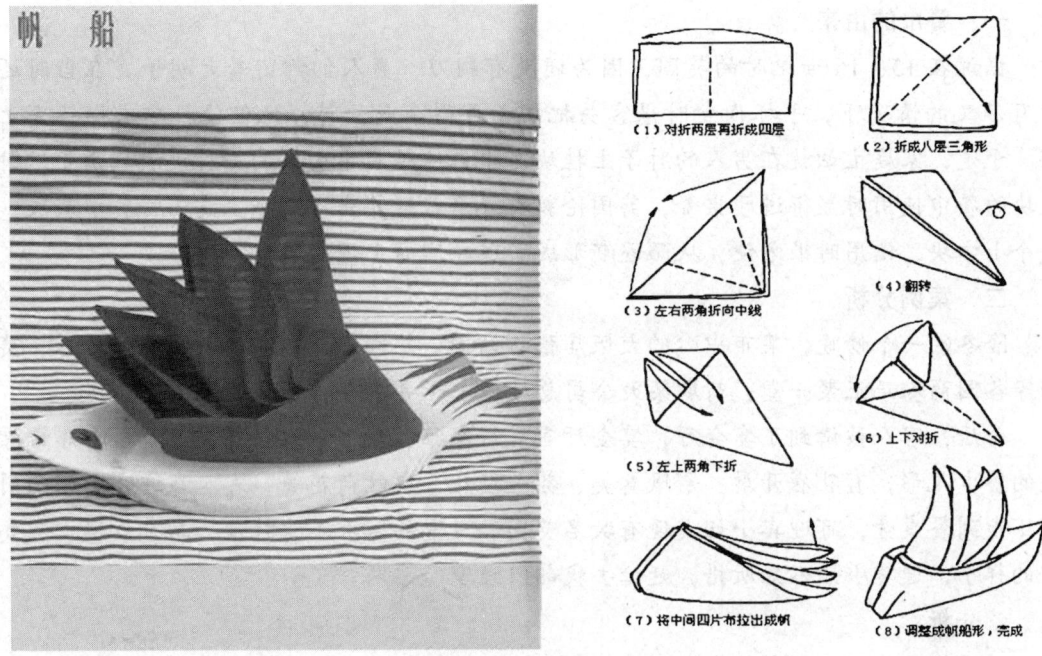

图 2-22 帆船

（六）含苞

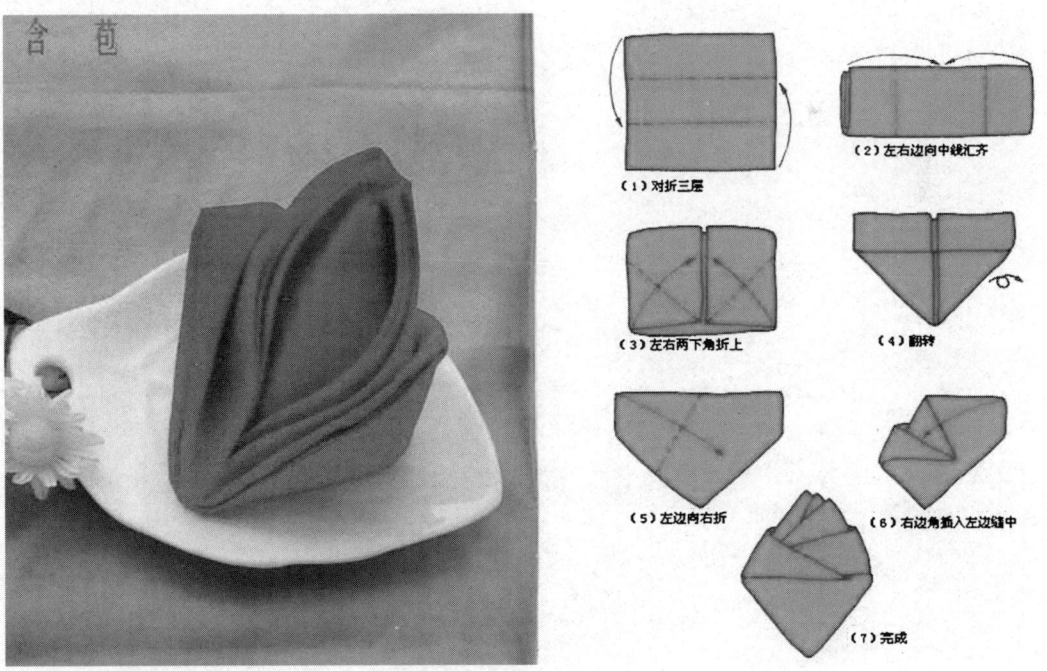

图 2-23 含苞

【拓展提高】

一、餐巾的由来

据说在15、16世纪时的英国，因为还没有剃刀，男人们都留着大胡子。在当时还没有刀叉的情况下，手抓肉食时很容易把胡子弄得全是油腻，他们便扯起衣襟往嘴上擦。于是，家庭主妇就在男人的脖子上挂块布巾，这是餐巾由来的一种说法。由于这种大块的餐巾使用时显得过于累赘，英国伦敦有一名裁缝想出了一个主意，将餐巾裁成一个个小方块，使用时很方便，从而逐渐形成了现在宴席上用的餐巾。

二、案例分析

隆冬的一个傍晚，某市中心的大饭店张灯结彩，热闹非凡，来华的法国、日本、英国等各国商人正汇聚一堂，听取某大公司总经理关于寻求合作伙伴的讲话。

会后，客人被请到了宴会厅，宴会厅布置得高雅、华丽，每张餐桌上都摆有非常漂亮的餐巾花形，有孔雀开屏、彩凤翼美、芬芳壁花、双叶荷花等，客人在迎宾小姐的引领下走到餐桌旁，可迎宾小姐发现有数名英国和日本的客人不肯就座，而且表现出不高兴的样子，迎宾小姐不知所措，赶忙去找部门经理……

请分析：

1. 为什么英国、日本的客人不肯入座？
2. 作为餐饮服务人员，除了能正确操作餐巾折花外，还应掌握哪些方面的知识？

任务三 摆台

摆台（table set up）又称餐台设计、餐桌布置、铺台，是指为客人就餐确定席位，并将餐饮活动中所需要的餐具、用具及其他物品按一定的要求摆设于餐桌上的过程。摆台是餐饮服务基本技能之一，包括餐桌的布局、铺台布、安排座位、准备餐具、摆放餐具、美化餐台等。

【学习内容】

1. 摆台基本知识及操作规范。
2. 如何根据客人就餐人数选择适宜的餐台。
3. 如何按规范铺台布。
4. 如何按就餐需要及摆台规范摆放餐具、酒具用品。
5. 如何根据宴会需要，选择适宜的餐台，合理安排宴会餐台布局及摆设。
6. 如何正确安排宴会的宾主桌次与座次。

【师傅要求】

1. 熟练完成铺台布操作。
2. 熟练完成中餐摆台操作。
3. 熟练完成西餐摆台操作。

【师徒互动】

摆台是餐厅服务人员的基本功，是宴会设计的重要内容。在承办酒席宴会时摆设一桌造型美观的台面，不仅为宾客提供了舒适的就餐席面和一套必需的就餐用具，而且能给宾客以赏心悦目的艺术享受，给酒席增添喜庆气氛。

摆台可以分为中餐摆台和西餐摆台两大类。根据用餐形式的不同，摆台时所用餐具的类别与数量也不一样，并且各家餐饮企业均有自己独特的摆台方式，所以不可能完全统一。

一、中餐宴会摆台

（一）合理布局

宴会餐桌的设计布局是根据主办人的要求、餐厅的形状、餐厅内陈设的特点来进行的，其设计布局的目的是合理利用宴会厅的场地，体现宴会的规格、标准，方便服务人员为宴会提供服务。

中餐宴会多使用圆桌，餐厅服务人员首先应根据宴会通知单告知的桌数、人数，选择大小一致、颜色相同、风格统一的圆桌及座椅，然后根据餐厅的面积和地形进行布局、设计台型。布局时，将主宾入席与退席所经过的通道设为主通道，主通道要比其他一般通道设计得宽敞些，以便于宾客出入。

宴会厅布局时，一般秉承"中心第一、先右后左、近高远低"的原则确定餐桌位置。"中心第一"是指布局时要突出主桌，主桌应摆放在能够纵观全场的位置，以方便主人掌控全局。"先右后左"是按照国际惯例，意为主人右侧席位的地位高于主人左侧席位的地位。"近高远低"是指就被邀请客人的身份而言，身份高的客人距离主桌近，身份低的客人距离主桌远。

具体摆放时，可参照以下示例。

（1）三桌时，可排列成"品"字形或竖一字形，餐厅上方的一桌为主桌（见图2-24）。

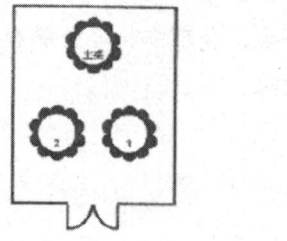
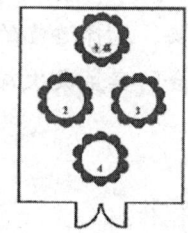

图2-24　三桌排列图　　图2-25　四桌排列图

（2）四桌时，可排列成菱形，餐厅上方一桌为主桌（见图2-25）。

（3）五桌时，可排列成"立"字形或"日"字形。以"立"字形排列时，上方位置为主桌；"日"字形则以中间位置为主桌设定处（见图2-26）。

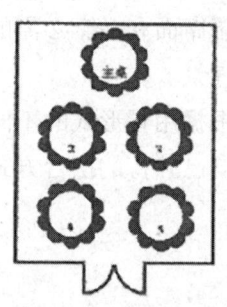
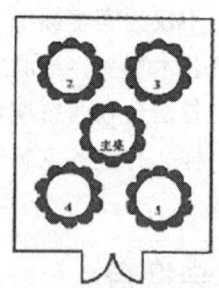

图2-26　五桌排列图

（4）六桌时，可排列成"金"字形或梅花形。以金字形排列时，顶尖一桌为主桌；梅花形则以中间位置为主桌设定处（见图2-27）。

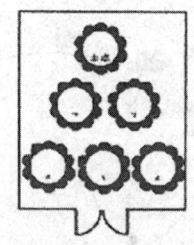 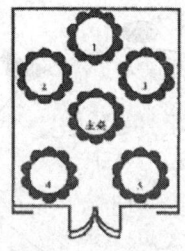

图 2-27　六桌排列图

（5）大型宴会时，其主台可参照"主"字形排列，其他席桌则根据宴会厅的具体情况排列成方格形即可，也可根据舞台位置设定主桌的摆设位置。

（二）座次安排

宴会座次安排是根据宴会的性质、主办单位和主人的特殊要求及出席宴会的客人身份确定其相应的座位。座位安排必须符合礼仪规格，尊重风俗习惯，便于席间服务。

1. 确定主人位

主人位置的安排原则是面向正门，使主人能纵观全局。如果主宾身份高于主人，为表示对宾客的尊重，可把主宾安排在主人位置上，主人则坐在主宾的席位上。

多桌宴会时，各桌主人位置的确定有两种方法。一种为各桌主人位与主桌主人位置相同并朝向同一个方向，另一种为各桌主人位与主桌主人位遥相呼应（见图2-28）。

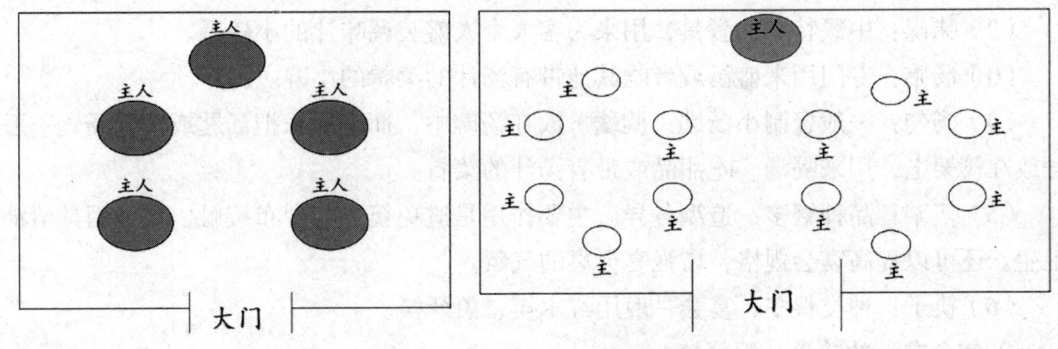

图 2-28　主人位置安排图

2. 安排宾客座次

正式宴会一般均事先安排好座次，有的只安排部分宾客座次，其他人员可自由入座。大型宴会应事先将宾客座次打印在请柬上，使宾客心中有数。中餐宴会圆桌席位安排可以参照以下两种形式（见图2-29）。

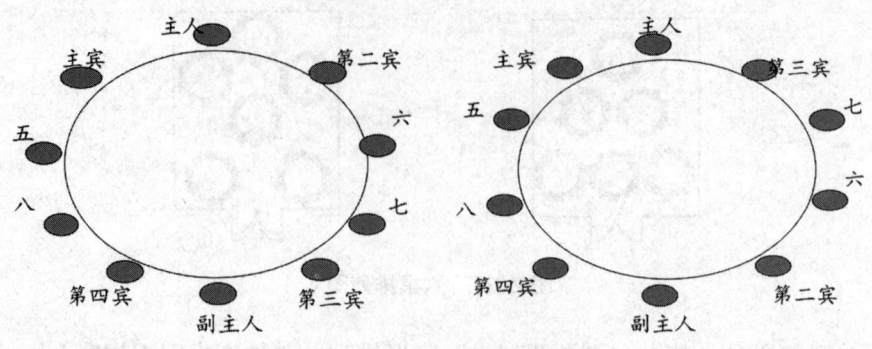

图 2-29　宾客座次安排图

（三）台面摆放

1. 准备所需餐具、用品

餐具、用品的准备主要依据参加宴会的人数、桌数和菜单等进行。

个人餐具：餐碟、味碟、汤碗、汤勺、筷架、筷子、长柄勺、三杯（水杯、葡萄杯、白酒杯）、牙签等。

公共餐具及其他物品：公用筷架、公筷、公勺、台布、餐巾、菜单、桌号牌、托盘，以及花瓶、花篮或符合主题的装饰物，可视具体情况摆放烟灰缸等其他物品。

（1）餐碟：又称骨碟，是宴会中吃冷、热菜和接骨、刺等的盘。

（2）味碟：中餐特有的餐具，用来为客人个人盛装调味汁的小瓷碟。

（3）汤碗：专门用来盛汤或者吃其他带有汤汁的菜肴的小碗。

（4）汤勺：一般瓷制小汤匙（调羹）放在汤碗中，而金属长把汤匙或大瓷汤匙一般摆放在筷架上，用来喝汤、吃甜品或带有汤汁的菜肴。

（5）筷架：品种繁多，造型各异。主要作用是避免筷子与台布接触，保证用具清洁卫生。还可以提高宴会规格，增强宴会桌的气氛。

（6）筷子：种类很多，宴会一般用红木筷、象牙筷。

2. 铺台布、放转盘、配餐椅

（1）台布，也称桌布，主要起保洁、装饰和方便服务的作用。铺设台布一般有抖铺式、推拉式、撒网式三种方式，要求服务员尽可能一次完成。

①抖铺式。

准备。服务员将台布准备好，站在副主人位置上，准备操作。

打开。服务员将折好的台布正面朝上打开，捏住台布一边。

提起。服务员将多余台布提拿到胸前，抓紧台布。

铺出。服务员拽住台布一边，身体呈正位站立式，双手用腕的力量将台布向前一次性抖开并平铺于餐台上。

定位。服务员用食指和大拇指将台布拉回定位,十字取中,四角下垂均匀。

这种铺设方法适用于宽敞的餐厅或周围没人就座的情况下进行。

②推拉式。

准备。服务员将台布准备好,站在副主人位置上,准备操作。

打开。服务员将折好的台布正面朝上打开,捏住台布一边。

合拢。服务员抓住多余台布,用两手臂的臂力将台布沿着桌面向胸前合拢。

推出。服务员拽住台布一边,将多余台布顺着桌面向对面推出。

定位。服务员用食指和大拇指将台布拉回定位,十字取中,四角下垂均匀。

这种铺法多适用于零点餐厅和较小的餐厅,其优点是操作快速便捷。

③撒网式。

准备。服务员将台布准备好,站在副主人位置上,准备操作。

打开。服务员将折好的台布正面朝上打开,捏住台布一边。

提起、上肩。服务员将台布两侧收拢后呈右脚在前、左脚在后的站立姿势,抓起多余台布提拿至左肩后方,上身同时向左后侧转体。

铺出。服务员回转身体,将台布向左前方撒出,一次到位。

定位。服务员用食指和大拇指将台布拉回定位,十字取中,四角下垂均匀。

这种铺设方法适用于宽大场地或技术比赛。

铺设好的台布应定位准确,十字居中,凸缝朝向主人和副主人位,下垂均等,台面平整。

(2)转盘摆放在桌面中央的转圈上,同时检查转盘是否能正常工作。

(3)按宴会人数配备餐椅,以十人为一桌,一般餐椅放置为"三三两两",即正、副主人侧各放置三张餐椅,另两侧各放置两张餐椅,椅背在一条直线上。

3. 摆餐具

(1)餐碟定位。

将餐碟摆放在托盘内,服务员左手托托盘,右手拿餐碟边缘部分,从主人位开始按顺时针方向依次摆放餐碟,要求餐碟边缘距离桌面边缘1.5厘米,餐碟与餐碟之间距离均等,若餐碟有店标等图案,应将图案以正面示人,相对餐碟与餐桌中心点三点一线。

(2)摆味碟、汤碗、汤勺。

将味碟放于餐碟正上方,两者相距1厘米;汤碗摆放在味碟左侧1厘米处,与味碟在一条直线上,汤勺放置于汤碗中,勺把朝左,与餐碟平行。

(3)摆放筷架、筷子、长柄勺、牙签。

筷架摆在餐碟右边,与味碟在一条直线上;筷子、长柄勺搁摆在筷架上,长柄勺距餐碟3厘米,筷尾距餐桌沿1.5厘米;筷套正面朝上,牙签位于长柄勺和筷子之间,牙签套正面朝上,底部与长柄勺齐平。

（4）摆放葡萄酒杯、白酒杯、水杯。

葡萄酒杯在味碟正上方2厘米；白酒杯摆在葡萄酒杯的右侧，水杯位于葡萄酒杯左侧，杯肚间隔1厘米，三杯成斜直线与水平成30°。如果折的是杯花，水杯待餐巾花折好后一起摆上桌。摆杯手法正确，手拿杯柄或中下部。

（5）餐巾折花。

餐巾花花型突出主位，符合主题、整体协调，要求折叠手法正确、卫生、一次成型、花型逼真、美观大方。

（6）摆放公共用具。

在正副主人位餐具的正上方摆放公用餐具，按先筷后勺顺序将筷、勺搁在公用筷架上（设两套），公用筷架与正副主人位水杯间距1厘米，筷子末端及勺柄向右。

（7）摆放菜单、花瓶（花篮）和桌号牌。

将花瓶或花篮摆在台面正中，要求花瓶或花篮造型精美，符合主题；菜单摆放在筷架右侧，桌号牌摆放在花瓶或花篮正前方，面对副主人位。

（8）餐椅定位。

从主宾位开始拉餐椅定位，座位中心与餐碟中心对齐，餐椅之间距离均等，餐椅座面边缘距台布下垂部分1.5厘米。

中餐正式宴会摆台示意如图2-30所示。

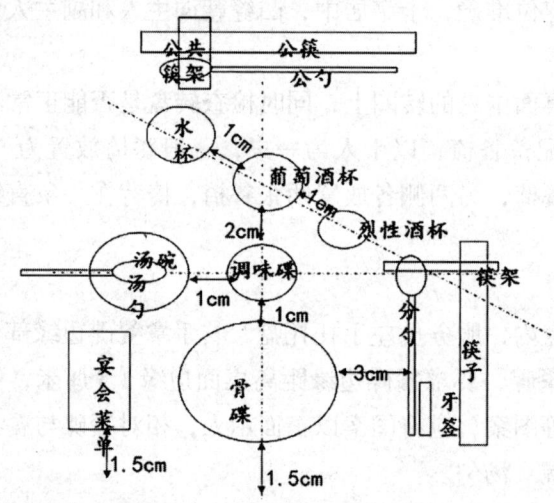

图2-30 中餐正式宴会摆台示意图

二、西餐宴会摆台

（一）西餐宴会台形安排

正式西式宴会一般使用长方形餐桌或小方桌，长方形餐桌及小方桌是可以拼接的。

圆桌并非中餐的专利，西餐也同样以圆桌为理想的餐桌摆设。餐桌的大小和餐桌的排法，可根据宴会的人数、宴会厅的形状和大小、服务的组织、宾客的要求来进行，并做到尺寸对称、出入方便、图案新颖；椅子之间的距离不得小于20厘米，餐台两边的椅子应对称摆放。

（1）"一"字形或直线形：不超过36位宾客时，宜采用直线形。可用1.8米×0.75米的长条桌拼合而成（见图2-31）。

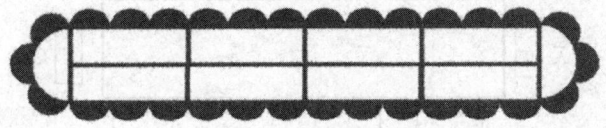

图2-31　直线形台形

（2）"口"字形或"U"形：超过36位宾客时的台形，可用1.8米×0.75米的长条桌拼合而成，中央部位可布置花草、冰雕等饰物（见图2-32）。

图2-32　"U"形、"口"字形台形

（3）"E"形或"M"形台：超过60位宾客时的台型（见图2-33）。

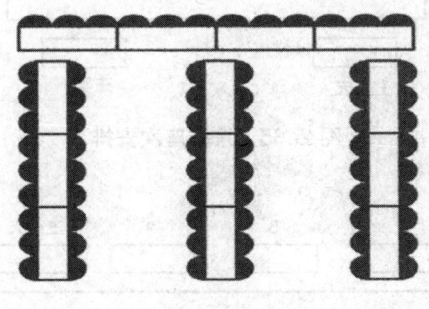

图2-33　"E"形台

（二）座次安排

（1）一般家庭式西餐宴会的座次安排（见图2-34）。

主人的座位应正对厅堂入口，便于其纵观全厅。长台两端分别设主人位和副主人位（女主人位），男女宾客穿插落座，夫妇穿插落座。这样的席位安排只有主客人之分，没有职务之分。

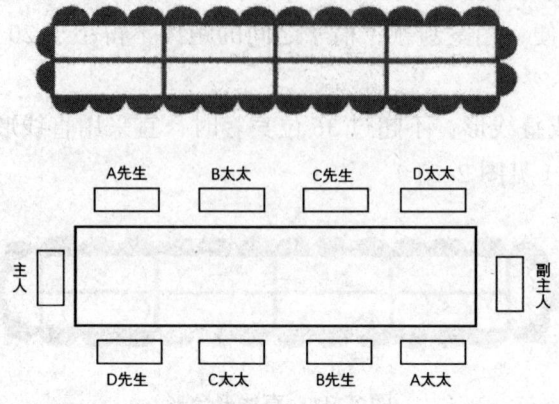

图 2-34 一般家庭式西餐宴会座次安排

（2）若属于正式宴会，双方都有一位重要人物参加，那么第一主宾要坐在第一主人的右侧，第二主宾坐在第二主人右侧，次要人物由中间向两侧依次排开。

（3）若正式宴会双方首要人物都带夫人参加，法式座次安排主宾夫人坐在主人右侧，主宾坐在主人夫人右侧（见图 2-35）。英式座次安排主人夫妇各坐两头（见图 2-36）。主宾夫人坐在主人右侧位，主宾坐在主人夫人右侧位，其他男女穿插依次坐中间。

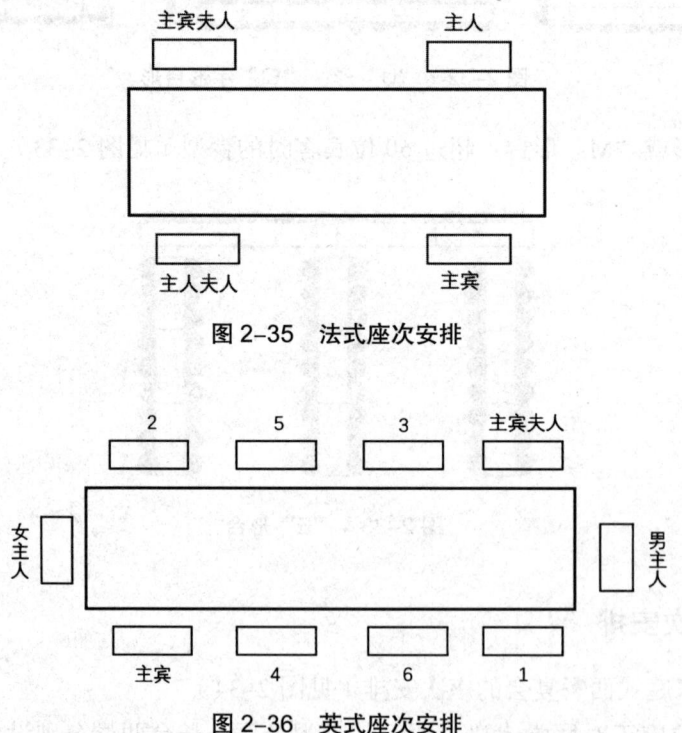

图 2-35 法式座次安排

图 2-36 英式座次安排

（三）台面摆放

1. 餐具的准备工作

西餐餐具品种较多，每上一道菜就相应的要撤去用完的那套餐具。西餐正式宴会摆台一般需准备台布、餐巾、面包盘、黄油碟、主菜刀（肉排刀）、鱼刀、开胃品刀、汤勺、甜品勺、黄油刀、水杯、红葡萄酒杯、白葡萄酒杯、花瓶或花坛、烛台、胡椒瓶、盐瓶、牙签盅等用具。服务人员应根据上菜的道数、菜式和人数准备相应数量与用途的餐具，如表2-3所示。

表2-3 西餐菜品及配套餐具

菜单	每人应配备餐具
色拉和小吃	餐盘一个，刀和叉各一把
汤	汤盘一个，汤勺一把
大菜（两道）	餐盘两个，刀和叉各两套
甜食及饮品	餐盘、叉和匙、咖啡杯、咖啡碟、咖啡勺各一件
水果	水果盘一个，刀和叉各一把
面包、黄油	面包盘、黄油刀各一件
酒水3~4种	每种酒水备酒杯一个

2. 铺台布、座椅定位

西餐宴会一般使用数张方桌拼接而成，台布一般也由数张拼接而成。以西餐宴会摆台国赛标准为例，一般要求台布中凸线向上，两块台布中凸线对齐，两块台布重叠5厘米，主人位方向台布交叠在副主人位方向台布上，台布四边下垂均等。

座椅摆设从座椅正后方进行，从主人位开始按顺时针方向摆设，座椅之间距离基本相等，相对座椅的椅背中心，座椅边沿与下垂台布相距1厘米。

3. 餐盘定位

与中餐宴会摆台一样，从主人位开始按照顺时针摆放餐盘。要求手持盘沿右侧操作，餐盘盘边距离桌边1厘米，盘与盘之间距离均等。

4. 摆刀叉勺

刀叉勺由内向外摆放，在餐盘的右侧从内向外依次摆放主餐刀、鱼刀、汤勺、开胃品刀，刀口朝左，勺面朝上，主餐刀、汤勺、开胃品刀与桌边沿距离为1厘米，鱼刀与桌边沿距离为5厘米，主餐刀与餐盘之间距离为1厘米，主餐刀、鱼刀、汤勺、开胃品刀之间距离为0.5厘米。

餐盘左侧从内向外依次摆放主餐叉、鱼叉、开胃品叉，叉尖朝上，主餐叉、开胃品叉与桌边沿距离为1厘米，鱼叉与桌边沿距离为5厘米，主餐叉与餐盘之间距离为1厘米，主餐叉、鱼叉、开胃品叉之间距离为0.5厘米。

5. 摆面包盘、黄油刀、黄油盘

依次摆放面包盘、黄油刀、黄油盘。面包盘摆放在开胃品叉的左侧，面包盘与开胃品叉相距1厘米，面包盘中心与餐盘中心对齐。黄油刀置于面包盘右侧边沿1/3处。黄油盘摆放在黄油刀尖正上方，相距3厘米。黄油盘左侧边沿与面包盘中心成直线。

6. 摆放杯具

依次摆放水杯、红葡萄酒杯、白葡萄酒杯，要求白葡萄酒杯摆放在开胃品刀的正上方，杯底中心在开胃品刀的中心线上，杯底距开胃品刀尖2厘米。三杯成斜直线，与水平线成45°角。各杯身之间相距1厘米。要求操作时手持杯中下部或颈部。

7. 摆放花瓶或花坛、烛台、牙签盅、椒盐瓶

花瓶或花坛置于餐桌中央和台布中线上，花瓶或花坛的高度不超过30厘米。

烛台与花坛的容器底部外沿或花瓶底部外沿相距20厘米，烛台底座中心压台布中凸线，要求两个烛台方向一致，并与杯具所成直线平行。

牙签盅与烛台相距10厘米，牙签盅中心压在台布中凸线上。椒盐瓶两瓶间距1厘米，左椒右盐，椒盐瓶间距中心对准台布中凸线。

8. 摆盘花

西餐多使用盘花，要求盘花造型美观、大小一致，在盘中摆放一致，左右成一条线，突出正副主人位。西餐宴会摆台平面示意如图2-37所示。

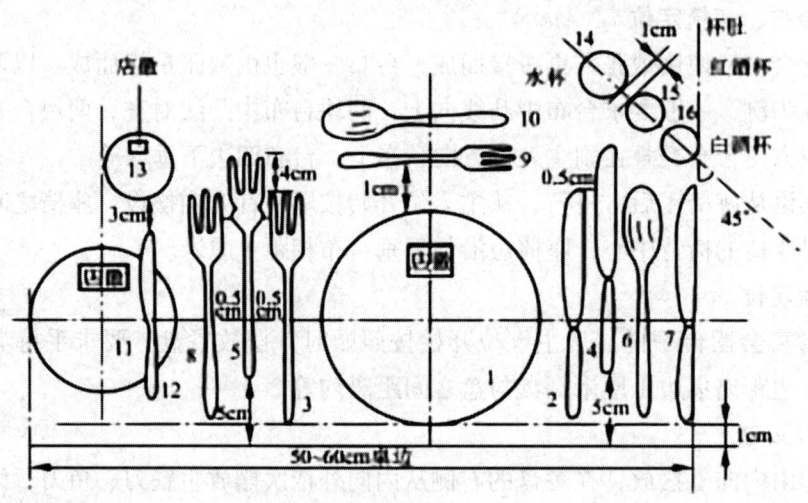

图2-37 西餐宴会摆台平面示意

1.装饰碟 2.正餐刀 3.正餐叉 4.鱼刀 5.鱼叉 6.汤匙 7.开胃品刀 8.开胃品叉 9.甜点叉 10.甜品匙 11.面包盘 12.黄油刀 13.黄油盘 14.水杯 15.红葡萄酒杯 16.白葡萄酒杯

【师傅指导】

一、中餐零点摆台注意事项

1. 中餐零点摆台要根据餐别及服务规格进行。摆放餐具时，要求图案对正、间距均匀、整齐美观、清洁大方、便于使用。

2. 由于零点餐厅的餐桌相对固定，无须餐餐变化，再加上就餐者无主客之分，因此只需要进行桌面摆放即可。

3. 对于不会使用筷子的客人，席位上要加摆餐刀、餐叉，叉左刀右，刀口朝左。

二、中餐宴会摆台注意事项

1. 怎样确认主人位？

主人位一般设置在正对门口的位置。

2. 要注意铺台布时的方法、动作。台布不能接触地面，台布的鼓缝朝上，中心线正对正副主人位，四角是直线下垂状，下垂部分距地面距离相等。

3. 在摆台过程中要注意端托的姿势以及行走时的步数。

4. 在摆放餐具时应遵循"一步到位"的原则。

5. 在拿放餐具时应注意方法，以接触面最小为最佳，还应注意餐具之间的间隔距离。

6. 小桌摆一副公筷勺时，公筷勺应摆在正主人位正上方处。

7. 备餐柜要保持干净、整洁。

【徒弟操练】

以小组为单位，练习摆台，设计一次中餐宴会主题摆台。

【拓展提高】

餐厅服务（中餐主题宴会摆台）
比赛规则和评分标准

一、比赛内容：中餐宴会摆台（10人位）

二、比赛要求

1. 按中餐正式宴会摆台，鼓励选手利用自身条件，创新台面设计。

2. 操作时间15分钟（提前完成不加分，每超过30秒，扣总分2分，不足30秒按30秒计算，以此类推；超时2分钟不予继续比赛，未操作完毕，不计分）。

3. 裁判员统一口令"开始准备"进行准备，准备时间3分钟。准备就绪后，举手示意。

4. 选手在裁判员宣布"比赛开始"后开始操作。

5. 比赛开始时，选手站在主人位后侧。比赛中所有操作必须按顺时针方向进行。

6. 所有操作结束后，选手应回到工作台前，举手示意"比赛完毕"。

7. 除台布、桌裙或装饰布、花瓶（花篮或其他装饰物）和桌号牌可徒手操作外，其他物品均须使用托盘操作。

8. 餐巾准备无任何折痕；餐巾折花花形不限，但须突出主位花形，整体挺括、和谐，符合台面设计主题。

9. 餐巾折花和摆台先后顺序不限。

10. 比赛中允许使用装饰盘垫。

11. 组委会统一提供餐桌转盘，比赛时是否使用由参赛选手自定。如需使用转盘，须在抽签之后说明。

12. 比赛评分标准中的项目顺序并不是规定的操作顺序，选手可以自行选择完成各个比赛项目。

13. 物品落地每件扣3分，物品碰倒每件扣2分，物品遗漏每件扣1分。

三、比赛物品准备

1. 组委会提供物品：餐台（高度为75厘米）、圆桌面（直径180厘米）、餐椅（10把）、工作台。

2. 选手自备物品

（1）防滑托盘（2个，含装饰盘垫或防滑盘垫）。

（2）规格台布。

（3）桌裙或装饰布。

（4）餐巾（10块）。

（5）花瓶、花篮或其他装饰物（1个）。

（6）餐碟、味碟、汤勺、口汤碗、长柄勺、筷子、筷架（各10套）。

（7）水杯、葡萄酒杯、白酒杯（各10个）。

（8）牙签（10套）。

（9）菜单（2个或10个）。

（10）桌号牌（1个，上面写上代表队名称）。

（11）公用餐具（筷子、筷架、汤勺各2套）。

四、比赛评分标准

项目	操作程序及标准	分值（分）	扣分	得分
台布 （4分）	可采用抖铺式、推拉式或撒网式铺设，要求一次完成。如果两次则扣0.5分，三次及以上不得分	2		
	台布定位准确，十字居中（1分），凸缝朝向主人和副主人位（0.5分），下垂均等，台面平整（0.5分）	2		

续表

项目	操作程序及标准	分值（分）	扣分	得分
桌裙或装饰布（3分）	桌裙长短合适（1分），围折平整或装饰布平整（1分），四角下垂均等（装饰布平铺在台布下面）（1分，四角下垂不均等扣1分）	3		
餐碟定位（10分）	一次性定位、碟间距离均等（2分），餐碟标志对正（2分），相对餐碟与餐桌中心点三点一线（2分）	6		
	距桌沿约1.5厘米（各0.2分）	2		
	拿碟手法正确（手拿餐碟边缘部分，每一次正确、卫生干净（各0.2分）	2		
味碟、汤碗、汤勺（5分）	味碟位于餐碟正上方，相距1厘米（各0.2分）	2		
	汤碗摆放在味碟左侧1厘米处，与味碟在一条直线上（1分），汤勺放置于汤碗中（1分），勺把朝左，与餐碟平行（1分）	3		
筷架、筷子、长柄勺、牙签（9分）	筷架摆在餐碟右边，与味碟在一条直线上（各0.2分）	2		
	筷子、长柄勺搁摆在筷架上（1分，各0.1分），长柄勺距餐碟3厘米（2分，各0.2分），筷尾距餐桌沿1.5厘米（2分各0.2分）	5		
	筷套正面朝上（各0.1分）	1		
	牙签位于长柄勺和筷子之间，牙签套正面朝上，底部与长柄勺齐平（各0.1分）	1		
葡萄酒杯、白酒杯、水杯（9分）	葡萄酒杯在味碟正上方2厘米（各0.2分）	2		
	白酒杯摆在葡萄酒杯的右侧，水杯位于葡萄酒杯左侧（1分），杯肚间隔1厘米，三杯成斜直线与水平成30°（3分）。如果折的是杯花，水杯待餐巾花折好后一起摆上桌（1分）	5		
	摆杯手法正确（手拿杯柄或中下部）、卫生	2		
餐巾折花（10分）	花型突出主位（1分），符合主题、整体协调（并应有副主人位花）（3分，其中，如未体现副主人位花扣1分）	4		
	折叠手法正确（1分），卫生（1分），一次性成形（1分），花型逼真（2分），美观大方（1分）	6		
公用餐具（4分）	公用餐具摆放在正副主人的正上方	2		
	按先筷后勺顺序将筷、勺搁在公用筷架上（设两套）（1分）公用筷架与正副主人位水杯间距1厘米（2分），筷子末端及勺柄向右（1分）	2		
菜单、花瓶（花篮）和桌号牌（4分）	花瓶或花篮摆在台面正中，造型精美、符合主题要求（是否在台面正中，是以花瓶瓶底与桌边等距离为准）	1		
	菜单摆放在筷子架右侧（公用餐具的右侧），位置一致	2		
	桌号牌摆放在花瓶或花篮正前方、面对副主人位	1		
餐椅定位（5分）	从主宾位开始拉椅定位（1分），座位中心与餐碟中心对齐（1分），餐椅之间距离均等（1分），餐椅座面边缘距台布下垂部分1.5厘米（2分）	5		
托盘（3分）	用左手胸前托法将托盘托起（1分），托盘位置高于选手腰部（1分），整体体现托盘托起的功底，托起的托盘不飘浮，应平稳、规范（1分）	3		

续表

项目	操作程序及标准	分值（分）	扣分	得分
综合印象（14分）	台面设计主题明确（3分）[其中，体现浓郁中餐文化底蕴，紧扣时代主题（3分）；有主题体现，但未体现文化底蕴（扣2分）；未设计主题（扣2分）]。台面装饰布置符合主题要求，色彩搭配赏心悦目（2分）	5		
	餐具颜色、规格及样式协调统一（1分），餐具样式高贵、引领潮流（0.5分），便于使用（0.5分）	2		
	整体美观、具有强烈艺术美感（好：4分，较好：3分，一般：1分，差：0分）	4		
	操作过程中动作规范、娴熟、敏捷、声轻（1分，各0.25分）；姿态优美，能体现岗位气质（2分，其中，好：2分；一般：1分；差：0分）	3		
合计		80		

操作时间：　　分　　秒　　　时：　　秒　　　扣分：　　分

注：1. 物品落地（桌面及地面均视为落地）：扣3分/件，
物品碰倒（桌面和托盘内碰到均视为碰到）：扣2分/件，
物品遗漏：扣1分/件
2. 全程操作标准时间：15分钟。超过30秒，扣总分2分；不足30秒，按30秒计，其中，15秒（含）以内扣总分1分，15~30秒扣总分2分，以此类推；超时2分钟不予继续比赛，未操作完毕不计分

实际得分

餐厅服务（西餐宴会摆台）
比赛规则和评分标准

一、比赛内容：西餐宴会摆台（6人位）

二、比赛要求

1. 按英式席位安排法，以宴会套餐程序摆台，鼓励选手进行适当台面设计与布置创新，摆设设计由各选手自定。

2. 操作时间15分钟（提前完成不加分，每超过30秒，扣总分1分，不足30秒按30秒计算，以此类推；超时2分钟或未操作完毕，不予计分）。

3. 裁判员统一口令"开始准备"进行准备，准备时间3分钟。准备就绪后，举手示意。

4. 选手在裁判员宣布"比赛开始"后开始操作。

5. 比赛开始时，选手站在主人位后侧。比赛中所有操作必须按顺时针方向进行。

6. 所有操作结束后，选手应回到工作台前，举手示意"比赛完毕"。

7. 除装饰盘（须手托餐巾）和花坛可徒手操作外，其余物件，使用托盘操作。

8. 物品落地每件扣3分，物品碰倒每个扣2分，物品遗漏每件扣1分。

三、比赛物品准备

1. 组委会提供物品：西餐长台（240厘米×120厘米）、西餐椅（6把）、工作台。

（桌面由指定比赛饭店提前准备）

2. 选手自备物品

（1）防滑托盘（2个）。

（2）台布（2块）：200厘米×165厘米（比赛用布草尺寸由裁判检查，不合尺寸标准的布草得分予以扣除）。

（3）餐巾（6块）：56厘米×56厘米。

（4）装饰盘（6只）：7.2~10寸（比赛用瓷器尺寸由裁判检查，不合尺寸标准的瓷器摆台得分予以扣除）。

（5）面包盘（6只）：4.5~6寸。

（6）黄油碟（6只）：1.8~3.5寸。

（7）主菜刀（肉排刀）、鱼刀、开胃品刀、汤勺、甜品勺、黄油刀（各6把）。

（8）主菜叉（肉叉）、鱼叉、开胃品叉、甜品叉（各6把）。

（9）水杯、红葡萄酒杯、白葡萄酒杯（各6个）。

（10）花瓶或花坛（1个）。

（11）烛台（2座）。

（12）盐瓶、胡椒瓶（各2个）。

（13）牙签盅（2个）。

四、比赛评分标准

项目	项目评分细则	分值（分）	扣分	得分
台布 （5分）	台布中凸线向上，两块台布中凸线对齐	1		
	两块台布面重叠5厘米	1		
	主人位方向台布交叠在副主人位方向台布上	1		
	台布四边下垂均等	1		
	铺设操作最多四次整理成形	1		
席椅定位 （3.6分）	摆设操作从席椅正后方进行	0.6（每把0.1）		
	从主人位开始按顺时针方向摆设	0.6（每把0.1）		
	席椅之间距离基本相等	0.6（每把0.1）		
	相对席椅的椅背中心对准	0.6（每把0.1）		
	席椅边沿与下垂台布相距1厘米	1.2（每把0.2）		
装饰盘 （7.5分）	从主人位开始顺时针方向摆设	1.5（每个0.25）		
	盘边距离桌边1厘米	1.5（每个0.25）		
	装饰盘中心与餐位中心对准	1.5（每个0.25）		
	盘与盘之间距离均等	1.5（每个0.25）		
	手持盘沿右侧操作	1.5（每个0.25）		

续表

项目	项目评分细则	分值（分）	扣分	得分
刀、叉、勺（16.8分）	刀勺叉由内向外摆放，距桌边距离符合标准（标准见最后"备注"）	5.4（每件0.1）		
	刀勺叉之间及与其他餐具间距离符合标准（标准见最后"备注"）	5.4（每件0.1）		
	摆设逐位完成	6（每位1分）		
面包盘、黄油刀、黄油碟（4.8分）	摆放顺序：面包盘、黄油刀、黄油盘	1.8（每件0.1）		
	面包盘盘边距开胃品叉1厘米	0.6（每件0.1）		
	面包盘中心与装饰盘中心对齐	0.6（每件0.1）		
	黄油刀置于面包盘右侧边沿1/3处	0.6（每件0.1）		
	黄油碟摆放在黄油刀尖正上方，相距3厘米	0.6（每件0.1）		
	黄油碟左侧边沿与面包盘中心成直线	0.6（每件0.1）		
杯具（全部应为高脚杯）（10.8分）	摆放顺序：水杯、红葡萄酒杯、白葡萄酒杯（白葡萄酒杯摆在开胃品刀的正上方，杯底中心在开胃品刀的中心线上，杯底距开胃品刀尖2厘米）	1.8（每个0.1）		
	三杯成斜直线，与水平线成45°角	6（每组1分）		
	各杯身之间相距约1厘米	1.2（每个0.1）		
	操作时手持杯中下部或颈部	1.8（每个0.1）		
花瓶或花坛（2分）	花瓶或花坛置于餐桌中央和台布中线上	1		
	花瓶或花坛的高度不超过30厘米	1		
烛台（2分）	烛台与花坛的容器底部外沿或花瓶底部外沿相距20厘米	1（每座0.5）		
	烛台底座中心压台布中凸线	0.5（每座0.25）		
	两个烛台方向一致，并与杯具所呈直线平行	0.5（每座0.25）		
牙签盅（1.5分）	牙签盅与烛台相距10厘米	1（每个0.5）		
	牙签盅中心压在台布中凸线上	0.5（每个0.25）		
椒盐瓶（3分）	椒盐瓶与牙签盅相距2厘米	1（每组0.5）		
	椒盐瓶两瓶间距1厘米，左椒右盐	1（每组0.5）		
	椒盐瓶间距中心对准台布中凸线	1（每组0.5）		
盘花（6分）	造型美观、大小一致，突出正副主人	3		
	餐花在盘中摆放一致，左右成一条线	3		
托盘使用（3分）	餐件和餐具分类按序摆放，符合科学操作	2		
	杯具在托盘中杯口朝上	1		

续表

项目	项目评分细则	分值（分）	扣分	得分
综合印象 （14分）	台席中心美化新颖、主题灵活	4		
	布件颜色协调、美观	3		
	整体设计显高雅、华贵	4		
	操作过程中动作规范、娴熟、敏捷、声轻，姿态优美，能体现岗位气质	3		
合 计		80		

操作时间：　　分　　秒　　时：　　秒　　扣分：　　分

物品落地、物品碰倒、物品遗漏　　件　　　　　　扣分：　　分

实 际 得 分

备注：
1.装饰盘；2.主菜刀（肉排刀）；3.鱼刀；4.汤勺；5.开胃品刀；6.主菜叉（肉叉）；7.鱼叉；8.开胃品叉；9.黄油刀；10.面包盘；11.黄油碟；12.甜品叉；13.甜品勺；14.白葡萄酒杯；15.红葡萄酒杯；16.水杯。

各餐具之间的距离标准：
（1）1、2、4、5、6、8与桌边沿距离为1厘米；
（2）1与2，1与6，8与10，1与12之间的距离为1厘米；
（3）9与11之间的距离为3厘米；
（4）3、7与桌边的距离为5厘米；
（5）6、7、8之间，2、3、4、5之间，12与13之间的距离为0.5厘米；
（6）14、15、16杯肚之间的距离为1厘米。

任务四 酒水服务

【学习内容】

1. 酒类基本知识。
2. 酒水服务知识。
3. 斟酒形体知识。

【师傅要求】

1. 能准确、及时地向客人提供酒水单。
2. 能根据酒水种类，选择适当的开启方法。
3. 能准确选择斟酒位置，采用标准姿势和正确程序为顾客斟酒。
4. 能做到斟酒量恰当，保证斟酒服务安全。

【师徒互动】

餐厅服务员为酒席和宴会服务时，斟酒是其服务工作主要内容之一。因此，服务员应该掌握斟酒的有关知识和方法。

一、酒水准备与示酒

（一）调温

客人在选用酒品时，往往同时选用几种不同的品种，如啤酒、白酒、葡萄酒或黄酒等。

不同酒水最佳饮用温度不同。酒水准备工作包括对酒水温度进行处理。服务员应了解餐厅常用酒水的最佳饮用温度。

1. 酒水冰镇

许多酒品的饮用温度大大低于室温，这就要求对酒品进行降温处理，比较名贵的瓶装酒大都采用冰镇的方法来降温。冰镇的方法有加冰块、冰箱冷藏和溜杯等方法。

2. 酒水加温

有些酒品的最佳饮用温度高于室温，这就要求对酒品进行温烫。温烫有四种常用的方法：水烫、火烤、燃烧和冲泡。

水烫，即将饮用酒事先倒入烫酒器，然后置入热水中升温。

火烤，即将酒装入耐热器皿，置于火上烧烤升温。

燃烧，即将酒盛入杯盏内，点燃酒液以升温。

冲泡，即将沸滚饮料（水、茶、咖啡等）冲入酒液，或将酒液注入热饮料中去。其中以水烫最为安全。

3. 常用酒水最佳饮用温度

啤酒的最佳饮用温度在 4~12℃，服务员应视自然温度的高低确定是否需要冰酒。

白酒大多数客人喜欢冷饮，但有些客人则喜欢温饮。温白酒是将白酒放入事先准备好的温酒器内用热水加温，酒温一般掌握在 30~35℃ 即可。

黄酒一年四季人们都喜欢热饮，并用具有保温性能的陶瓷酒具。温酒的方法是：将酒注入温酒壶内，用开水烫热，酒温达到 40~50℃ 即可，不可用烘烤和燃烧的方法，以免酒温过高挥发掉酒香，影响质量。

白葡萄酒，饮用的温度宜在 8~12℃，因此，在用这类酒时，应视室温高低确定是否需用冰桶冰酒。

红葡萄酒，饮用的温度宜在 15~18℃。

（二）示酒

客人选定的酒，服务员应先请客人确认此酒的品牌之后，为客人开启斟用，这是服务工作中不可忽视的重要环节。这样做可表示对顾客的尊重，又可避免差错、证明酒品的可靠性。

示瓶的方法如下：

（1）服务者站于主人的右则，左手托瓶底，右手扶瓶颈，酒标面向客人，让其辨认。

（2）当客人认可后，才可进行下一步的工作。

（3）如果没有得到客人的认同，则去酒窖更换酒品，直到客人满意为止。

另外，餐厅服务员在为客人示酒之前，要将酒瓶瓶身、瓶口擦干净，检查一下酒是否过期、变质，是否为客人所需要的酒，酒瓶有没有破裂。

（三）开瓶

酒水在上餐台斟酒前，首先要将瓶盖或瓶塞打开。普通酒水开启瓶盖比较容易，但葡萄酒和香槟酒的开启应掌握正确的方法。

1. 开瓶的基本程序

（1）开塞前应避免酒体的晃动，否则汽酒会造成冲冒现象，陈酒会造成沉淀物窜腾现象。

（2）将酒水瓶揩拭干净，特别是将塞子屑和瓶口部位擦干净。

（3）检查酒水质量，如发现瓶子破裂或酒水中有悬浮物、浑浊沉淀物等质变现象，应及时调换。

（4）开启的酒瓶、酒罐应该留在客人的餐桌上，下面须用衬垫，以免弄脏台布。

（5）开启后的封皮、木塞、盖子等物不要直接放在桌上，应在离开时一并带走。

2. 葡萄酒开瓶方法

（1）服务员先用洁净的餐巾把酒瓶包上。

（2）切掉瓶口部位的锡纸，并揩擦干净。

（3）用开酒钻的螺旋锥转入瓶塞，将瓶塞慢慢拔开，再用餐巾将瓶口擦干净。

在开瓶过程中，动作要轻，以免摇动酒瓶时将瓶底的酒渣泛起，影响酒味。开瓶前，应持瓶向宾客展示。

3. 香槟酒的开瓶方法

香槟酒因瓶内有较大的气压，故软木塞的外面套有铁丝帽以预防软木塞被弹出。

（1）首先将瓶口的锡纸剥除。

（2）用右手握住瓶身，以45°的倾斜角拿着酒瓶并用大拇指紧压软木塞，右手将瓶颈外面的铁丝圈扭弯，一直到铁丝帽裂开为止，然后将其取掉。同时，用左手紧握软木塞，并转动瓶身，使瓶内的气压逐渐地将软木塞弹挤出来。

（3）转动瓶身时，动作要既轻又慢。开瓶时要转动瓶身而不可直接扭转软塞子，以防将其扭断而难以拔出。

（4）注意开瓶时，瓶口不要朝向宾客，以防在手不能控制的情况下，软木塞爆出。

（5）如已溢出酒沫，应将酒瓶呈45°斜握。

4. 烈性酒开瓶方法

烈性酒的封瓶方式及其开瓶方法有以下两种。

（1）如果酒瓶是塑料盖或外部包有一层塑料膜，开瓶时先用火柴将塑料膜烧溶取下，然后旋转开盖即可。

（2）如果酒瓶是金属盖，瓶盖下部常有一圈断点，开瓶时用力拧盖，使断点断裂，便可开盖，如遇有断点太坚固、难以拧裂的，可先用小刀将断点划裂，然后再旋开盖。

5. 罐装酒品开罐方法

一些带汽的饮品常以易拉罐的形式封装。

（1）开启时只要拉起罐顶部的小金属环即可。

（2）服务者在开启易拉罐时，应将开口方向朝外，不能对着客人，并以手握遮，以示礼貌。

（3）开启前要避免摇晃。

二、斟酒

无论是中餐还是西餐，在就餐服务中都是由服务人员提供斟酒服务。尤其在宴会中，酒水服务运用最多。酒水服务要求不滴不洒，不满不溢。斟酒服务要求服务人员要掌握正确的服务方法和相关的酒品知识，这对于提高餐饮服务质量十分重要。

（一）酒水服务的站位

斟酒时服务人员站在客人右后侧。

规范站立：餐厅服务员右腿在前，插站在两位客人的座椅中间，脚掌落地，左腿在后，左脚尖着地呈后蹬势，使身体向右呈略斜式。

每斟一杯酒更换位置时，要做到进退有序，这时先使左脚掌落地后，右腿撤回向前一步，左脚跟一步，右脚跨一步，形成规律进退，使斟酒服务整个过程显得潇洒大方。

（二）持瓶姿势

右手拇指岔开，食指指向瓶口方向，其余三指并拢，掌心贴于酒瓶中下部，五指用力均匀，使酒瓶在手中握紧。

（三）斟酒方式

斟酒有两种方式，一种是桌斟，另一种是捧斟。桌斟采用得较多。

1. 桌斟

桌斟是指顾客酒杯放在桌子上，服务员持瓶向杯中斟倒酒水。又分为徒手斟酒和托盘斟酒。

餐厅服务员进行托盘斟酒时，左手将托盘托稳，右手从托盘中取下客人所需要的酒水，斟酒时站在客人右后侧，既不可紧贴客人，也不可离客人太远。给每一位客人斟酒时都应站在客人的右后侧，而不能图省事，站在同一个地方左右开弓给多个客人同时斟酒。给客人斟酒时，不能将酒瓶正对着客人，或将手臂横越客人。斟酒过程中，一般瓶口距杯口 2 厘米，瓶口对准杯中心，缓缓注入。斟好酒水，右手利用腕部旋转将酒瓶商标转向自己身体一侧，这样可以使酒滴留在瓶口，不至于落在桌上。

2. 捧斟

手握酒瓶的基本姿势与桌斟一样，所不同的是，捧斟是一手握酒瓶，一手将酒杯拿在手中，斟酒的动作应在台面以外的地方进行。

3. 斟酒量与斟酒顺序

（1）斟酒量。

中餐在斟倒各种酒水时，一般以八分满为宜，以示对宾客的尊重。

西餐斟酒不宜太满，一般红葡萄酒斟至杯的 1/2 处，白葡萄酒斟至杯的 2/3 处为宜。斟香槟酒分两次进行，先斟至杯的 1/3 处，待泡沫平息后，再斟至杯的 2/3 处即可。

（2）斟酒顺序。

中餐斟酒顺序：

从主宾位开始，顺时针方向，在宾客右手方服务。遇重要或大型宴会，在宴会开始前 5 分钟，服务员要将烈性酒和葡萄酒事先斟好。当客人入座后再斟饮料；小型宴会上

一般不事先斟酒水，待客人入座后才斟上。

两名服务员同时为一桌客人斟酒，则一个从主宾开始，另一个从副主宾开始，按席位绕台斟酒。

西餐斟酒顺序：

西餐用酒较多，较高级的宴会一般要用到7种酒左右。菜肴和酒水的搭配须按一定传统习惯，先斟酒后上菜。斟酒顺序为：女主宾、女宾、女主人、男主宾、男宾、男主人。

当客人祝酒讲话时，服务员要停止一切服务，端正肃立在适当的位置上，不可交头接耳，要注意保证每个客人杯中都有酒水；讲话即将结束时，要向讲话者送上一杯酒，供祝酒之用。

当主人离席给来宾们敬酒时，服务员要用托盘带着低度酒和烈性酒跟随主人，见机给主人续酒。

【师傅指导】

一、红、白葡萄酒斟酒服务

1. 接受客人点酒后，小心送至客人面前，在客人面前验酒。示酒时右手握住瓶口，左手用服务巾托住酒瓶，将酒标正面朝向客人。供客人检查后，将酒标朝向客人，并把酒放置于餐桌上或者酒篮中。

2. 用开瓶器割开瓶口的锡箔封口并取下。

3. 用餐巾擦干净瓶口。

4. 用螺丝垂直钻入木塞中央，使螺丝钻深入木塞。

5. 用开瓶器的支撑杆扣住瓶口。

6. 垂直提起开瓶器，将软木塞慢慢提拉起来。

7. 用手握松木塞后，从瓶口拔出，再将瓶塞反向拧出来。

8. 再次用餐巾擦净瓶口。

9. 检查木塞的外观，将瓶塞呈现于客人面前供检验。

10. 服务员右手持酒瓶，酒标朝向点酒客人，先倒一点儿让客人试酒，得到客人同意后再为客人斟酒。

二、香槟酒斟酒服务

1. 将冰桶中香槟酒的封口锡纸从瓶口取下。

2. 左手紧紧扣住软木塞，右手将软木塞上的铁丝箍拧开。

3. 用餐巾包住瓶口，以45°角持瓶，右手紧紧扣住软木塞，瓶口朝向无人的空旷处，用左手旋转酒瓶，依靠瓶内的压力将木塞顶出，开瓶时要避免发生较大的声响。

4. 用餐巾擦净瓶口，将瓶盖供客人检验。

5. 倒白葡萄酒和香槟酒时，用服务巾交叉包住酒瓶，避免体温影响酒质。香槟酒要分两次倒酒,第一次倒 1/3,待泡沫稍微下落后,再倒 2/3。

三、啤酒服务程序

1. 用托盘盛放啤酒及酒杯,酒瓶接近身体内侧,保持托盘中心。
2. 从客人的右侧靠近,注意不要碰到其他餐具,将啤酒杯摆好。
3. 右手持啤酒瓶,注意酒标必须朝向客人,因为啤酒的泡沫较多,所以为客人倒酒时要适当倾斜,控制酒液慢慢沿杯壁倒出。倒至一半时改为倒向杯中心冲出适量的泡沫,以八成满为宜。

四、斟酒注意事项

1. 斟酒时通过腕力和手指的力量控制酒液的流速。
2. 斟酒时应先向客人打招呼或示意客人选用酒水。
3. 斟酒时一定让客人看到酒的标签。
4. 香槟酒、白葡萄酒要冷藏,斟酒时应用服务巾包着,剩余的酒应马上放回酒桶以保持酒的温度。
5. 不同的酒类所斟的分量不同。
6. 陈年葡萄酒的软木塞经常发生霉腐的情况,倒酒时要注意有无杂质。
7. 斟酒时尽量使用服务巾。
8. 随时为客人添加酒水。
9. 斟酒适度后,微微抬起瓶口,同时手腕逆时针旋转45°,以使最后一滴酒均匀地分布到瓶口边沿,不至于滴落在客人的身上或台面上。

【徒弟操练】

1. 分组练习徒手斟酒服务。
2. 分组练习托盘斟酒服务。
3. 思考服务员应怎样处理酒杯碰翻的情况。

【拓展提高】

餐厅有的客人喝的酒是预订的,但有些客人则是到餐厅后才选酒。这时服务员应主动向客人提供酒单,并介绍酒品种类、口味、度数、产地、香型、瓶装容量、价格等情况。

一、酒的分类

酒是用谷物、水果等含淀粉或糖分的植物经过蒸馏、陈酿等方法生产出的、含食用酒精的、带刺激性的有机化合物饮料。酒水是酒精饮料和非酒精饮料的总称。

1. 按制造方法分类

发酵酒:饭店里常用的发酵酒有葡萄酒、啤酒、水果酒、黄酒、米酒等。

蒸馏酒:饭店里常用的蒸馏酒有金酒、威士忌、白兰地、朗姆酒、伏特加酒、特基拉酒和中国的白酒。

配制酒：主要有中国配制酒（药酒）和外国配制酒（开胃酒、甜食酒、餐后甜酒）。

2. 按配餐饮用方式分类

餐前酒：也称开胃酒，于餐前饮用。

佐餐酒：在用餐时与食物一起享用，是西餐配餐的主要酒类。

甜食酒：一般用于佐助甜食时饮用的酒品。

餐后甜酒：又称利口酒，于餐后饮用。

混合饮料：通常在餐前饮用或在酒吧中饮用。

3. 按乙醇含量分类

高度酒乙醇含量一般在40%（V/V）以上。

中度酒乙醇含量一般在20%（V/V）~40%（V/V）。

低度酒乙醇含量一般在20%（V/V）以下。

4. 按商业经营分类

白酒：谷物为原料的蒸馏酒因酒度较高被称为"烧酒"。

黄酒：以糯米、大米（一般是粳米）、粟米等为原料的酿造酒。黄酒因酒液黄亮而得名。

果酒：以水果、果汁等为原料的酿造酒，大都以果实名称命名。常见的果酒主要是葡萄酒。

药酒：以白酒为原料加入各种中草药材浸泡而成的一种配制酒，具有较高滋补、营养和药用价值的酒精饮料。

啤酒：以大麦为原料，啤酒花为香料经发酵酿制而成的一种含有大量二氧化碳气体的低度酒，被称为"液体面包"。

二、中国酒类简介

1. 蒸馏酒类

中国的蒸馏酒主要是白酒，如贵州茅台酒、山西汾酒、四川五粮液、剑南春、安徽古井贡酒、江苏洋河大曲、贵州董酒、四川泸州老窖。

2. 果露酒类

中国主要的葡萄酒有烟台红葡萄酒、中国红葡萄酒、沙城白葡萄酒、民权白葡萄酒。

3. 黄酒类

如绍兴加饭酒、龙岩沉缸酒。

4. 啤酒类

如青岛啤酒等。

三、外国酒类简介

1. 蒸馏酒类

外国著名的蒸馏（烈酒）主要有白兰地、威士忌、伏特加、朗姆酒、金酒、特基拉酒。

2. 酿造酒类

法国的葡萄酒和香槟酒。

3. 配制酒类

餐前酒、甜食酒、餐后甜酒。

4. 混合饮料

鸡尾酒。

5. 啤酒

德国啤酒。

四、饮酒讲究4个最佳

1. 最佳品种

酒有白酒、啤酒、果酒之分，从健康角度看，当以果酒之一的红葡萄酒为优。据研究人员介绍，红葡萄酒中有一种植物色素成分，此种物质以抗氧剂与血小板抑制剂的双重"身份"保护血管的弹性与血液畅通，使心肌不致缺血，适量饮用有助于降低心脏病发生的概率。

2. 最佳时间

每天下午两点以后饮酒较安全。因为上午几个小时，胃中分解酒精的酶——酒精脱氢酶浓度低，使用等量的酒，较下午更易吸收，使血液中的酒精浓度升高，会对肝、脑等器官造成较大侵害。此外，空腹、睡前、感冒时也不宜饮酒，尤其是白酒，以免心血管受害。

3. 最佳用量

人体肝脏每天能代谢的酒精约为每公斤体重1克。一个60公斤体重的人每天允许摄入的酒精量应限制在60克以下。低于60公斤体重者应相应减少，最好掌握在45克左右。红葡萄酒虽有益健康，但也不可饮用过量，以每天2~3杯为佳。

4. 最佳佐菜

空腹饮酒有损健康，选择理想的佐菜既可饱口福，又可减少酒精之害，从酒精的代谢规律看，最佳佐菜当推高蛋白和含维生素多的食物，如新鲜蔬菜、鲜鱼、瘦肉、豆类、蛋类等。注意，切忌用咸鱼、香肠、腊肉下酒，因为此类熏腊食品含有大量色素与亚硝胺，与酒精发生反应，不仅伤肝，还会损害口腔与食道黏膜。

任务五 菜肴服务

【学习内容】

1. 上菜的接班程序和规则。
2. 上菜的礼节。

【师傅要求】

1. 能准确选择上菜位置，动作规范、准确。
2. 上菜能规范摆放，保证操作安全。
3. 能够运用正确的方法进行宴会分菜服务。
4. 能对整鸡、整鸭及整体造型菜肴进行拆分服务，做到手法准确，动作利落，符合卫生要求和操作规范。

【师徒互动】

上菜、分菜是餐厅服务人员的基本功，是中、西餐零点服务和宴会服务中必不可少的内容。熟练掌握上菜、分菜的技艺，不仅让宾客适时品尝了美味佳肴，也让宾客领略了美味佳肴中的饮食文化，而且高超娴熟的上菜分菜技艺还能带给宾客以赏心悦目的艺术享受，给席间就餐增添助兴气氛。

一、中餐菜肴服务

（一）中餐上菜程序和规则

1. 中餐上菜程序

中餐上菜根据不同的菜系，就餐与上菜的顺序会有一点不同，但一般的上菜方式是先上冷菜便于佐酒，然后视冷菜使用情况，适时上热菜，最后上汤菜、点心和水果。但粤菜则习惯于先汤后菜。

2. 中餐上菜规则

先冷后热，先菜后点，先咸后甜，先炒后烧，先清淡后肥厚，先优质后一般。
客人对上菜有特殊要求，应灵活掌握。

3. 中餐上菜位置和姿势

（1）上菜位置（见图2-38）。
服务员在为客人上菜时，应选择正确的位置。一般应根据以不打扰客人为原则，也可以在副主人的右侧进行，可以在与主人位成 90° 角的位置即译陪人员之间进行，严禁在主人和主宾之间或来宾之间上菜。

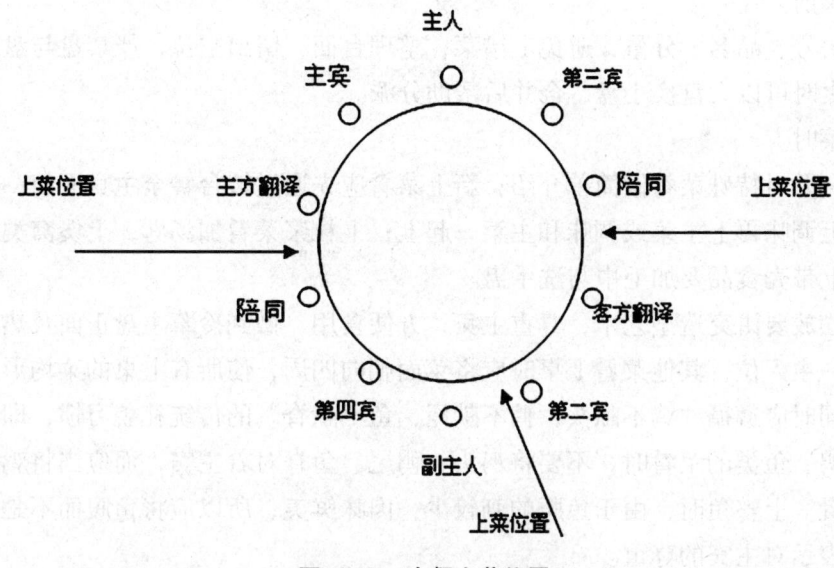

图 2-38　中餐上菜位置

（2）上菜姿势。

上菜时，服务员将菜肴放在托盘内端托至餐桌前，左手托托盘，右脚跨前踏在两椅之间，侧身用右手上菜。

4. 中餐上菜时机和节奏

（1）上菜时机。

上菜时，可以将凉菜先行入席。当客人入座准备开始就餐后，餐厅员工即可通知厨房做好出菜准备，待到凉菜剩下 1/3~1/2，服务员即可送上第一道热菜。当前一道菜快吃完时，服务员就要将下一道菜肴送上，不能一次送得过多，使宴席桌上放不下，更不能使桌上出现菜肴空缺情况，让客人在桌旁干坐，这既容易使客人感到尴尬，也容易使客人在饮过酒后，由于没有菜可供及时下酒而醉酒。

上冷菜：中餐零点餐应在开出点菜单后 5 分钟上好冷菜，中餐宴会则应在开餐前 15 分钟摆好冷菜并斟好酒。

上热菜：中餐零点餐应等冷菜食用剩 1/3~1/2 时上热菜，中餐宴会则应等冷菜食用剩 1/2 时上热菜。

（2）上菜节奏。

中餐零点餐的上菜节奏应根据客人用餐情况灵活掌握。一般小桌客人的菜在 20 分钟左右上完，大桌客人的菜在 30 分钟左右上完；中餐多台宴会则应服从于主桌，一般先主桌再其他桌。

5. 中餐上菜规范和安全要求

（1）上菜规范。

①上菜前。

核对台号、品名、分量，避免上错菜；整理台面，留出空位，严禁盘与盘之间互相叠压；满桌时可以大盘换小盘、合并后帮助分派。

②上菜时。

报菜名并对特殊菜肴做简单介绍；新上菜肴应先通过转台转至主宾面前；有调味的菜肴要先上调味再上主菜或调味和主菜一起上；上粒浆菜肴加汤匙，上煲窝类一般加垫碟上席，上带壳食品要加毛巾与洗手盅。

菜肴摆放要讲究造型艺术，尊重主宾，方便食用。做到冷荤主盘正面及热菜头菜正面朝向第一主人位，其他菜肴上桌时应将菜面朝向四周，使所有上桌的菜均形成正面面向客人。同时应遵循"鸡不献头，鸭不献尾，鱼不献脊"的传统礼貌习惯，即在给客人送上鸡、鸭、鱼类的菜肴时，不要将鸡头、鸭尾、鱼脊对着主宾，而应当将鸡头与鸭尾朝右边放置。上整鱼时，由于鱼腹的刺较少，肉味鲜美，所以应将鱼腹而不是鱼脊对着主宾，以表示对主宾的尊重。

③上菜时的服务用语。

上菜时应向客人表示："对不起，打扰一下！""请品尝！"

上第一道菜时应向客人表示："对不起，让您久等了，请慢用！"

上最后一道菜时要及时告知客人："菜已上齐，还需要什么请随时吩咐！"

④摆菜时。

摆菜时不宜随便摆放，而要根据菜肴的颜色、形状、品种、盛具、原材料等因素，讲究一定的艺术造型。一般第一道菜摆放在主人与主宾之间，上第二道菜时要保持两道菜在一条直线上，上第三道菜时摆成三角形，上第四道菜时摆成四方形。即"一中心，二平放，三三角，四四方，五梅花"。

中餐宴席中，一般将大菜中头菜放在餐桌中间位置，砂锅、炖盆之类的汤菜通常也摆放到餐桌中间位置。散座中可以将主菜或高档菜放到餐桌中心位置。

摆菜时要使菜与客人的距离保持适中，散座中摆菜时，应当将菜摆放在靠近小件餐具的位置上。餐厅经营高峰中两批客人同坐于一个餐桌上就餐时，摆菜要注意分开，不同批次客人的菜向各自方向靠拢，而不能随意摆放，否则容易造成误解。

（2）上菜安全要求。

①上各种菜肴时，应做到端平走稳，轻拿轻放。

②上菜忌"推"和"蹲"，并应注意盘底、盘边要干净。

③上带汤汁的菜肴时应双手端送，以免洒在客人身上。

④上菜时要有示意，以提醒客人防止碰撞，要从客人间的空隙处平稳递上，切不可将菜盘从客人身上、头上越过。

6. 特殊菜肴的上法

（1）上易变形的炸、爆、炒菜肴，一出锅即须立即端上餐桌，上菜时要轻稳，以保持菜肴的形状和风味。

（2）上有声响的（锅巴类）菜肴，一出锅就要以最快的速度端上桌，随即把汤汁浇在菜上，使之发出响声。做这一系列动作要连贯，不能耽搁，否则此菜将失去应有的效果。

（3）上原盅炖品类菜肴，要上台后当着客人的面启盖，以保持炖品的原味，并使香气在席上散发。揭盖时要翻转移开，以免汤水滴落在宾客身上。

（4）上泥封、纸包、荷叶包菜肴，应先送上餐台让客人观赏，再拿到工作台上打破或启封，以保持菜肴的香味和特色。

（5）上拔丝类菜肴，要托热水上，即用汤碗盛装热水，将装有拔丝菜肴的盘子搁在汤碗上用托盘端送上餐桌，并送上凉开水。托热水上拔丝菜肴，可防止糖汁凝固，保持菜肴的风味。

（二）中餐分菜程序

分菜又称为让菜，中餐宴会的分菜是在宾客观赏后，由值台员用服务叉、服务勺依次将热菜让给宾客。分菜是宴会服务中技术性很强的工作，要想熟练地掌握它，就必须对各种菜肴的烹制方法，菜肴成型后的质地、特点（是带汁还是无汁，是整块还是小块）有很好的了解，才能在实际工作中运用自如。

（1）分菜工具及使用方法：中餐宴会的分菜工具有分菜刀（服务叉）、分菜勺（服务勺）、公用勺、公用筷、长把汤勺等。

服务叉、勺的用法是：值台员用右手握住叉和勺把的后部，勺心向上，叉的底部向勺心，在夹菜肴和点心时，主要依靠手指来控制，右食指插在叉把和勺把之间，与拇指配合捏住叉把，其余三指控制勺把，无名指和小指起稳定作用，中指支撑勺把中部，分带汁的菜时，由位置靠下的服务勺盛汁。

公用勺、筷的用法是：值台员站在与主人位置成90°角的位置上，右手握公筷，左手持公勺，相互配合将菜肴分到宾客餐碟中。

长把汤勺分汤菜，汤中有菜时还须用公筷配合操作。

（2）分菜前的准备工作：传菜员将菜托送至边台，值台员左手垫干净餐巾将热菜托起，若是长盘，则须放于左前臂上，用左手指尖勾住盘底边防止下滑，右手持服务叉、勺，在客人观察菜式后开始分让。

（3）分菜方法：不同规格的宴会要采用不同的分菜方法，归纳起来有以下两种方法：

①桌上分让式：值台员站在宾客右侧操作，操作时站立要稳，身体不能倾斜或倚靠宾客，脸斜侧与菜盘成一直线，腰部略弯，用右手使用服务叉、勺进行分让。分菜时呼

吸要均匀，可以边分边向宾客介绍菜点的名称、风味，讲话时头部不要距离宾客太近，给每位宾客分菜的数量、菜色彩要搭配均匀，每道菜分完后可略有余。

②旁桌式分菜：旁桌式分菜多用于宴会服务，由值台员将菜端上台，介绍菜式，供宾客观赏后，端四边台，值台员在边台上将菜分到餐碟内，然后用托盘托送，依次从宾客右侧将餐碟送到每位宾客面前。

（4）分菜的顺序：分菜的顺序应是先宾后主，即先给主宾分让，然后按顺时针方向依次分让，如在宾客右侧操作，也是给主宾分让，然后按顺时针方向依次分让。

（5）分菜注意事项：分菜时要心中有数，掌握好菜点数量，使每位宾客都能均匀地分到一份，并将菜肴中最优质的部分分让给主要宾客。

让有卤汁的菜肴时要带些卤汁，但应注意，不要让卤汁弄出盘外或滴在宾客身上，头尾、残骨等不宜分给宾客，叉、勺不要在盘上刮出响声，分菜时，动作要协调利落，在保证分菜质量的前提下，以最快的速度、最短的时间完成分菜工作。

（三）中餐走菜

走菜（又称跑菜）是将厨房烹制好的菜肴、点心送到宾客桌前或工作台上，这一阶段叫作走菜。走菜的路程有长有短、有难有易，在此过程中，要求服务员有娴熟的托盘基本功。做到端平走稳：即托盘不斜、不翻，并注意走路时脚下安全。汤汁不洒：对于汤汁较多的菜肴，装盘时要尽量将力量置于托盘中心，以免汤汁洒在宾客身上，行走时以碎步为妥，防止由于大踏步行走使汤汁晃出。不损外形：有些菜肴经过精心加工，形成供观赏性的外形，行走时切勿由于晃动幅度过大而破坏其外形。端法卫生：端菜盘时注意要让拇指最小面积接触盘边，以免拇指伸入菜肴或汤汁中，保持菜肴卫生。对于热菜，应快端快送，有条件的可在菜盘上加盖或用保温车送菜。核对把关：上菜前认真核对菜单，特别是一台多档的点菜服务及各人各异的用餐服务，切不可送错对象。上菜前，服务员还须把好质量关，要观察菜肴的色、形、卫生、数量是否标准，原料是否新鲜，盛器是否合适，如发现问题应立即采取措施，切不可马虎了事。

二、西餐菜肴服务

（一）西餐上菜流程

西餐点菜：西餐菜品一般有开胃菜、汤、沙拉、海鲜、肉类、点心等。

上菜顺序：

应先决定主菜：主菜如果是鱼，开胃菜就选择肉类，在口味上就比较富有变化。除了服务食量较大的顾客外，一般不必从菜单上的单品菜内配出全餐，只要开胃菜和主菜各一道，再加一份甜点就够了。可以不要汤，或者省去开胃菜，这也是很理想的组合（但在意大利菜中，意大利面被看成是汤，所以原则上这两道菜不一起点）。

正式的全套餐点上菜顺序是：

（1）头盘。西餐的第一道菜是头盘，也称为开胃品。开胃品的内容一般有冷头盘和热头盘之分，常见的品种有鱼子酱、鹅肝酱、熏鲑鱼、鸡尾杯、奶油鸡酥盒、焗蜗牛等。因为是要开胃，所以开胃菜一般都有特色风味，味道以咸和酸为主，而且数量少，质量较高。

（2）汤。西餐的汤大致可分为清汤、奶油汤、蔬菜汤和冷汤4类。品种有牛尾清汤、各式奶油汤、海鲜汤、美式蛤蜊汤、意式蔬菜汤、俄式罗宋汤、法式焗葱头汤。冷汤的品种较少，有德式冷汤、俄式冷汤等。

（3）副菜。鱼类菜肴一般作为西餐的第三道菜，也称为副菜。品种包括各种淡、海水鱼类，贝类及软体动物类。通常水产类菜肴与蛋类、面包类、酥盒菜肴都称为副菜。因为鱼类等菜肴的肉质鲜嫩，比较容易消化，所以放在肉类菜肴的前面，叫法上也和肉类菜肴主菜有区别。西餐吃鱼菜肴讲究使用专用的调味汁，品种有薄荷汁、白奶油汁、水手鱼汁等。

（4）主菜。肉、禽类菜肴是西餐的第四道菜，也称为主菜。肉类菜肴的原料取自牛、羊、猪、小牛仔等各个部位的肉，其中最有代表性的是牛肉或牛排。牛排按其部位又可分为沙朗牛排（也称西冷牛排）、菲利牛排、"T"骨形牛排等。其烹调方法常用烤、煎、铁扒等。肉类菜肴配用的调味汁主要有红酒汁、黑椒汁、蘑菇汁等。

禽类菜肴的原料取自鸡、鸭、鹅，通常将兔肉和鹿肉等野味也归入禽类菜肴。禽类菜肴品种最多的是鸡，有山鸡、火鸡、竹鸡，可煮、炸、烤、焖，主要的调味汁有黄肉汁、咖喱汁、奶油汁等。

（5）沙拉。蔬菜类菜肴在西餐中称为沙拉，是一种配菜。和主菜同时服务的沙拉，称为生蔬菜沙拉，一般用生菜、西红柿、黄瓜、芦笋等制作。沙拉的主要调味汁有醋油汁、法国汁、千岛汁、奶酪沙拉汁等。

沙拉除了蔬菜之外，还有一类是用鱼、肉、蛋类制作的，这类沙拉一般不加味汁，在进餐顺序上可以作为头盘。

还有一些蔬菜是熟的，如花椰菜、煮菠菜、炸土豆条。熟食的蔬菜通常和主菜的肉食类菜肴一同摆放在餐盘中上桌，称为配菜。

（6）甜品。西餐的甜品是主菜后食用的，可以算作第六道菜。从真正意义上讲，它包括所有主菜后的食物，如布丁、煎饼、冰激凌、奶酪、水果等。

（7）咖啡、茶。西餐的最后一道是饮料，咖啡或茶。喝咖啡一般要加糖和淡奶油。茶一般要加香桃片和糖。

（二）西餐上菜服务方式

西餐上菜的服务方式分为法式服务、美式服务、俄式服务等。而这些服务方式往往又因各国的习俗不同而略有变化。在此对各式服务只作简单介绍。

法式上菜。法式上菜起源于欧洲贵族，是一种讲究礼节的服务方式。其特点是菜肴的最后一道烹调在宾客面前的服务车上完成。法式服务由两名服务员同时服务：一名是进行烹调制作的服务员，该服务员的职责是，引领宾客入座接受客人点菜、送饮料，在客人面前进行切配、调味或简单烹制，结账收款。另一名是服务员的助手，其职责是将点菜单送入厨房，将厨房烹制好的或初步烹制好的菜肴送到服务餐车上，将服务员备好的菜放在盘内送给客人，尽可能地帮助服务员。法式服务要两名服务员协同进行，故费用较高；而且，烹调跟服务车所占面积较大，所以使用这种服务方式的餐厅正在逐年减少。

美式上菜。美式上菜方法比较简单，不太拘泥于形式，是目前餐饮业中较为流行的一种快速廉价的服务，其特点是在厨房内就将菜分成一人一份，服务员将菜按顺序迅速地用左手从客人左边送上，从客人右边撤走。

俄式上菜的方法一般是将食物在厨房中已完全准备好，然后由厨师放入大托盘中，由服务员端到餐厅，然后服务员用左手托着菜肴，用右手拿服务叉匙将菜分别夹到客人的餐盘里。

【师傅指导】

一、特殊情况应对

菜汁、汤汁、酒水溅到客人身上，往往是由于服务员操作不当所致。在处理这种事情时，首先应诚恳地向客人道歉，然后用干净的湿毛巾为客人擦拭衣物上的污渍，如客人为女性，应由女员工为客人擦拭。

如果不奏效，要将酒店的备用干净衣物给客人换上。如果客人衣物洗涤要求不高，服务员可根据客人衣物洗涤要求，将脏衣服按照下列方式进行处理。

（1）油渍，用清洁剂和热水将弄脏的衣服浸泡半小时，再搓洗干净。

（2）茶渍、咖啡渍，尽快将衣服浸泡在冷水中，即可用一般的方法清洗。

（3）红酒酒渍，衣服入水前，将白酒或酒精倒在红酒渍上，也可用醋精或米醋倒在红酒渍上反复搓，再将衣物放入较热的清水中清洗。

如客人衣物材质特殊，服务员无法自行清洗，可以将客人衣物送至酒店洗衣房或专业的洗衣公司进行清洗。衣物清洗干净、熨烫平整后，由餐饮部主管亲自登门将衣物送还客人手中，并再次向客人表示歉意。

二、几种代表性菜肴的分菜方法

1. 分让鱼类菜肴，要先剔除鱼骨。其方法是，先将鱼身上的其他配料拨到一边，用餐刀顺脊骨或鱼中线划开，将鱼肉分开，剔除鱼骨后，再将鱼恢复原样，浇上原汁，注意不要将鱼肉碰碎，要尽量保持鱼的原形。再用餐刀将鱼肉切成若干块，按宾主先后次序分派。如鱼块带鳞，要将带鳞部分紧贴餐碟，鱼肉朝上。

2. 分让拔丝菜肴，必须配上凉开水。分让时用公用公筷将菜肴夹起，迅速放入凉开水中浸一下，然后送入客人碗中，要注意拔丝的效果，分让动作要敏捷、连贯，做到即拔、即上、即浸、即食。

3. 分让鸡、鸭等整形类菜肴，要先用刀、叉别去骨头，分让时要按鸡、鸭类菜肴的自身结构来分割及分派，要保持其形状的完整和均匀，一般头尾不分派，由客人自行取用。

4. 分让冬瓜盅。冬瓜盅是夏令名菜、带皮的炖品，由于瓜身高，一般要两次分派。第一次先用服务勺将冬瓜肉和盅内配料汤汁均匀地分给客人，由于分让后的瓜皮很薄，容易破裂，所以必须横切去上部瓜皮后再进行第二次分让。

5. 分让烤乳猪，则应用切片。第一次先片下外皮，片下后原样复好，打上菱形花刀后，端上桌；第二次片肉如上。

【徒弟操练】

分组进行上菜训练及分菜训练。

【拓展提高】

一、与国际接轨的分餐服务

中式餐饮一般采取圆桌共餐的形式，这是中国餐饮文化的重要表现形式，往往能够制造和谐融洽的气氛。西式餐饮则不同，西方用餐习惯于在长条桌上进行，实行分餐制，即各自点菜，各持一份。最普遍的盘式服务是将餐食在厨房分装到每一个餐盘中，由服务员从厨房端出，再迅速、礼貌地送给每位客人；也有在服务中使用菜盖，那么可以将带盖的餐盘放在托盘里，送至客人面前，由几名服务员为一桌客人同时打开菜盖，给客人一个惊喜。西餐形式从表面上看似乎少了些热闹，多了些客气和独立，但实质上最重要的是体现了对卫生的重视。

中餐用圆桌和合餐来表达感情，西餐则是用长桌和分餐来体现文明。一些卫生专家曾进行过分析，为什么西方比较容易地消灭了肝炎，饮食分餐制起到了至关重要的作用。上海医学院做了调查，一个家庭中有一人转氨酶高，其他人转氨酶也高，原因就在于大家的筷子在一个餐盘里用餐，很多人看似健康，却往往是带菌者。所以除了肝炎，伤寒、痢疾等传染性疾病都可能通过共餐形式得以传播。SARS病毒的流行增添了人们的防范意识，虽然现在尚没有证据表明SARS能通过食物传染其病原体，但接触病人的呼吸道分泌物是可以感染的，因此，专家建议：共同用餐除了注意环境通风、空气新鲜外，用餐者最好使用公筷、公勺，采用自助餐较好，分餐制最为理想。在SARS病毒流行较严重地区，人们外出就餐选择麦当劳、肯德基餐厅的比例大大增加，餐馆和饭店中自助餐形式很受欢迎就是一个很好的例证。2003年5月20日，中国烹饪协会发布《餐饮业分餐制经营服务规范》标准；5月27日，中国饭店协会发布《餐饮业分餐制设施条件与服务规范》；随着公众卫生意识的提高，中国传统的会餐制越来越受到质疑，分

餐制将成为饮食文明发展的趋势。那么，如何实行分餐制呢？

在一定范围内推行分餐制是中式餐饮面临的改革，虽然涉及人们观念的变革、厨房菜肴的重新设计和服务方式的创新等方方面面，实际应用有一定的复杂性，但有一点是毋庸置疑的——分餐制在中式餐饮中具有很强的可操作性。

在大型餐饮活动中，对于比较讲究外形的菜肴，可以通过类似西餐加盖的方式，先展示，后分菜。这种方法可以让精美的菜肴在瞬间呈现在食客面前，在揭盖的顷刻间香气扑鼻而来，使顾客先赏其形，观其色，嗅其气，而后通过服务员的分派菜肴，让顾客品尝其美味。

一般性的菜肴可以通过小盘子、小分量的盛装直接提供给客人。在卫生的前提下，一是方便饮食；二是可增加顾客品尝菜肴的种类，突出美食效果；三是相对降低了每份菜肴的售价，可增加多品种的总量销售，有利于餐厅利润的增加。南京夫子庙的60元套餐，可以为每位顾客提供8个冷盘，8个热菜，8样主食，就是因为在每份菜肴和食品的分量上和人均消费的花色上进行了大胆的改革创新，充分体现了"少食而多滋味"的餐饮时尚。

对于汤类食品，可以通过紫砂或瓷器汤盅一类的容器分别盛装。在卫生的前提下，不仅增加了保温的实用性，同时又通过容器的变化增强了对餐品观赏的艺术效果。某客家菜馆以汤盅替代汤盆推出的五指毛桃汤、鸡骨草炖龙骨、野菜干炖猪肺、枸杞头骨汤等汤类食品就深受顾客的欢迎。

对火锅类餐品，也可以实行分餐制。例如全国连锁的呷哺呷哺就采用每位客人一个小火锅的形式，自涮自食，既卫生又方便。偌大的餐厅每日人流如涌，究其原因，除了味道好、价格实惠外，就餐形式的变化不能不说是吸引客源的重要条件之一。

如果采用圆桌就餐，在没有服务员提供派菜服务的情况下，同桌客人最好采用公筷、公勺向个人碗中夹菜、盛汤。这种方法虽然略微费工费时，但卫生安全。

我们也应合理吸收西方的一些就餐形式，如自助餐、冷餐会、鸡尾酒会等形式。这些形式既体现了交流的目的，又采用了分餐的就餐方式，是饭店用餐、会议用餐和一些主题餐馆的理想形式。

1. 准备用品

根据订餐人数、菜品内容准备需分餐的用具，刀、叉、勺等相应器皿。展示菜品派菜前向宾客报菜名，介绍菜品特色及营养价值。派菜姿势：服务人员左手垫上餐巾将菜盘托起，右手拿派菜用的叉勺，左腿在前，腰部微弯，上身略向前倾，从主宾右侧开始，按顺时针顺序绕台进行，将盘中菜品分派到宾客面前时，要掌握好分量，做到一勺准，分配均匀，不可将一勺菜分给两位宾客，更不可从宾客盘中向外夹菜。根据宾客人数多少进行分菜，如有特殊要求，宾客可根据喜好进行分菜，不可一次性将盘中菜品分完，要略有剩余，将剩余的菜品放上公用餐具，放在餐桌上。服务员将菜品从餐桌上端到服务工作台，在服务工作台上将菜品分至相应的器皿内，分好后从主宾右侧按顺时针方向将菜品送上。在工作台分菜时，应避免背对宾客，以便宾客观赏。在厨房内由专门的分菜人员将菜品分成一人一份，由传菜员将分好的菜品迅速送到餐厅桌旁。传菜员协助服务人员从主宾开始，按顺时针将菜品送上，这种方法适用于高档宴会及各种汤羹类食品。需注意手法卫生，不得将掉落的菜品再分给宾客，手部要拿餐碟边缘，避免污染餐碟。

2. 注意事项

动作麻利：服务员在保证分菜质量的前提下，干净利索地将菜品分完，不要分得满台菜汁淋漓，分至最后一位宾客时菜已冰凉；分量均匀：要保证每位宾客分得的菜品分量大致相等，不可偏多偏少；跟上佐料：需要佐料的菜品要跟好，并加以说明。

二、案例分析——菜肴的介绍

某酒店餐厅，几位外地客人点了一道特色菜"佛跳墙"。菜上来之后，香气扑鼻，客人举筷一尝，果然味美无限。客人高兴之余，把服务员叫过来，问道："这菜果然名不虚传，只是为什么给取了个奇怪的名字'佛跳墙'？'佛跳墙'这三个字没有一个与吃有关，服务员你能否解释一下？"客人满怀期待地看着服务员。

但服务员却满脸通红，想了一会儿才说："对不起，我也不是很清楚，我去问一下其他人。"

她离开了一阵后回来，客人满以为有了答案，不料得到的回答是："具体情况不是很清楚，可能创制这道菜的厨师是个和尚。"

客人们大失所望，顿时没了兴致。

评析：

在餐饮接待服务中，经常会遇到客人提问。这些问题有菜肴原料方面的，有菜肴制作方面的，也有名菜典故方面的，包含着丰富的知识。服务员在服务中不仅要提供服务规范所规定的基本服务，与基本服务相关的知识也应有所了解，并能在顾客需要时（甚至未提出时）予以提供，满足顾客的好奇心、求知欲，使顾客不仅"吃"到了菜，而且"学"到了菜，有物超所值的感受。

本案例中，客人提出关于"佛跳墙"的名称由来的问题。这是一个关于地方特色菜的问题，而作为当地饭店餐厅的服务员却回答不出来，不能不说是服务员基本素质的一大缺憾。

思考与启示：

在对客服务中光有高超的服务技能、彬彬有礼的服务态度是不够的，还要有丰富的文化基础知识、相关知识、专业知识等，这样才能满足客人的好奇心、求知欲。

模块三 餐饮服务与基层管理能力

任务一 预订服务与管理

【学习内容】

1. 预订操作程序与标准。
2. 预订规范用语。

【师傅要求】

1. 能够为宾客提供各种方式的餐饮预订。
2. 能够处理预订中出现的各种问题。

【师徒互动】

一、接受电话预订

（1）预订员在电话铃声响起三声之内接起电话，问候客人您好或根据时间向客人问好（早上好、中午好、晚上好），然后报饭店名，如是内部电话报部门名称。

（2）礼貌询问客人姓氏、预订日期、单位、人数、用餐时间、餐标、付款方式、有无特殊要求（禁忌）。

（3）以姓氏称呼客人，根据客人要求建议预订的座位或包间号（名称），留下客人联系方式（电话号码），并做好"预订登记"记录。

（4）重复客人预订，获得确定信息。

（5）如遇客人预订时间或地点与其他预订有冲突，建议客人更改日期或更换地点，如客人不同意，可征求客人意见，留下电话或其他联系方式，以便取消或变更原有预订，可在第一时间通知客人该预订是否被确认或拒绝。

（6）礼貌地道别，在客人之后挂电话。

（7）如客人在预订时间1小时后未到，打电话向客人确认预订。

二、接待来客预订

（1）当客人进入订餐台时，预订员热情礼貌地向客人问候"您好，先生/女士"。

（2）当得知客人预订时，需主动报上自己的姓名。

（3）请客人入座，倒上茶水。

（4）询问客人预订时间、宴会形式、特殊要求、宴会标准、客人姓名及单位名称。

（5）对于无法满足要求的应予婉转回绝或向上级汇报、请示，妥善解决。

（6）根据客人的要求（如人数、环境要求等），建议客人预订大厅或是不同风格的包间，如需要可带客人参观或由客人自选包间。

（7）若需提前准备菜品或需备其他特殊用品的预订（如水果、鲜花等），饭店根据情况而定，适当收取客人的订金，订金由收银员收取并交财务部保存，并出具订金收条，一式两份。

（8）确认预订后，留下客人联系方式（电话号码），并做好"预订登记表"。

（9）向客人致谢，送客人至大门口。

三、大型宴会的预订注意事项

（1）确定宴会的日期、保底桌数、菜单，留下客人的联系方式。

（2）随时与客人保持联系，一旦确认预订，及时与客人签订协议及收取订金（饭店根据情况而定，适当收取客人订金，与公司有签单协议的客人需要客户经理担保），协议上注明日期、菜单、保底桌数、付款方式、餐厅所需准备的物品等（如是婚宴协议，则须注明婚宴的配套服务），如可签单付款时，要在协议上确认付款人或签单人姓名及签名字样。

（3）提前一周再次向客人确认保底桌数、菜单（当日所有菜单需客人签名确认），和当天餐厅所需为客人准备的物品明细。

（4）经客人确定签字的"宴席菜单"及所需准备物品提前三天下到各部门（厨房、传菜、收银、预订存档），以便厨房备料和各工作点做好准备工作。

（5）如需提供指示牌，应提前两天做好POP牌，并于餐前三小时摆放好。

（6）根据客人要求，提前准备好所需酒水，如客人自带酒水须提前1天将酒水送到餐厅，由当班主管接收放于仓库保管并清点数量让客人签字。

（7）整个预订直至客人宴会结束，由专人负责跟办。

四、更改预订

1. 接收更改预订信息

（1）预订员要询问客人更改预订客人的姓名及原始预订日期。

（2）询问客人现要更改的日期或相关内容。

2. 确认更改预订

（1）在确认新的日期之前，先要查询预订情况。

（2）在没有其他预订的情况下，可以为客人确认更改预订，更改订单。

（3）若经办人要更改先前预订的其他要求，应根据情况，能办到的，满足其更改要求。

（4）需要记录更改预订人的姓名及联系电话，需签名确认的应请更改人签名。

3. 存档

（1）将原始订单找出。

（2）将更改的预订单放置于上面订在一起。

4. 未确认预订的处理

（1）如果客人需要更改日期，饭店已无法承接，应及时向客人解释。

（2）如果经办人需要更改先前预订的其他要求，无法办到的，应先请示上级并及时向客人解释。

5. 更改预订完成

（1）感谢客人及时通知。

（2）及时制作更改通知单，下发至相关工作点（厨房、传菜、收银、预订存档）。

五、取消预订

（1）询问要求取消预订的有关情况。

（2）记录取消预订人的姓名及联系电话。

（3）询问客人是否要做下一阶段的预订。

（4）如已签订合同协议的，根据取消时间，按合同或协议内容洽谈补偿损失费用事宜。

（5）及时填写取消预订通知单，发至各有关工作点（厨房、传菜、收银、预订存档）。

六、安排预订工作

（1）根据"预订登记表"内容，填写"预订通知单"。

（2）接"预订通知单"的前后堂台相关人员都要在通知单上签字确认。

（3）按客人要求填写"宴席菜单"，传送至厨房、传菜、收银、场地负责人、预订存档。

七、客人的档案

根据每天"预订登记表"的内容，填写"客史档案"记录表。

【师傅指导】

接听电话的服务技巧

电话是现代人之间进行交流和沟通的便捷工具。在没有电话的时代，事必躬亲，很可能为了讲一句话而必须千里迢迢地登门拜访。现在，通过电话就能立刻与对方进行联系。由于电话的应用在商业活动中越来越广泛，因此，饭店的预订人员非常有必要掌握一些电话的接听技巧，如注意在接听过程中保持亲切和气的态度、确定来电目的、确定来电者的身份等。

1.左手持听筒、右手拿笔。大多数人习惯用右手拿起电话听筒，但是，在与客户进行电话沟通过程中往往需要做必要的文字记录。在写字的时候一般会将话筒夹在肩膀上面，这样，电话很容易夹不住而掉下来发出刺耳的声音，从而给顾客带来不适。为了消除这种不良现象，提倡用左手拿听筒，右手写字或进行电脑操作，这样就可以轻松自如地达到与顾客沟通的目的。

2.通常，电话铃声响3声内，必须接听："早上／下午／晚上好，×××餐厅，×××为您服务。"

若在电话铃声响3次以上才接听电话，必须向客人致歉："早上／下午／晚上好，×××餐厅，对不起让您久等了，×××为您服务。"

3.报出本饭店或部门的名称。在电话接通之后，接电话者应该先主动向对方问好，并立刻报出本饭店或部门的名称，如："您好，这里是西府井饭店餐饮预订处……"

4.确定来电者姓氏后，还需要确定来电者的身份。电话是沟通的命脉，很多规模较大的公司的电话是通过前台转接到内线的，如果接听者没有问清楚来电者的身份，在转接过程中遇到问询时就难以回答清楚，从而浪费了宝贵的工作时间。在确定来电者身份的过程中，尤其要注意给予对方亲切随和的问候，避免对方不耐烦。

5.听清楚来电目的。了解清楚来电的目的，有利于对该电话采取合适的处理方式。电话的接听者应该弄清楚以下问题：本次来电的目的是什么？是否可以代为转告？是否一定要指名者亲自接听？是一般性的电话行销还是电话来往？饭店的每个员工都应该积极承担责任，不要因为不是自己的电话就心不在焉。

6.注意声音和表情。沟通过程中表现出来的礼貌最能体现一个人的基本素养，养成礼貌用语随时挂在嘴边的习惯，可以让客户感到轻松和舒适。因此，接听电话时要注意声音和表情。声音好听，并且待人亲切，会让顾客产生亲自来饭店拜访的冲动。不要在接听电话的过程中暴露出自己的不良心情,也不要因为自己的声音而影响到饭店的形象。

7. 保持正确姿势。接听电话过程中应该始终保持正确的姿势。一般情况下,当人的身体稍微下沉,丹田受到压迫时容易导致丹田的声音无法发出。大部分人讲话所使用的是胸腔,这样容易口干舌燥,如果运用丹田的声音,不但可以使声音具有磁性,而且不会伤害喉咙。因此,保持端坐的姿势,尤其不要趴在桌面边缘,这样可以使声音自然、流畅和动听。此外,保持笑脸也能使顾客感受到你的愉悦。

8. 复诵来电要点。电话接听完毕之前,不要忘记复诵一遍来电的要点,防止记录错误或者因偏差而带来的误会,使整个工作的效率更高。例如,应该对预订者姓名、预订时间、预订地点、联系电话、区域号码等各方面的信息进行核查校对,尽可能地避免错误。

9. 最后道谢。最后的道谢也是基本的礼仪。

10. 让顾客先收线。在服务行业,打电话和接电话过程中都应该牢记让顾客先收线。因为一旦先挂上电话,对方一定会听到"咔嗒"的声音,这会让顾客感到很不舒服。因此,在电话即将结束时,应该礼貌地请顾客先收线,这时整个电话才算圆满结束。

【徒弟操练】

分别用电话预订、现场预订两种方式模拟"张先生为儿子预订升学宴"。

【拓展提高】

不同情境预订案例分析

案例一:在为客人订晚餐时,客人留下了单位的电话及手机号码,因客人在约定时间迟迟未到,在打电话询问时,单位电话没人接(可能已下班),手机停机。

分析:主要原因是因为在做预订时,没有问清客人抵店时间及对客人说清楚为其保留到预留时间后半小时,因客人预留2个号码而忽略了这个问题。

措施:吸取教训,在下次预订时各方面全部要做到位,避免此类情况的发生。

案例二:客人与我们预订会议,记录其要求后,便通知相关点做准备。一切就绪后,会议即将开始。主办人又提出新的要求,如水果、茶点及会议所需设施设备等。匆忙之中准备有些慌乱,且等候时间较长,致使客人的不满或投诉。

分析:主要原因是在预订时未对客人进行详细的询问,只是记录要求,考虑不全面。

措施:在接受预订时不仅要仔细地记录客人的要求,更要站在客人的角度去考虑,对会议的可能所需的物品或涉及的东西要进行推销,既增收利润又体现服务周到,避免上述情况的发生。

案例三:某日一满月酒在开餐之前,客人发现名牌上的名字错误,根据调查,宴会预订对销售部下临时单交接的时候，写清楚了"名字请确认一下"的字样，但是销售部人员未确认。

分析：主要是销售部员工工作没有做到位，导致了事情的发生。

措施：首先当发现名牌有误时，应该及时向客人致歉并马上更换铭牌，各部门积极配合，先解决问题，再追究责任。

宴会预订以后在交接大型活动给销售部时，一定要下临时单并要求签名，以免发生类似情况。

案例四：3月的某日，晚班员工在做完当日的工作后，在后台一边核对客情一边发短信，违反了饭店规定，导致大堂被投诉。

分析：现在是饭店淡季，客情不是很忙，员工在思想上会有一定的松懈，加上当时离下班时间差不多还有半小时，因此就有了以上举动。

措施：首先要让员工认识到自己的问题，不管是淡季还是旺季，只要在工作时间，员工对待工作的态度就一定要积极向上，然后督促其他员工不要犯类似的错误。

案例五：某日，某预订员接待酒水预订时，由于酒水单上没有该品种，在不了解价格的情况下，所定酒水未在客人规定的价位之内，所幸客人未有投诉，但此事应引以为戒。

分析：预订员在预定时对酒水价格没有充分了解；在最后下单时没有确认酒水价格。

措施：对餐饮所提供的所有酒水及价格列表培训，使其对酒水单上提供及售缺的酒水、酒水单外提供的酒水充分了解，做到准确无误地推销。

案例六：某日，预订员在接到有清真客人预订时，由于当时较忙，在记录特殊客情的时候没有特殊备注，导致通知厨房开菜单时没有告知就传真给客人菜单，引起客人不满。

分析：预订员在记录特殊客情时，疏忽了其重要性；在记录客情时没有将客情另外记录。

措施：以后接待预订时，把普通客情与特殊客情分开记录，把已完成事宜与未完成事宜分开记录，避免错误的再次发生。

案例七：某先生来预订10月2日的婚宴场地，想要群芳厅，来了3次本店员工都告之10月2日晚上群芳厅是空的，于是某先生就预订了群芳厅。其实群芳厅在某先生预订之前就已经被另外一档婚宴预订了，由于本店员工的疏忽，把群芳厅输成豪华间，导致某先生来预订时员工2把群芳厅又订给了某先生。

分析：这次的错误就是出在本店，是员工在输入客情后没有进行核对，导致了后来的重复预订，某先生很是不满。此事件对饭店的形象带来了负面影响。

措施：给予员工处分；再次提醒员工输入客情后要核对；每接一档大型宴会都要查看一下当天是否有其他活动已预订，杜绝重复预订的再次发生。

任务二 迎宾领位服务与管理

【学习内容】

迎宾领位服务程序与规范。

【师傅要求】

1. 能迅速引领、安排客人在合适的位置就座。
2. 有一定的应变能力，能妥善处理引领过程中出现的问题。

【师徒互动】

一、迎客

（1）开餐前按照餐厅服务员的标准站立于餐厅门外侧或迎宾台后，面向客人进入方向，面部表情自然、热情，目光平视前方。

（2）当客人行至餐厅引位员前3米处，引位员应向前移动半步，双手自然下垂于前身，微微弯腰，鞠躬20°~30°，说："您好！先生/女士，欢迎光临！"

（3）向客人致意后应主动询问客人是否已预订餐位。如果客人已预订，在核查清楚情况后再引导客人进入餐厅，并说："×先生，您的餐位已经安排好了，请随我来。"如果客人没有预订，应该问清客人人数："先生，请问您一行几位？"听清楚回答后，根据餐厅预订情况和客人用餐人数，引导客人进入餐厅。

二、引导客人入座

（1）领位员在确认客人情况后，应左手持菜单，右手示意客人行进方向，并礼貌地说："先生/小姐，请随我来。""先生/小姐，这边请。"

（2）领位员右手做手势时应注意，不可以用手指示方向，而要保持五指并拢，掌心向上的姿态为客人示意方向。

（3）领位员在做手势时应该做到眼随手。不可以说东指西，也不可以话动脚不动，应注意与客人行动一致性。

（4）引导入座时，应该首先征询客人意见（先点菜还是稍后再点），此时领位员应站在主位的椅后，向客人示意，并以手势明确行进的方向。

（5）引客入座要绕道曲行，应该始终在餐厅主通道进行。

（6）当客人到位时，应该首先征询客人意见，此时领位员应站在主位的椅后，向客人示意说："先生/小姐，请问这个位置您满意吗？"如果客人不满意，在条件允许的情况下，尽量根据客人要求予以更换。如果客人要求的餐桌已有预订，应做出解释和建议："先生/小姐，非常抱歉，这张餐桌已预订了，那张餐桌可以吗？"客人对餐桌表示满意后，协助服务员帮客人落座。

（7）顾客在入位后，为顾客做简单的菜单介绍和促销活动的介绍。

（8）通知餐厅服务员，某某桌有客人需要点单。

（9）待一切安顿完毕，领位员应后退半步转身离开，迅速返回岗位。

【师傅指导】

一、带客时候的注意事项

（1）在迎宾带领客人时，需走在右前方约一米的位置，不能离得过远或过近（手势与回头）。

（2）遇到拐角的位置，迎宾员需打手势并提醒客人（这边请）。遇到有阶梯的地方，要提醒客人（请小心阶梯）。

（3）站岗的时候要保持规范的站姿，不可靠墙、东倒西歪、聚集聊天及做不文雅和不规范的动作（有迎宾台的不可靠在迎宾台上）。

（4）当带第一批客人进入包厢时，迎宾员要主动询问客人是否需要开启电视，让客人在等候其他客人的时候尽量不无聊。第一时间使用对讲机通知楼层主管或楼层管理人员，及时安排服务人员进入包厢为客人提供服务，从而可以避免房间的服务人员空岗的现象。

（5）迎宾员在带领客人进入包厢的过程中，可主动与客人聊天。因有的包厢距离远，可减少双方的冷场场面，聊天可以让客人感觉时间短而充实。

（6）迎宾员在带客的过程中也可主动询问客人的姓氏，将陌生的客人变成自己的客人或朋友。

二、领位小技巧

（1）遇到重要客人前来就餐，餐厅经理应在餐厅门口迎接。

（2）将老年客人或残疾客人尽可能安排在靠近餐厅门口的位置，以方便出入。

（3）将年轻情侣尽可能安排在安静角落，以免被打扰。

（4）将年轻漂亮的时髦女士安排在餐厅引人注目的位置，以渲染餐厅气氛。

（5）将残疾人安排在可以遮挡其残疾部位的位置。

（6）如客人前来就餐而餐厅已满座，请客人在休息区等候，并表示歉意。待有空位置立即安排客人入座。

【徒弟操练】

不同情境迎宾领位服务演练：

（1）客人想要靠窗边的位置，但已经被预订，需要暂时安排在靠门的位置。

（2）客人没有预订，餐厅已经客满，客人需要等待，且等待时间未知，尽量留住客人。

（3）客人弄错了预订日期，提前来到饭店。

【拓展提高】

案例分析：接待外宾

一天晚上，一位下榻在我国北方某城市三星级宾馆的外宾来餐厅用餐。领位服务员很有礼貌地用英语向他问候说："您好，先生！请问您有没有预订？"

客人微微一愣，笑着回答道："晚上好。我就住在你们饭店，现在想用餐。"

领位员没有听明白，仍问客人有没有预订。客人不耐烦地告诉领位员，前台让他来这里用餐，并拿出住宿卡让她看。领位员看后，忙带客人走进餐厅。

"请坐。"领位员把客人引到一张靠窗的餐桌前。

奇怪的是，客人不肯坐下，并摇着头说出一串领位员听不懂的英语。

领位员愣愣地看着客人，不知所措。

此时，一位英语比较好的服务员走过来帮忙。经过询问才搞清楚。原来客人在前台说明要在饭店的西餐厅用餐，但他没有找到西餐厅，错来了中餐厅。而领位员在没有搞清楚的情况下，就把客人引了进来。

领位员听明白后，忙向客人道歉，并主动引领客人去西餐厅。

"晚上好，先生。欢迎您来这里。请问您是否住在我们饭店？"

西餐厅的领位员微笑着问候客人。

"晚上好，小姐。这是我的住宿卡。"客人满意地回答。

临进餐厅前，客人又转过身对中餐厅的领位员说："你应该像这位小姐那样服务。"

评析：此案例中，领位员在接待客人时出现了几处不规范的错误。首先，她在问候时使用的敬语不当。在饭店培训员工的过程中，规定有"您好，先生（夫人、小姐）""您早，先生""晚上好，先生"等敬语，但领位员在晚餐前问候客人时没有用"晚上好"这样的敬语，把敬语的时间性搞错了。其次，她没有搞清客人是否在本餐厅用餐就将客人带入餐厅，造成了误会。最后，她没有听懂客人的问话，说明外语水平还没有达标。针对以上问题，领位员应注意：

（1）学会正确地使用问候中的各种敬语，并注意使用的时间和场合。此例中用"您好，先生"，虽然还过得去，但不如用"晚上好，先生"。如用"晚安，先生"就会闹大笑话。这种笑话在饭店服务接待中并不是没有发生过。

（2）在接待中一定要搞清客人是否住在本饭店？采取什么方式用餐？是否在本餐厅用餐？如住在饭店，很可能采取记账方式，应从前台的通知中获取信息。在完全搞清楚情况之后，再将客人引入餐厅。

（3）领位员的外语水平一定要达标。即使是中餐厅的服务员，也应不断提高外语的听说能力，才能保证服务的质量和水平。

全球首家全机器人酒店走红，机械恐龙前台迎宾

据英国《每日邮报》的报道，日本 Henn na 连锁酒店（名称的意思是"怪异"）使用机器人、机器恐龙来接待旅客，这是全球第一家配备机器人员工的酒店。

日本人对机器人并不陌生，但如果看到在酒店前台迎接你的机器恐龙，即使是最狂热的机器人迷也可能会大吃一惊。Henn na 连锁酒店就是想提供这种新奇的入住体验。2015年，首家 Henn na 酒店在长崎开业，2016年吉尼斯世界纪录认证这个酒店为世界上第一家配备机器人员工的酒店。运营这家连锁酒店的旅行社集团目前在日本各地经营着8家酒店，所有旗下的酒店都配备了机器人，其中一些是恐龙，另一些则是人形机器人。

东京东部 Henn na 品牌旗下的 Maihama 酒店里，前台接待是一对巨大的恐龙，看起来像《侏罗纪公园》电影里的恐龙造型，不过它们头上戴了小帽。它们出奇地安静，顾客走近前台时机器人恐龙的传感器检测到这种运动，这时它们才会说"欢迎"。机器人 dinos 通过平板系统完成登记入住的工作，用户还可以选择使用哪种语言（日语、英语、汉语或韩语）与多语言机器人进行交流。

据亲身体验过的游客说，这种效果很奇怪，大型恐龙用长长的手臂做手势，说出短小固定的词组。Maihama 的经理枝井幸男（Yukio Nagai）承认，一些顾客觉得这有点让人不安。他在接受法新社采访时说："我们还不太清楚客人们什么时候想让人来招待，什么时候可以让机器人来招待。"

不过对其他客人来说，新奇就是魅力。每个房间都配备了迷你蛋形机器人，它们叫作 Tapia concierge robots。它们看上去有点像星球大战机器人 BB-8 球形机器人，可以

帮助客人做更换频道、播放音乐等事情。

甚至在大厅里鱼缸中游弋的也是机械鱼，靠电池来维持运行，它们身体里的电灯在围绕着巨大的水箱工作时忽明忽暗地闪烁着，垃圾筒也是自动化的。

曾和孩子一起住在这家酒店的细穗志美（Chigusa Hosoi）说："恐龙看起来很有趣，我想我的孩子会喜欢的。他在酒店里真高兴，整天都在摆弄房间里的蛋形机器人。"

酒店也有人类员工需要随时待命，以防出现故障，客户的在线评论显示，在办理登记手续时出现故障并不罕见。（来源：环球网）

任务三　点菜服务与管理

【学习内容】

1. 点菜服务程序与规范。
2. 餐饮服务礼仪。
3. 掌握菜单内容。

【师傅要求】

1. 能主动介绍菜品特色。
2. 能迅速书写菜单。
3. 有一定社交推销能力。
4. 能够独立为客人提供点餐服务。

【师徒互动】

点菜服务是餐厅服务的主要环节，是餐厅营销工作的重要组成部分，是服务语言、专业知识和服务技巧的集中体现，体现了餐厅员工的综合从业素质。这里主要介绍中餐点菜的方法。

一、基本程序

1. 点菜的基本程序从形式上看比较简单，包括：递送茶水、手巾→递送菜单→等候接受点菜→点菜点酒→提供建议→记录菜名和酒水→复述确认→礼貌致谢。
2. 点菜顺序一般为：凉菜—热菜—煲类—汤—主食—酒水。

二、基本步骤与方法

（一）问候客人

（1）礼貌问候客人，如"晚上好，先生/小姐。很高兴为您服务"。
（2）介绍自己，如"我是服务员小王"。
（3）征询客人是否可以点菜，如"请问现在可以为您点菜吗？"

（二）介绍、推荐菜肴

（1）介绍菜单时要做好客人的参谋，适时、适当推荐菜肴，向客人推销、推荐餐厅

的时令菜、特色菜、畅销菜、高档菜。

（2）用看、听、问的方法来判断客人的需求，注意原料、口味、烹调方法、高低价格等方面的搭配；时刻体现对客人的关心，提供情感式的服务。必要时对客人所点的菜量、数量和食品搭配提出合理化建议。

（3）菜肴介绍应突出重点并有针对性，对某些特殊情况做好事前说明。

（4）熟悉菜单，对于客人所点菜肴要做到了如指掌。

（三）向客人解释菜单

菜单上每道菜都由菜名、价格和描述三部分组成，而每部分都有其独特的含义。现将涉及的有关内容分述如下：

（1）数量表示。食品和饮料服务都有一个量的概念。菜单上食品分量的表示方法有用大、中、小表示的，如大杯可乐；有用具体数表示的，如三块炸鸡；有用器皿表示的，如一汤碗、一茶杯；有用重量表示的，如千克，克，等等。菜单上所有的数量的表示都要符合人们的习惯，要清晰具体，不要给客人错误的信息。

（2）质量表示。食品和饮料的卫生要符合国家的卫生标准。菜单上质量的表示中，描述各道菜有关肉、鱼、禽、蔬菜等品种部位特征的词要名副其实，不能弄虚作假。

（3）价格表示。价格在菜单上比较明了。

（4）缺损菜品的解释。建议改点其他菜肴，或推荐同类同价位的菜肴，或推荐特色菜。

（四）记录客人点菜的方法

（1）使用点菜备忘单记录的方法。点菜备忘单应将餐厅所有经营的酒菜印在点菜单上，服务员只需根据客人的点菜在便笺上相应的菜名前做出标记即可。一式两份，一份留给客人，一份送到厨房。若客人改变主意而变更他们的点菜时，服务员在备忘的点菜单上划掉项目，就可防止混乱。这种方法非常简单，多用于早餐和客房餐饮服务。

（2）使用便笺记录点菜的方法。由餐桌服务员或者专门负责点菜的服务员在客人点菜之前在点菜便笺上写明客人的餐桌号、进餐人数、日期、服务员自己的名字，并按自编系统或缩写记录桌上每个人的位置，然后再记录每一个人的点菜。

（3）记录桌上客人的位置可以自编系统，自编系统有以下几种方法：站在餐桌左角，要站在客人的左侧，身体略向前倾，记录点菜时就从你右边的客人开始；以某个人作参照，如从穿红色外衣的女士开始；用东南西北方向为参照物按顺时针方向进行。

（4）把每一桌的椅子，仿照固定的位置加以编号。利用窗户、大门或其他明显的目标作为基准点，将每一桌的第一个椅子编为第一号，记为"NO.1"。在记录客人点菜时，把这些椅子的号码写在便条上，尽量利用简略符号，以节省时间并迅速记录菜名。自编系统确定后要求餐厅工作人员都熟悉和掌握各个系统代号的含义。

记录点菜的注意事项：服务员应注意仔细听取客人的点菜。用缩写式记录点菜。这种缩写应是大家熟悉的。服务员在确信点菜已经记录之前不得离开餐桌。如有疑问应再度询问清楚，以免遗漏或错记。注意记清每位客人点的菜、每道菜要求烹制的程序、用何种原料及其配菜等。这样可以省去餐厅与厨房间无谓的奔跑，并免除客人不耐烦的等候。服务员应记住各种菜、汤的烹调时间，并机敏地告知客人。客人经过衡量，也许会改变他的点菜。客人点错菜，千万不要与客人争吵，以宽容和耐心灵活待客。用同一点菜单的客人要求分开账单时，需要通知厨房准备。用一些特殊的记号和缩写来标明，会使手续快捷。回答客人问讯时要音量适中、语气亲切。注意身体姿势，不可将点菜单放在餐桌上填写。

（5）计算机记录点菜。在现代饭店，这种方法越来越普及。将客人的点菜，包括菜的分量、价格、总金额等所有项目输入计算机，打印后交给客人并通过荧屏显示通知厨房。

（6）客人通过扫描桌面二维码自助点菜。饭店可以为每张餐桌设置一个专属二维码，客人入座后，只需扫描桌面二维码，即可自助点菜、下单。

（五）确认

点完菜后，要向客人复述一遍所点菜肴及特殊要求，并请客人确认。感谢客人，告知客人大约等待的时间。

（六）点酒水、饮料

（1）征询客人是否可以点酒水、饮料，如"请问现在可以为您点酒水吗？"
（2）根据客人的消费要求和消费心理，向客人推销、推荐餐厅的酒水。
（3）介绍时要做适当的描述和解释，适宜地提出合理化建议。
（4）尽量使用选择性、建议性语言，不可强迫客人接受。

（七）放置点菜记录单（下单）

点菜记录单的放置与信息传递。点菜单在厨房如何放置，不仅关系到厨师对食品的准备，而且对整个服务效果都有很大影响。每个餐厅都应制定一套行之有效的方法。下面的几种方法最常见：

（1）将点菜记录单放在圆轴架上。服务员在厨房把点菜记录单按次序或按桌号放置；新的点菜记录放在右边，以保证厨师按客人点菜的先后次序从排在左边的记录单上的菜开始准备；收接点菜记录单的人，必须重复一遍所点菜，以便准确无误；当一个点菜单上的菜准备好后，厨师应把点菜记录单和账单放在上面，以帮助检查点菜是否准备齐全。

（2）服务员把点菜记录输入计算机系统，通过自动传递，厨房就能从荧屏上看到显示出的点菜项目。

（3）厨房指定一人（厨师或其他工作人员）唱读每个点菜单。无论哪种方法，传递信息必须准确清楚。写完点菜记录单立刻送到厨房，放在点菜记录单呈放架上。放置点

菜单时，要特别注意双层的点菜记录单，防止在匆忙中被忽略。

（4）由服务员唱读点菜。在小餐厅，服务员通过唱读客人所点菜，把信息传给在厨房的工作人员。这种方法要求服务员头脑清楚、记忆准确。

（5）下单的注意事项：填写点菜单、点酒单要准确、迅速、清楚、工整。填写内容齐全，点菜单注意冷热分开。及时分别送交厨房、收银处、传菜部。不同的点菜单要按规定递交给不同的烹饪部门或责任人。点菜单与酒水单应分开递交。

三、基本要求

（一）熟悉菜单内容以及食物制作方法

作为服务员，对本店的菜单是否熟悉，直接影响着服务质量与经营效果。

首先，熟悉菜单可以方便推销。餐厅服务员在推销其菜肴时就好比是商品的售货员，而菜单上的食品菜肴就是你的产品，你对食品的知识会影响你销售食品的能力。当一个售货员不了解其商品、不会向顾客介绍商品时，顾客常常会拒绝购买这种商品，因此，你能否为餐厅打开销路，取决于你对菜单的熟悉程度。

其次，对菜单的了解将有助于服务员向客人提供建议，当客置身于异国他乡，对当地菜色所知无几时，常常乐于从服务员那里得到帮助，这时知识将发挥作用。

同时，对菜单的了解还会帮助服务员回答客人提出的各种问题，服务员会根据客人的需求提出一些供需要节食或关心价格等有特殊需求的客人进行选择的建议。

1. 熟悉菜单的变化

服务员在正式接待客人前必须熟悉当天的菜单，它可以帮助你增进与客人之间的关系，并为餐厅树立良好的形象。即使是固定菜单也会定期地变化，而且餐厅还常常提供当日特选和季节菜单，更应不断地加以了解。菜单的变化一是为了使菜色多样化，二是由原料季节性以及成本所致。

2. 熟悉菜单的种类

餐厅服务员应当熟悉本餐厅的各种菜单。最为普遍的菜单是早餐菜单、午餐菜单和晚餐菜单。也有将午晚菜单合二为一的，西餐午餐菜单和晚餐菜单的区别是午餐菜单中包括三明治和量小的主菜。而晚餐菜单中则备有量大的主菜，还包括各种配菜，如各色蔬菜等。中餐的午、晚餐菜单通常是一样的。除这些正规的菜单外，还有儿童菜单、特选菜单（立式）、甜品单和酒单。通常在菜单上还标有点菜价格和套菜价格，供客人选择，套菜一般包括汤、面包、色拉和主菜。中餐一般也是荤、素搭配，有汤有饭。餐厅经理和领班通常还负责根据客人的要求为客人临时配菜。

3. 熟悉菜单的内容

根据客人的饮食习惯和就餐次序，西餐菜单通常按下列顺序排列：冷热头盘、色拉、汤、鱼和海鲜、主菜（牛排类）、蔬菜、甜品、饮料。头盘有冷热之分，又叫开胃品类，包括蔬菜、果子汁、水果和海味等。主菜包括牛排、家禽、肉食和特色菜。

中餐的菜单分类排列一般包括：厨师特选，冷盘、汤、鱼类、海鲜、牛肉、猪肉、鸡、鸭、野味、蔬菜、点心等。

菜单因餐厅的水准和管理者的经营思想的不同而有很大的差异，有些以提供特制精美菜肴见长，有些以廉价家庭菜色为主，有些以品种多、选择广泛称雄，有些则以品种限量来削减成本，凡此种种，不一而足。

当天的特色菜可以附加在菜谱上，也可以用立式菜单放在台面上，有时还在厅的门口用广告形式陈列。一种特色可能是原料过剩的品种，也可能是时令菜或是特聘厨师的拿手菜。如果它是剩余菜或时令菜时，通常是比较便宜的，但应尽量避免以剩余原料做特色菜。一流的服务员还应当熟悉菜单上每一品种的原料和配料，要虚心向厨师学习，处处留心，日积月累，了解菜肴的口味，以利于推销和回答。

4. 熟悉烹调方法

当客人向你询问某一道菜是怎样烹制并了解其制作过程时，掌握一些烹调常识为提供服务是很有帮助的。常用的烹调方法有：烘、煮、焗、烩、炸、蒸、炖、焖、煲、煎、烤、腌、卤等。

5. 熟悉烹制时间

所谓熟悉烹调时间是指做好菜单上某一道菜，并将其装盘所需要的时间。菜肴的烹制时间取决于厨房的设备、厨师的工作效率、积压订单的多少和菜肴本身烹制方法所需花费的时间。掌握某种菜肴所需的烹制时间，可以帮助服务员在不同的情况下恰当地给客人推荐菜肴，如对于赶时间的客人，你得为他推荐烹制时间短的菜肴等。对烹制时间的掌握要向厨师请教，平时要注意观察和积累。如果使用现代最新设备和烹调方法，将大大地缩短菜肴的烹制时间。有些食品可以根据需求预测，事先做好，叫"预制食品"，当客人选定时，将其放入微波炉中加热，只需几分钟甚至几秒钟便可上台。

6. 熟悉菜色的配料

无论是中餐还是西餐，许多菜伴有一定的调味品、为色香味而配的汁料以及和主菜相配的配菜。服务员要知道哪些调料需在上菜前上台，哪些应在上菜后上台，并做到调味品的盛器要干净。有时，常用的配料用品可以保存在餐厅的餐具柜里，如经常要用的色拉汁盛器等。

（二）点菜的基本要求

点菜服务应注意以下几点：

1. 时机与节奏

把握正确的点菜时机，在客人需要时提供点菜服务；点菜节奏要舒缓得当，不要太快也不要太慢，但要因人而异。

2. 服务要规范化

填写点菜通知单要迅速、准确，单据的字迹要清晰，注意冷菜、热菜分单填写。要填写台号、日期、用餐人数、开单时间、值台员签名。菜肴和桌号一定要写清楚。

3. 客人的表情与心理

在服务过程中，服务员应注意客人所点的菜和酒水是否适宜，这需要观察客人的表情和心理变化。

"看"，看客人的年龄，举止情绪，是外地还是本地人，是吃便饭还是洽淡生意，或是宴请朋友聚餐。调剂口味是炫耀型还是茫然型，还要观察到谁是主人，谁是客人。

"听"，听口音，判断地区或从顾客的交谈中了解其与同行之间的关系。

"问"，征询顾客饮食需要，做出适当的菜点介绍。

4. 清洁与卫生

点菜中要注意各方面的清洁卫生。菜单的干净美观、服务员的个人卫生、记录用的笔和单据的整洁都要符合标准，才可使客人在点菜时放心。

5. 认真与耐心

点菜时应认真记录客人点的菜品、酒以及客人的桌号，认真核对点菜单，避免出错；要耐心回答客人的问题，当客人发脾气时，服务员要宽容、忍耐，避免与其发生冲突。

6. 语言与表情

客人点菜时，服务员的语言要得体，报菜名应流利、清楚，表情应以微笑为主，以体现服务的主动与热情。注意礼貌语言的运用，尽量使用选择性、建议性语言，不可强迫客人接受，不要用特别自我肯定的语言，也不要用保证性的语言。

7. 知识与技能

服务员要不断拓宽自己的知识面，提高服务技能，才能应付复杂多样的场面，满足不同顾客的不同需求。

【师傅指导】

一、点菜服务中易引起投诉的几个主要问题

1. 客人进店或入座后等待了几分钟仍没有人为其点菜或提供茶水。

2. 没有给客人提供足够的菜式及饮料以供选择。

3. 所点的菜肴在客人有疑问时，不能准确回答或怠慢。

4. 当客人有特殊要求时，没有请示管理人员就一口回绝。

5. 将客人点的菜弄错了。

6. 客人所点的部分菜肴在下单到厨房后过了一段时间才告之客人没有。

7. 不考虑客人，只推销高档菜和酒水。

二、点菜服务注意事项

1. 客人所点菜肴过多或重复时，要及时提醒客人。
2. 如客人点菜单上有没有的或已经销售完的菜肴时，要积极与厨房取得联系，尽量满足客人的需要或介绍其他相应的菜肴。
3. 如果客人所点菜肴需烹制时间较长时，要主动向客人解释，告知等待时间，调整出菜顺序。
4. 如客人需赶时间，要主动推荐一些快捷易做的菜肴。
5. 记清客人的特殊要求，并尽量满足客人。
6. 客人考虑点菜时，值台员不要催促，或是以动作如敲敲打打等来显示不耐烦，可站在一旁，站立姿势要端正，距离要适度，不要双手环抱于胸前或叉腰，也不要手扶桌面或椅背。
7. 脚不能蹬在椅子上，切忌手搭在椅子上直摇，脚蹬在椅子上直晃，使客人有如坐针毡之感。
8. 客人犹豫不定征求服务员意见时，应视时间、客人人数、大致身份、性别、年龄、国籍、季节等具体情况，向客人介绍本餐厅的拿手菜、今日叫座的美味时令菜、新菜等。

三、服务员如何避免催菜引发的矛盾

一个餐厅的服务并不仅仅体现在餐厅的环境、餐具摆设、餐布和点菜上，更多的应该体现在服务细节。因此，餐厅在培训服务员时，除基本的职业素养外，还要培养服务员的预见性和沟通能力。

午市或者晚市一般是餐厅生意最忙的时候。于是常常会出现个别客人点了菜却等了很久都没有上菜的情况。这时客人往往会让服务员催菜。一般来说，服务员遇到这样的情况都会说"好的，很快就上菜"。即使有些服务员尽责地去厨房帮客人催菜，回来让客人稍等一会儿，但是顾客依然会三番五次地催。服务员往往会觉得很委屈，明明自己尽责了，厨房出菜慢，关他（她）什么事？这样的无妄之灾，服务员都没有少经历。但是责任在谁？顾客不讲理，刁难人？还是厨房的错？

餐厅该如何避免这样的情况？服务员的服务意识还有沟通能力是关键。

1. 点菜关：给客人打"预防针"。

作为一名优秀的服务员，在催菜发生之前就应该有预见性，从而提前给顾客打好"预防针"。首先，有部分菜品制作比较费时，如红烧、小火慢煨、工艺复杂等原因，这就要求服务员点菜时控制这些菜品的出现次数，向客人推荐制作迅速的其他菜品相搭配。聪明的服务员还应该在顾客点这些制作复杂的菜式时，指明烹饪时间将会久一些，上菜会比较慢。客人有了心理准备，上菜慢也会理解。

广州有一家珠宝主题餐厅，专门做的是台湾菜。由于位于市中心，午市时间客人比较多。他们店里有一款招牌菜"虫草花汽锅蒸鸡"，工艺比较复杂，耗时比较久。他们的服务员在顾客点这道菜的时候会明确提醒顾客，时间会比较久，大约20分钟，顾客一听大多会听从意见另外点菜。有顾客一定要吃的，上菜慢也就乐意等了。

2. 催菜中：礼貌回复，尽责反馈厨房负责人。

万一真的出现了顾客催菜的问题，服务员应该怎么做？是直接跑到后厨大喊"某某桌的菜麻烦快一些"，还是跑去找负责人说明那号桌客人的菜希望能快些上？明显前者是一种敷衍的行为，在顾客的眼中你好像是完成了催菜任务，但是厨房做菜的速度实际上并没有加快。聪明尽责的服务员会怎么做呢？他或者她会在接到客人催菜要求之后，礼貌地回复客人，然后到厨房找到厨房主管或者其他负责人，说某某桌的客人等了很久，希望能先为他们上几道菜。

3. 催菜未果：利用权利，打折或者赠送小菜。

虽然服务员已经提醒顾客上菜会比较慢，甚至自己也将意见转达给厨房负责人，但是厨房确实单太多，做不过来。服务员如何平息顾客的怒火？服务员这时应该发挥自己的积极能动性，合理运用自己的权利给客人赠送小菜或者凉菜，甚至可以申请主管给顾客打折优惠。

九毛九面馆生意一直都很不错，饭市外面排队等号的人往往很多，催菜的情况也不少见。但是，在一家九毛九的餐厅吃饭，服务员却可以有一个权限，就是顾客等待超过多少分钟可以申请打折优惠。这个措施实施之后，上菜的速度和顾客因上菜慢而发火的情形就少了很多。

有效的沟通能化干戈为玉帛。

在适当的时间，用合适的语言，进行有效的交流，就是一次成功的沟通。

以公交车上常见的情形为例，在公交车上不小心碰到别人的事情时常发生，对方说："碰到我了，你干吗啊！"如果你说："哎哟对不起，车摇晃没站稳，实在太抱歉了！"一般这件事就过去了。如果你的反应是："这么挤你赖我啊？嫌挤别坐公交车啊！"这样你一言我一语就该起争执了。

餐饮服务中也是一样，服务员多数时候能以隐忍的态度对待少数客人的无礼，毕竟做服务行业，就要有职业素养完成基本的服务工作。服务员通过沟通和交流，给客人留下好印象，从客人的反馈中搜集意见和建议，这是对服务比较理想化的目标，也是在平时工作中不断改进和强化的关键点。因催菜而与顾客或者后厨发生冲突的服务员，何尝不是因为沟通无效的表现？

因此，餐饮服务人员应明白沟通能力受用终身。

1. 强化意识，让服务员认识到沟通的重要性。

使服务员认识到在工作中沟通的重要性还远远不够，或者说信服力不足以让他们心甘情愿这样做。还需要让他们意识到，这种能力不仅仅适用于工作，在家里、朋友圈以及其他社会交际过程中都有重要的作用，这不仅仅是工作技术，更是生存技能。老板们不敢保证服务员会在餐厅工作一辈子，但希望他们能够对沟通交流有所感触。在这里见过了形形色色的人，接触了五花八门的想法，如果服务员刻意与所有人进行交流，将会收获一笔巨大的人生财富，使他终身受用。沟通是一个互动的过程，服务员在成就自我的同时，食客也感受到了你的诚意，会认为你在努力地为他服务，不是冷冰冰的流程化作业，而是一种情感的微妙交融。

2. 如何沟通？刻意制造小麻烦引起话题。

事实上，很多服务员明白沟通的重要性，但是苦于无法引起恰当的话题，如果生硬地与顾客搭讪，时常换来对方的白眼和敷衍。这时，就需要一个合适的话题切入点，服务员不妨"无意间"制造些小小的麻烦，从而抓住与客人交流的机会。

例如，服务员"不小心"碰倒了桌上的牙签筒，他赶紧向客人道歉："对不起，我把牙签筒碰倒了。"其实这小小的意外对客人就餐没有任何影响，但对于服务员来说就是一个交流的绝好机会。这时服务员一边道歉，一边取出几根牙签放在客人面前，随口问道："您二位是第一次到咱店里来就餐吧？"面对这种判断性问题，客人此时只能回答"是"或"不是"。然后服务员进一步问："您是朋友介绍来用餐的，还是从网上看到的？"这是一个选择性问题，得到客人的回答后，服务员还需再进一步："您觉得我们的菜品怎么样？"这是一个描述性问题，客人也许会认真回答，也许只是敷衍一句"还行吧"。此时服务员应该给客人以更为具象的问题，如："鸡肉粥您喝着如何？"直爽的客人此时就会坦然交流："这粥味道真不错，从来没喝过这么好喝的！"或者"这粥味道还欠点儿，我在某餐厅喝过这道粥，味道……"服务员追问下去："我把您的建议记录下来，反映给厨师长。下次您来就餐时给我打电话，我让厨师长按您的要求做一份粥，给您尝尝味道如何。"

此时大多数客人会被服务员的真诚所打动，哪怕饭菜真的不合他口味，也会忽略不计了。这种技巧和谋略，才是真正的服务。

赞美是让顾客满意的不二法宝

世人皆爱被赞美，几句由衷的夸赞可以使人心情愉悦，提高客人对服务的满意度。顾客会把这种夸赞理解为服务工作的热情周到，他能从你的语言中感受到你的真诚。现今社会，人们都很注重自我保护，不会轻易以弱点示人，还常常死要面子活受罪。这就需要服务员有敏锐的眼光，善于发现顾客之所需，用具有亲和力的语言软化客人的防备，用适当的赞美使客人产生认同感，这就等于服务成功了大半。

增值服务嘴巧更要脑子活

在服务标准趋同的背景下，很多餐饮企业纷纷要求服务员实施"亲民服务""增值服务""细节服务"。那么，如何才能让这些服务从条条框框变成具体的行为？例如，客人中有糖尿病患者，心直口快的人会直接说："点的菜中不要有甜的，我不能吃糖。"有的客人就会想："大家一起吃饭甜就甜点儿吧，我不能挑三拣四的。"这时服务员就要在沟通中及时发现病患情况，对菜品做出相应调整。这样一来，客人对餐厅的期望值就不仅仅在菜品上，而是转嫁到服务上来，这就是古人所说的"爱屋及乌"。所以，现如

今的餐饮服务并不以技巧和标准论输赢，而是以人文关怀和有效沟通为重点。

引导客人点菜，植入先导印象

在点菜服务中，同样需要沟通的语言技巧。诚如前文所言，服务的流程化作业毫无感情和交流，容易让顾客产生距离感和压抑感；服务中进行积极主动的交流能够引导客人进行合理的消费，这在点菜方面亦有所表现。

例如，有一道菜"口水鸡"，客人询问这道菜时，有的服务员就会生硬地说："这菜做得不错，点一道尝尝吧。"有的服务员就会主动建议道："请您翻到菜牌后几页，有一道'香茅鸡'是我们的招牌菜品，味道馥郁浓香。而口水鸡比较常见，您不妨品尝一下这道'香茅鸡'。"

此时客人会觉得服务员的推荐很受用，而且有了选择的空间，心想"他说的也对，不妨尝尝这道招牌菜"。待"香茅鸡"端上餐桌后，客人会主动从味道中寻找服务员刚刚提到的"馥郁浓香"，从而达到对菜品的认同。这样，服务员就完成了对顾客点菜的引导和向顾客头脑中植入"菜品很美味"的印象。（http://www.sohu.com/a/254708377_99956028）

【徒弟操练】

一、点菜情景模拟

（一）不当的推销方法

情景一：

客人开始点菜："这'家乡咸鸡'是什么鸡做的？是农民喂养的草鸡，还是饲养场买来的肉用鸡？"

服务员："不知道，我没吃过。"

情景二：

客人："'佛跳墙'是什么菜？怎么那么贵？"

服务员："好的东西都放在瓦罐里煲，很鲜的。"

客人："那海鲜'佛跳墙'与'迷你佛跳墙'有什么区别？"

服务员：这……

客人不悦地说："算了，算了，你讲不清楚，我们也怕白花冤枉钱，那就点别的菜吧。"

（二）正确的推销方法

情景一：

客人开始点菜："这'家乡咸鸡'是什么鸡做的？是农民喂养的草鸡，还是饲养场买来的肉用鸡？"

服务员："这种'家乡咸鸡'用的鸡，都是从农民家中收购来的三斤左右的公鸡，味道鲜。腌制的配方是厨师自己研究出来的，吃入口中咸里透出清香。"

情景二：

客人："佛跳墙'是什么菜？怎么那么贵？"

服务员："'佛跳墙'由许多珍贵的原料烹炖而成。因为其香味诱人，以致和尚也忍不住跳过墙去偷吃。近年来，海鲜盛行，我们在原来鱼翅、海参、干贝、香菇等主料的基础上，又增加了新鲜的鱼、虾、贝、蚌等，内容更丰富，共有18种原料。价钱当然也就贵，要卖到138元一盅。'迷你佛跳墙'是我们推出的较为大众化的佛跳墙，原料在品种和数量上有所减少，但用的汤还是原汁炖出来的。卖价只有78元一盅。"

二、模拟不同情景，进行点菜服务练习

（1）一对美国夫妇来到广州某中餐厅用餐，点菜员为其介绍了粤菜的特点，并按照美国人的饮食习惯，推荐合适的菜肴。

（2）五位日本客人来到中餐厅用餐，点菜员为其推荐合适的菜肴。

【拓展提高】

案例一：李经理欠账了

李经理请几位教授到北京某饭店中餐厅用餐，孙教授对菜名不太熟，请服务员边讲解边点菜，点了几个中高档菜后，对服务员说：我们年纪都大了，想要些清爽的汤菜，像粟米羹之类的东西。服务员：我们有燕窝鱼翅羹特色羹汤。菜单上没有这道汤，孙教授以为价钱不贵，则每人点了一碗，共十碗。

结账时，餐费共6000元，羹为每碗498元，共5000元。

这次"欠账"真是孙教授的错误吗？

案例分析：

1.服务员利用客人的"不懂行"为餐厅推销昂贵的高档菜。

——应明白客人用餐目的是聚会畅谈，不是摆排场；

——这批老知识分子更讲究经济实惠。

2.点菜时，先为他们介绍菜单上的菜肴，并根据他们的需求和条件推荐厨师特色菜。

3.要向客人实报价格，不能利用客人的无知欺骗他们。

案例二：此时无声胜有声

11月7日，在四楼会议中心举行关于治疗脑血栓药品的推介会，来往这里的客人都是些尊贵儒雅的商界名流、政府显要，参加此次论坛的人员也都是来自医药系统的高层人物，大家都非常注意自己的仪表言行。金钥匙小顾在电梯口引领一位嘉宾时，发现

该客人脸上有餐巾纸屑,但是旁边有好多客人,又不能直接说,随即他就热情地向该嘉宾点头微笑问好,边问好、边用左手有些不合时宜地擦了一把左脸,并顺势抚了一下本来就很平滑光亮的头发,同时两只眼睛带着微笑地看着客人。客人顿时明白了什么,趁着朋友招呼其他客人的间隙,也顺势擦了一把左脸,并抚平了湿湿的有些上翘的头发,收回手时发现手里有两团面巾纸片,突然就被一种默无声息的关怀感动了,油然而生一种非常亲近的温暖,大概这就是别人常说的"家外之家"的感觉吧。在会议结束的时候,这位客人专程找到小顾,说刚才真是谢谢您了,你的服务真的是无声胜有声啊。

案例分析:该案例中小顾从客人的角度考虑问题,为了避免客人丢面子,他通过自己的肢体语言,向客人传达信息,让客人感受到温情服务的同时又照顾了客人的感受。在宾馆服务中需要员工有良好的职业素养和灵活的应变能力,有时在服务中"无声"胜"有声",这需要服务人员用心去衡量。

案例三:上错的炒饭

叶先生点了一份海鲜炒饭,一位新入职的服务员出品时误把扬州炒饭当成海鲜炒饭送给了客人。客人问:"这是什么炒饭?"服务员回答:"是海鲜炒饭。"客人吃了几口又问"为什么海鲜炒饭只有炒虾仁,没有其他海鲜?"服务员无以回答,就转身去找上司,对于此事,叶先生非常生气。

案例分析:

1. 服务员不熟悉菜式的成分,不要直接参与服务客人;
2. 走菜时不了解其出品,需询问厨师、上司或同事;
3. 上菜时没有给客人介绍菜名;
4. 当客人询问时自己不能解决,不应该一声不吭就走开,应告诉客人:"请稍等,我将告之我的上司为您解决。"

案例四:惊!打造抖音网红餐厅的秘诀泄露……

"未来只会卖菜的餐厅,将越来越没有竞争力。"

最近,陈春花教授的这句话得到了很多餐饮老板的认同。

言外之意就是,如果你的餐厅没有几个招揽顾客的"法宝"的话,就别想他能到你的店里来消费了,反正会卖菜的餐厅到处都是。

在泛娱乐化的今天,店家和顾客的互动深入程度直接决定了餐厅的流量。

那么,究竟什么样的体验感,才能让我们和"隔壁老王"拉开距离,不在价格战中苦熬呢?

您还别说,最近在广州的一家餐厅里还真出现了一个宝贝,餐厅在放了它以后呢,原有的老客户回来复购,陌生客流快速地涨,最关键的是无论是新客老客、男女老少见了它后都会开怀大笑。

原来这家餐厅老板靠的是一款5D引流智能餐桌吸引顾客进店的,而且在短短一餐时间内通过餐桌可以给顾客带来6次惊喜,这就有点厉害了!

惊喜1：餐桌自带砸金蛋功能，餐厅互动感强引爆全场

无论是胡桃里的走红，还是娱乐主题餐厅的蓬勃发展，仿佛都在告诉我们一个真理："在高压、高强度时代，人们喜欢能够让自己放松、快乐的地方。"

而这款5D引流餐桌，就恰恰抓住了顾客的这个需求。

操作原理也十分简单，顾客落座以后，互动就正式开始了，所有餐桌都会统一出现砸金蛋画面，并且所有桌上的蛋会在同一时间爆开，这样一来大家的参与度、热情和餐厅氛围就会燃到爆。

因为每个人都渴望自己是得了特等奖的那一个，除了拥有餐厅设定的奖品以外，他还会收获全体顾客艳羡的目光，这种感觉实在是太棒了！

最关键的是，几分钟的游戏时间不仅不影响正常用餐和翻台，还大大地活跃了餐厅氛围，实在是妙！

惊喜2：等位不再无聊，在餐桌上打手机游戏

在时间比金钱更值钱的当下，没有人愿意把时间浪费在无限的等餐上，最关键的是等餐的时间实在是太无聊了，除了刷手机就是刷手机，很多餐饮企业虽然采用了发零食的方式，可是并没有取得太好的效果。

而有了这款5D引流智能餐桌后，店家再也不用担心顾客等位的时候会无聊，因为手机可以和餐桌互连，什么时下最火的跳一跳、方块弹珠……都可以在餐桌上玩。

要知道，餐桌那么大的屏幕可比手机屏幕玩起游戏要爽太多了！

此外，除了可以打游戏，在等位期间餐桌还可以播放电影、虚拟动画来吸引顾客的眼球，不但小朋友喜欢、老年人喜欢，同样也会让请客吃饭的人感觉到倍儿有面子。

在拥有5D引流智能餐桌的餐厅，你压根儿就不可能听到催菜声，因为实在是太好玩啦！

惊喜3：可在餐桌上直接加热，省了电磁炉钱

在餐厅吃饭才是正事，除了好玩，当然也要实用。

因为了解到我们中国人普遍喜欢吃热的食物，中餐中尤其是吃火锅，对温度的要求是极高的，但在每个餐位上都摆一个电磁炉的话，光布线也不美观。

有了这款5D引流智能餐桌可就不一样了，不仅不需要电磁炉，只要放在桌子上的圈圈处就可以自动加热，如果你是个火锅企业，那你可省下N个电磁炉的钱了。

惊喜4：餐桌可进行虚拟"点菜"

纸质菜单OUT认知。

如果说前面的三大功能已经让你拍案叫绝，那么再来看看桌面上这几盘秀色可餐的菜品，是不是被震惊到了？

红烧肘子、油焖大虾、水煮鱼……这些桌面上正在放的菜品逼真吧？

当你正在流口水的时候，可千万别误以为这些菜是真的，除了你自己的手是真的，其他都是虚拟的，所以点餐看声情并茂的桌面就行了，谁还看纸质菜单呢！

惊喜 5：省下装修钱，餐桌自带"场景布置"，5D 沉浸式墙面更吸睛

过去，很多餐饮同行们想必也有过这种烦恼。

过生日、结婚纪念日等一年中特别点的日子总是想找一个"特别"一点的餐厅，以便给自己留下美好的回忆。

可是搜遍了"大众点评"好像有仪式感的餐厅很少，即便有也要动辄几千元的人均消费，着实让人烦恼。

但有了这小小的智能餐桌，就不用发愁了，它自带场景设置，结婚纪念日被设置成满满玫瑰花的桌面，生日宴被设置成大蛋糕的桌面……让顾客爱不释手。

惊喜 6：餐桌可无线充电，顾客再也不担心手机耗电快

"服务员，你们有充电设备吗？"

"服务员，能帮我给手机充下电吗？"

如果说，比问你们家招牌菜说得更多的是什么话语，那大概就是问有没有充电设备了。

有了这款智能餐桌后，顾客再也不用担心手机没电的事情了。

它不需借助任何的充电设备和线路，只需要把手机放在指定的餐桌图标上，就可以充电了，顾客可以边吃饭边充电，边玩手机边充电，顾客直呼餐厅好贴心哦！

此外，餐饮装修环境的变化也是飞快，今年流行工业风、明年流行的就是性冷淡风……毕竟装修的时候没少花钱，总不能流行啥就装啥吧，但不装好像又吸引不了年轻人进店。

除了有这款智能餐桌以外，深圳石代科技有限公司还可以为餐厅量身定制 5D 智能餐厅，既不用投入高昂的装修费用，又可以给顾客新鲜感。（摘自"餐饮 O2O 微信公众号"）

任务四　餐间服务与管理

【学习内容】

1. 餐间服务礼仪。
2. 上菜服务程序与规范。
3. 巡台服务程序与规范。

【师傅要求】

1. 能够熟练地为顾客提供上菜、分菜服务。
2. 具有一定的应变能力，能妥善处理服务过程中出现的问题。

【师徒互动】

餐间服务亦即台面服务，是指把客人点的食品、饮料送到餐桌，并在整个进餐过程中照料客人的需要。良好的餐间服务包括用有效的服务方法上菜、上食品，这个有效的服务方法将正确的服务技巧和彬彬有礼的服务结合在一起，能最大限度地使客人满意。

一、掌握上菜时机

在接受客人点菜之后，服务员应根据情况掌握上菜的时间和服务的节奏，服务员在客人与厨房之间可以起到一个联系人的作用。一旦失去这个联系，就可能出现厨师一股脑儿将所有的菜都做好，或者上菜不接下菜等种种不正常的情况，从而影响服务的质量。服务员在接受一份完整的点菜后，必须根据情况决定是把点菜单立即送入厨房，还是暂缓一会儿，当客人正慢慢地品尝鸡尾酒和冷菜时，点菜单可以略迟一些送去。要正确掌握上菜时机，就要在实践中学习和总结经验，做到既不让客人等菜，又不出得太快而使客人感到有催促之意。

二、出菜服务

为避免发生事故，很多厨房分设进出两扇门，服务员在出菜时应遵守规则。出菜时要注意：

（1）核对菜肴食品，不要拿错其他客人的菜。

（2）注意出菜要摆得令人喜爱，点缀要美观。

（3）发现菜色的差错自己又拿不准时，应请教厨师长。

（4）将菜盘平衡地摆到托盘上，端送到客人面前。

（5）行走时要注意保持平衡，留心周围情况，以免发生意外。

三、台面服务

（一）临台服务注意力分配顺序

取最佳位置侍立桌旁，眼睛视线成扇面注视宾客和餐桌，注意力分配顺序如下：

客（客人）—台（台面）—杯（酒杯）—杯（茶杯）—盘（菜盘）—碟（骨碟）—碗（汤碗）—缸（烟缸）—巾（香巾）—纸（纸巾）—烟（宾客吸烟）。

及时为客人斟酒、倒茶、添汤、点烟、换盘、换烟缸、清理台面、上餐巾纸、回答客人提出的问题。

（二）餐中临台服务作业规程

1. 迎宾问候

服务员站立，向客人鞠躬（30°）问候："您好，欢迎光临，请进"。

2. 拉椅让座

为宾客拉椅让座（主要是主宾或主人）："先生（女士）您请坐。"

3. 宽衣、挂衣

为客人（主要是主宾或主人）宽衣挂衣、放包。挂衣时，重点记住主宾和主人衣、包挂放的位置。

4. 点茶点烟

贴近副陪或主人："请问用什么茶水？本店有普洱、铁观音、龙井、日照青、乌龙……请问您喜欢哪一种？请问用什么香烟？本店有苏烟、中华、玉溪，请问喜欢哪一种？"……"需要几盒？"……客人点毕，复诵一遍。

5. 洗茶泡茶

先用热水洗净茶叶，而后用80~100℃开水泡茶，泡茶时间约3分钟。

6. 呈送确认预订菜单

点菜：询问客人是否可以点单，推荐酒水及本店特色美食，重复客人所点菜式，注意客人对菜品的特殊需要，如牛排熟度等，并准确输入点菜系统。如遇菜品沽清，及时告知客人，征询客人意见更换菜品并表示歉意。

标准菜单：向副主陪（或主人）呈送预订菜单，并请其确认："这是为您设计的菜单，请您审阅。"并向客人介绍菜单的主要内容、特色菜、创新菜，待客人确认后通知吧台按人数、标准下单。

7. 数人调位

贴近副陪或主人，询问客人实到人数，增加或撤除座椅、餐具，调整客席位置。

8. 除筷套

从主宾位置开始，按顺时针方向，逐一摘除筷套。

9. 通知上凉菜

打电话通知备餐："××房间，××位××餐标，请上凉菜。"

10. 起菜

征求客人意见："客人到齐了吗？可以起菜吗？"得到允许后立即通知厨房开始起菜。

11. 上香巾

从主宾位置开始顺时针方向上香巾："请用香巾。"

12. 上茶

为客人倒茶（八成满）："请用茶。"

13. 点酒水

向主人（或副主陪）呈送酒水单："请问今天的酒水怎么给您准备？"待客人点毕，复诵一遍，"请问用什么饮料？鲜榨果汁、矿泉水、苏打水、碳酸饮料……请问喜欢哪一种？"待客人点毕，复诵一遍，请客人确认，以防搞错，下单。

14. 上凉菜、开餐包

迅速上凉菜、开餐包，报菜名："精美凉菜、法式开餐包，请品尝，为了您的身体健康请喝酒前垫一垫。"接着为客人分餐。

15. 示酒、开酒、斟倒

当客人点好酒水，开瓶前，应先向宾客（主人或副主陪）示酒，同时报酒名，征得客人同意后，方可开瓶斟酒。"这是××酒，请您鉴定一下，这样就给您打开？"按照正确方式开酒。为主人（或主宾）斟倒酒水，请客人鉴定。"请您先试一下酒"，待客人鉴定准确无误后，从主宾位置顺时针方向斟酒。

16. 上热菜

按规定顺序起菜、上菜，正常情况下，第一道菜是炖汤或沙拉，接下来是鱼翅、海参、鲍鱼等海鲜菜，而后是牛肉。分桌结合，在上桌餐时注意控制出品顺序，先上肉类、禽类、鱼类菜，后上素菜。

每上一道菜，均要报菜名，方法是：站在副主人右边，双手将菜平端至台面，顺时针方向转到主人与主宾之间（一般为三下），后退两步、并步，伸右手（五指并拢）指向餐桌，注视主宾，面带微笑用清晰甜润的语言报菜名："××××（菜名），请慢用。"对于个别菜品（创新菜、特色菜、主打菜、名贵菜）应作简单介绍（菜的原料、生产工艺、口味和营养）。

若上须用手剥、抓食的菜品时，应随带一次性薄膜手套，并随上一道盛有柠檬片的温度适中的洗手盅："请用洗手盅。"同时要礼貌地向客人说明用途。

每上一道菜后，应及时划单，确保出品及时，避免上菜错误。

每起一道菜时，应标明起菜时间，确保菜品出品时间控制在合理范围之内，也好作为催菜的依据。

摆菜应遵循如下原则：一中、二对、三角、四方、五花、六环，冷热搭配、荤素搭配、器皿搭配、颜色搭配。

上菜、上汤要及时，以保证温度达到要求。

17. 席间服务

在客人就餐期间，应取最佳位置侍立桌旁，眼睛视线成扇面注视宾客和餐桌，按照客（客人）—台（台面）—杯（酒杯）—杯（茶杯）—盘（菜盘）—碟（骨碟）—碗（汤碗）—缸（烟缸）—巾（香巾）—纸（纸巾）—烟（宾客吸烟）的注意力分配顺序，及时为客人斟酒、倒茶、添汤、点烟、换盘、换烟缸、清理台面、上餐巾纸、回答客人提出的问题。

细心观察客人的面部表情变化和菜品使用情况。通过看、听、问、查，分析、判断客人对菜品、服务和就餐环境的满意度。菜上桌后，客人目光发亮，并立即下筷，说明客人喜欢吃，连续下筷说明菜好吃。菜上桌后，客人不予理睬，说明客人不喜欢吃，客人下筷一次后不再下筷（或当即吐出）说明想吃但菜不好吃。菜上桌后很快被吃光，说明大家都喜欢吃。菜上桌后，大家都不吃，说明本桌客人不吃此菜。除观察外，还要注意倾听客人对菜品、服务、就餐环境的议论、评论以及适时向客人询问等方式洞察分析客人的就餐特点和喜好，并逐一记录，事后整理客户档案并向领导反馈。

对于桌餐，一定要及时分菜，征求意见派分。

客人用餐时，如果用过一种酒水，换另一种酒水时，应及时撤换酒杯。

每上一道需要使用刀叉的菜品时，应及时撤换，保证每道菜品都应配有干净的刀叉。

客人用餐时如遇下列情况应及时撤换骨碟：

（1）用过一种酒水，换另一种酒水时；

（2）装过有鱼腥味食物的餐具，再上其他菜时；

（3）吃甜菜和甜汤之前；

（4）吃风味特殊或调味特别的菜肴之后；

（5）吃带芡汁的菜肴或海鲜之后；

（6）当盘内骨刺渣较多，影响美观时；

（7）吃完带壳带骨等须手扒的食物后。

当客人所点的菜品上齐后礼貌地告之客人："您的菜已上齐了，祝您用餐愉快。"然后再微笑地告知客人并询问是否添菜、加酒水，适时推销。

案例：客人发现菜品有问题（白灼基围虾有黑头），如何处理？

（1）菜品确实有问题时："对不起，我们的基围虾就剩这么多了，买已经来不及了，您点后就帮您做了，实在不好意思，您看帮您换道其他菜，可以吗？"

（2）菜品还有其他做法时："非常对不起，给您上错了，这是其他房间另一种做法的基围虾，咱们房间不是点的这一种，不好意思。"

案例：客人要求送高档菜品，如何处理？

"请稍等，我去帮您问一下我们的经理，好吗？""对不起，今天中午的×××已经卖完了，我们经理送您一道饭店新推出的特色菜，您看可以吗？"

18. 更换香巾

撤旧香巾，更换新的香巾。更换香巾时需先将用过的香巾用脏物夹撤下，然后用巾夹将干净的香巾递上。注意不能同用一个香巾盘。

19. 客人敬酒

当客人敬酒时，应停止其他工作，持托盘端酒侍立桌旁，随时为客人斟添。

20. 饭店领导敬酒

菜上齐后，需要饭店领导进房敬酒时，应分别及时通知到敬酒人。必要时，准备好酒水，当领导进房后，应端托酒水，并向客人介绍敬酒人："各位来宾打扰一下，为表达欢迎和感谢之意，现有饭店领导×××总经理（或××部门×经理）向诸位敬酒。"而后向敬酒人呈送酒水，并随同跟进斟添。

21. 客人外出

当客人起立时主动为客人拉椅，当客人外出时主动为客人开门："请问需要帮助吗？"客人需要时，应引领客人外出，客人回来时应主动拉椅。

22. 贴心服务

当宾客中有老、弱、病、残、幼、孕或生日宴以及宾客有特殊需求或委托代办事项时，应视客人和宴会的具体情况实施个性化和特殊服务，令客人满意、惊喜和感动。

23. 点主食

当菜上齐后，面向主人（或副主陪）："菜上齐了，请问还需要加点什么？"随即呈送"主食单"，请客人点主食，"请问用什么主食？请点一下，以便早一点为您准备。本店有水饺：三鲜馅、黄瓜素馅……面条有：鱼卤面、炝锅面……请问喜欢哪一种？"待客人点毕，复诵一遍："谢谢，请稍等。"并适时通知厨房准备主食。

案例：饭店没有客人想吃的主食，应该如何处理？

"非常对不起，我们没有您需要的主食，现在帮您去买，您看可以吗？"如果客人答应，必须告诉客人到哪里去买（让客人知道你买的是干净食品，吃得放心），具体位置以及需要的时间。

24. 上主食、甜品

请示主人（或副主陪）："可以上主食吗？"待客人同意后，清理桌面，撤换餐盘（骨碟），上主食"×××（主食名称）请慢用"，换倒茶水，并上一道甜品。

25. 上果盘

待客人主食食用完毕，清理台面，撤换餐盘，上水果叉和水果："奉送水果一道，请慢用。"

26. 上香巾
为宾客上最后一道香巾："请用香巾。"

27. 结账
贴近主人或副陪："请问可以结账吗？"待客人同意后："请稍候。"服务员与吧台对单，核实客人消费单据，打出账单后呈送客人复审确认："您共计消费××元，请问用现金还是银行卡结账？要开发票吗？"全部问清后为客人结账，用收银夹接递现金、卡、票，唱收，唱付。

28. 打包
当饭菜和酒水有剩余时，应征求客人意见："请问饭菜、酒水需要打包吗？"客人同意时，应迅速为客人打包。

29. 环视检查
环视餐台、餐椅及客人周围地面，注意客人放置的物品，以备客人起立时随时提醒带走。

30. 拉椅谢客
客人就餐完毕，起立时，主动为主宾拉椅，为客人穿衣，递手包："请拿好，谢谢！"

31. 检查提醒
注意巡视房间、餐桌、座椅，提醒客人别忘记带自己的东西，也别带走饭店的物品。手提为客人打好的包或其他物品送客。

32. 求意见
"请问各位吃得满意吗？您觉得哪道菜不满意？对服务和就餐环境满意吗？请留下宝贵意见。"对客人所提意见应认真记录。"谢谢您的宝贵意见，我们马上整改，您下次再来，一定让您满意。"

33. 送客道别
打开房间，送客到车前并告别："谢谢您，请走好，欢迎您再次光临，再见！"待客人上车开动时，向客人挥双手道别。

34. 填单
根据临台服务所看到的宾客下箸频次，听到的宾客议论和向客人询问的意见以及每个菜品的消耗情况，综合分析客人对菜品、服务以及饭店就餐环境的感受和意见，填写《厅房日志》，收集客户信息，重点记下客人的就餐喜忌，并将《厅房日志》上报经理。

35. 投诉服务
当出现客人投诉时，首先检查饭店和个人原因，虚心接受意见，并诚恳地向客人道歉，如果出现客人不理解或发生误会，应耐心向客人解释，如果不能取得客人谅解和满意，应逐级向上报告，由上级领导出面处理，直到客人满意为止。

36. 应急服务

当饭店（房间）发生特殊情况、突发事件时，稳定客人情绪，按照规定程序正确处置，保证客人安全。

（三）对特殊情况的处理

餐厅服务员的任务是要使成千上万个来餐厅就餐的客人吃得满意，而要做到这一点是不容易的。在餐厅里服务员会遇到各种各样的客人，会遇到形形色色的事情，而处理每一种情况，无论如何都要以诚的态度，用所掌握的为客人服务的最好方法去照应他们。这时，服务员所做的每一点努力，都会得到客人的鼓励。

1. 对年幼客人的接待

（1）对小客人要耐心照应，要帮助其父母使得小客人坐得舒适。要端一张儿童坐的椅子来，并且尽量不要把他安排在过道一边的座位上。

（2）在不明显的情况下，把糖缸、盐瓶等易碎的物品移到小孩够不着的地方。

（3）如果备有儿童菜单，应让小孩的父母为他点菜。

（4）不要把小客人用的玻璃杯倒得太满，不要用高脚玻璃器皿，最好用较短小的甜食餐具。

（5）尽可能地为小客人提供围兜儿、新的坐垫和餐厅送的小礼品，这会使其父母更开心。

（6）当小客人在过道上玩耍或者打扰了其他客人时，要向他们的父母建议，让他们坐在桌边，以免发生意外事故。

（7）不随意抱小孩或抚摸小孩的头，没有征得其父母同意，不要随便给小孩吃东西。

2. 对醉酒客人的处理

（1）值班的餐厅经理先要确定该客人是否已喝醉，然后决定是否继续为其提供含酒精饮料。

（2）如果客人确已喝醉，经理应该礼貌地告诉客人不可以再向他提供含酒精饮料，同时安排客人到不打扰其他客人的靠里的席位上。

（3）如果客人呕吐或带来其他麻烦，服务员要有耐心，迅速清除污物，不要抱怨。

（4）如该客人住在本饭店而没有人搀扶又不能够回房间时，应通知保卫部门派人陪同客人回去。

（5）如果该客人不住在本饭店，也应交由保卫部门陪同他离开。

（6）事故及处理结果应记录在工作日记上。

3. 对残疾客人的接待

在碰到有残疾的客人在无人照料下来到餐厅时，要理解他的不便之处并恰当、谨慎地帮助他，使他能够享受到美味佳肴。

（1）应将坐轮椅来的客人推到桌旁，尽量避免将其安排在过道上；拐杖也要放好，以免绊倒他人。

（2）盲人需要更多的照顾，但要适当，不要因过分的关照而引起客人的不愉快；要小心地移开桌上的用品，帮助他选择菜肴。上完饮料和菜肴后，要告诉他放在什么地方。

（3）接待耳聋的客人时要学会用手势示意，上菜上饮料时要轻轻地示意一下客人，表示从这边或那边上菜。

（4）对突然发病的客人要保持镇静，如果客人昏过去或摔倒，不要搬动他，应马上通知医生和经理来处理。

4. 对客人投诉的处理

餐厅的经理总是努力要使客人的投诉控制在最低限度内，通常餐厅服务越好客人的投诉也就越少。然而，一旦客人确有抱怨，应当将其作为对餐厅改进管理的反馈，用来改进今后的服务。服务员应在服务工作和客人的投诉中吸取经验。有些投诉是可以事先采取措施，从而避免的，如当客人所点的菜在厨房被延误时，要主动向客人打声招呼，表示他点的菜没有被忘记，又如客人提出需要某种附加配料和服务，如果这是需要另外加收费用的，此时应当向顾客讲清楚。如此等等，要机灵礼貌，防患于未然。处理客人投诉的程序如下：

（1）认真倾听客人的全部意见。

（2）简要地重复客人的意见并表示理解。

（3）诚恳地赞同客人提的某些意见，如"你把这个问题提出来是正确的"，这就使你和客人站在一边，取得他的信任，并和他一起分析问题。

（4）及时处理客人的意见，做出纠正，对待客人要设身处地为其着想。若非你权利范围内所能处理的问题，应迅速向上级反映。

（5）感谢客人向你反映问题以引起管理者的注意。

（6）记录投诉处理经过，可作为案例用于培训。

【师傅指导】

一、上菜的技巧

上菜供给客人用餐也得慎重从事，技巧圆熟者，方使餐桌服侍有序。不要以为是小吃在动作上有所怠慢，要使客人觉得少量度的消费换得是实质的享受；端送菜肴不宜错误，同一桌客人的餐饮，能调整在同一时间进食为恰当，如果客人在赶时间，提示厨房加速提供服务，但得注意先后顺序，以免引起纠纷。现将上菜注意事项分列如下：

1. 前往配餐间或厨房叫菜，不可争先恐后，要按顺序接受领菜。

2. 离厨房之前，检查托盘的清洁，依服务顺序放置在托盘上，并注意食品的美观和温度。

3. 上菜时不可贪方便，应用托盘托送适量饭菜，端得太多既难看又可能发生意外。

4. 领菜回到餐厅先放置在工作台，到餐桌招呼一声，顺便收拾脏的茶杯及烟灰缸，以腾出放置菜肴的空间。

5. 如是吃饭的菜，随即盛饭送上；若为下酒的菜，服侍饮料倒啤酒或汽水，应慢慢斟入杯中，但不宜倒满，溢出杯外。

6. 上菜时要轻巧，不要弄出声来，端送盘、碟、碗时，要以四只手指支撑底部，拇指轻按缘边，不可触及食物。

7. 热烫的菜品上桌时，应提醒客人注意，因为有些用油炖的菜虽然沸，但没有冒热气，不知情的客人往往一口气咽下，容易受伤。

8. 外籍客人用中餐时，除提供筷子外，应准备刀具，根据客人用餐习惯与需要提供应用。

9. 外籍客人吃中菜时，征求他们同意后才给予分菜，分菜时不要羹液溢出，尤其是汤汁落在桌上，弄污餐桌，给予客人不良印象。

10. 服侍中注意水或酒、菜及饭的加添时机，避免客人等候；随时更换烟灰缸、毛巾、汤碗、骨盘于无形之中，如换烟灰缸送上清洁的并撤除有烟蒂的。

11. 一餐饭的尾声，可询问客人是否需要水果，如需水果应提供水果碟及叉子。

二、菜品质量出现问题，一般如何问责

所有餐厅都避免不了菜品出现这样那样的问题，一旦顾客投诉菜品有问题，轻则退换菜，重则免单赔偿。而菜品出现问题时，都由谁来承担责任呢？又该承担多少责任呢？

（一）责任人及承担比例

1. 已上桌的菜品蔬菜中发现泥沙、虫子、虫卵的，净菜员100%；

2. 已上桌的肘子、猪手上发现猪毛的，净菜员100%；

3. 已上桌的海鲜水产类菜品及禽类菜品中发现泥沙、内脏、鳞片、体毛的，水台工100%；

4. 已上桌的以木耳、银耳、菌类、粉条（丝）、水发类及水存类为原料的菜品中发现泥沙或捆扎绳的，水台工100%；

5. 已上桌的菜品表面出现除上述质量原因外的杂物时，且杂物上部无菜品油汁的，（属客人发现的）服务、传菜各20%，盯单、荷工各30%；

6. 已上桌经上杂师蒸制的菜品中出现杂物时，上杂师100%；

7. 已上桌菜品中出现除以上6点原因之外的其他杂物时，主厨40%、切配人40%、出菜荷工20%；

8. 已上桌的菜品中出现原料变质、串味的，制作主厨50%、头砧50%；

9. 已上桌的菜品中出现切割刀工问题的，头砧100%；

10. 已上桌的菜品数量与标准数量相差超过50克（凉菜、烧腊、面点菜品与标准比相差超过20克），头砧100%；

11. 已上桌的菜品出现夹生、外热里凉、过老过烂、过咸过淡或味型、颜色、形状不对的，制作主厨100%；

12. 由于配菜不及时影响上菜速度，造成客人退菜的，头砧40%、二砧30%、三砧20%、四砧10%；

13. 由于荷王盯单错误影响上菜速度，造成客人退菜的，荷王100%；

14. 由于服务员单卡错误影响上菜速度，造成客人退菜或菜上错台、菜品出品后发现与菜单不符的，下单服务员100%；

15. 由于卡片丢失影响上菜速度，造成客人退菜或投诉的，传菜盯单员、头砧各30%；荷王40%；

16. 由于传菜盯单员盯单错误影响上菜速度或菜上错台，造成客人投诉的，传菜盯单员100%。

（二）说明

1. 凉菜、菌档、面点出现上述问题时，参照上述规定执行。但是，如果纯属后堂责任，则制作主厨承担100%；

2. 如果出现除上述问题之外的出品问题时，由酒店经理确认责任部门。如责任属楼面，由大堂经理确认责任人及分担比例；如责任属后堂，由厨师长确认责任人及分担比例；

3. 如果菜品质量出现问题的原因是由原料质量引起的，且原料质量是易分辨和未改变厂家、商标、等级的，则由后堂质量验收人员100%承担。由于采购员未按原料采购标准采购，则由采购员100%承担；

4. 如果发生的质量问题，楼面未及时填写责任单或责任部门未及时处理，则对部门经理按菜品售价进行罚款。

5. 如果处理问题主管在处理问题时有徇私舞弊行为，则对其按菜品售价的2~5倍进行处罚。

6. 员工如对处理结果有异议，可向更高一级主管上诉。

（改编自搜狐网：https：//www.sohu.com/a/107018953_164829）

【徒弟操练】

餐厅上菜时，服务员不小心将菜汤滴到女宾客的连衣裙上，作为餐厅服务员应如何解决？如果客人执意投诉，作为餐厅经理应如何解决？

【拓展提高】

一、留下回头客，更多时候在服务细节

餐厅如何打造差异化服务，从而留住新客，留下回头客？在于菜品，更多的时候却是在服务细节中。

（一）进门：保安记得车牌号，帮顾客追回遗落物品

不少酒楼的迎客服务很模式化：保安就是给顾客开车门，迎门小姐一见客人进门便弯腰道：欢迎光临。

那么让顾客满意些该怎么做呢？

不少人在匆忙的工作中养成了急性子，爱丢三落四的。坐出租来的顾客有时把东西就落在了车上。那么保安就要多个任务了：把出租车的车牌号和司机电话记下来。若是顾客没落什么东西，那省了麻烦；若是顾客落了东西，刚一进去又跑出来，可出租已走，顾客急得瞎转。

保安见机上前问明情况便道："先生（小姐）您先别急，他的电话和车牌号我都记下来了，马上给您追回来。"追回来后顾客肯定感激万分。

保安也可在顾客下车时提醒顾客，但总免不了有顾客会遇到遗忘情况。在此情况下，还能这样追回来，顾客会更感动。

（二）点菜：向沃尔玛学习，为顾客省钱

几个好友去酒楼吃饭。服务员过来让顾客点菜时，总会在旁边建议道："先生您点这道菜，这是我们的招牌菜，那是我们镇店菜，还有那道是传家菜……"顾客一看服务员推荐的菜，好家伙怎么那么贵。顾客要是点便宜了，服务员还不高兴，估摸着心里嘀咕：这主儿穷得尽点些素菜素汤，还以为又能多提成了。

这类服务员应该好好地向世界服务业的老大哥沃尔玛学习"为顾客省钱"。

为了能够天天平价，将"为顾客节约每一分钱"的口号落到实处，沃尔玛压缩开支，严格控制成本，包括采购成本、物流配送成本、运营管理成本等。

（三）催厨：炒勺抢得快些，腿脚跑得勤些

现在许多商务人士把吃饭看成是负担，因为太浪费时间了。假如中午吃饭多浪费了十分钟，他估计都要折合成股市跌的点数，或是抱怨少谈了一单生意。

即使普通工作者吃饭也操心，赶紧解决完了好休息。要不中午睡过头，上班迟到了，老板不知道又要扣多少钱。

这样快节奏的生活、工作就要求餐厅的上菜必须得快。餐厅稍慢，顾客就闹情绪了，尽管进门、入座、点菜服务员做的他都满意，可就这一点不满意，估计就没下次了。

有位教授曾给某酒楼导入 CS。他给每张餐桌放个流沙，顾客一入座就把流沙倒过来开始计时：如果流沙在 10 分钟流完而第一道菜还没上来，那么这顿餐就请顾客免费吃了。

开始计时后，顾客就直盯着流沙，嘴里直喊"快流，快流……"

经理就开始催了，对服务员和大厨师傅喊："这流沙流完前，你们要是第一道菜还没上来，那这顿餐你们就请顾客吃了。"

这大厨和服务员心想，一个月就那么一点工资，要是请顾客吃就花了大半。于是大

厨的那个炒勺抢得那个欢劲毫不逊色《神厨》里的周星驰；而服务员腿脚利索得和成龙（功夫巨星）有一拼。就这样几乎没有顾客能吃到免费餐。

这就是速度，这就是效率，这就是为顾客省时间。

（四）上菜：特殊菜名让顾客觉得欢乐

一次教授去成都一家"幽默餐厅"用餐。一进门就听到老板招呼道："欢迎英雄到来。"教授有些纳闷，一思量才有些恍然，原来《英雄》正热映呢！

老板拿来菜谱请教授点菜。

"来个兔脑勺。"

"这位先生要个'帅哥上桌'。"

教授有些好笑，"再来个醋熘土豆丝"。

"这位先生还要个'吃里扒外'。"

教授更乐了，吃里面的肉丢掉外面的皮就是"吃里扒外"。他高兴之余还点了个"猪耳朵"，看看又是什么好词。

"再来个'相亲相爱'。"

最后教授还要了份泡菜，这是多年的老习惯了。

"最后来个'迟来的爱'。"

教授是边吃边笑边回味刚才的幽默菜名。后来他说："那个地方我都记不清了，不过老板的传菜方式和幽默的菜名我永远忘不了。"

的确，这位老板卖的不仅是美味的佳肴，更卖的是附加的快乐和回味的愉悦。

（五）埋单：不要小看1元钱的力量

有位顾客在一家饭店用完餐要结账，服务小姐算后说花销是101元。

顾客说："你看我没有一元钱，要不就100元吧！我都来过三次了，是你们的常客。"

"对不起先生，这我不能做主。您要不掏一元的话，我就得贴上一元。"服务小姐态度很坚定。

这位先生没法给了两百元，硬是找回99元。后来，他再也不去那家饭店了。

（六）送客：下雨天一直把顾客送到公交站

一日大雨倾盆。

餐厅里就完餐的顾客等着要走，可雨这么大，叫个出租就那么一会儿工夫也会被淋个落汤鸡。这可怎么办呢？

看见门口有些焦急的顾客，服务经理马上过去问明情况。之后，他叫了几个服务员，一人拿一把伞，把要走的每位顾客送上了已叫好的出租车。

还有五位顾客说是要赶公交车。服务经理和几个服务员二话没说，撑伞送他们到最近的公交站台上，直到看着上车后才离去。此时他们身上的衣服已湿透了，因为那伞老是倾向顾客，而自己大半个身子却被雨浇着。

像这样的场景，估计只有亲人之间才会有吧！那些享受如此待遇的顾客或许会忘了这家饭店,但那个"雨天送行"的情景应该不会忘记吧!

当然,这样的雨天并不多,但为顾客服务的心是没有晴雨天之分的。

要对顾客用心,就像儿女拿出服侍父母的孝心那样:冬天使其温暖,夏天使其凉爽,晚上为其安定床褥,清晨省问其是否安好。

(改编自职业餐饮网:http://www.canyin168.com/glyy/yg/ygpx/fwzl/201706/69530.html)

二、案例分析:个性化服务

这天傍晚,一位住店的老先生来中餐厅吃饭,在他第二次来吃饭的时候,服务员主动提到他非常喜欢吃饭店的一种味料——辣椒圈,他点的其他菜都没吃完,唯独那辣椒圈,送上来他就津津有味地吃,并用它来下饭。于是服务员走过去问他:"先生,要不要我再给你来一碟辣椒圈啊?"他听后,连忙高兴地说:"好啊,这个好送饭,开胃,我和人家吃饭时餐餐是鱼、肉,很腻,这个好!"他指着辣椒圈说。第三天也差不多是这个时间,老先生又来吃饭了。服务员主动走过去招待他,并送去关切的问候,在他的菜送上后,服务员主动装了一小碗辣椒圈送到他的前面,他开心地连声道谢。走时老先生还拍着服务员的肩膀说:"小伙子,你的服务真到家,说真的,以前我在其他地方谈生意,天天都陪人家出去吃饭,大鱼大肉的,吃得自己都没胃口了,但人老了不按时吃饭不行啊,你们的辣椒圈真是太好吃了,开胃得很。"服务员对他说:"欢迎您以后再来,我们一定尽力让您尽兴而来,满意而归!"

案例评析:

饭店是一个为客人提供饮食、娱乐、住宿的场所,在当今生活节奏快、人们消费水平比较高的情况下,一个星级饭店,不仅要有一流的设施,更要有为客人提供个性化、人情化的服务质量,能让客人在饭店消费过程中更加满意,所以个性化服务是任重而道远的。

饭店的服务程序在很多情况下应灵活运用,定式的思维与做法并不能很好地用来独当一面地工作。来饭店消费的客人形形色色,作为一名餐厅服务员首先要学习如何认真地去听和看,然后再去和客人沟通。沟通是一种心理上的活动,来饭店消费的客人,有的依仗自己的身份对服务员无礼,而作为服务员的我们,应始终坚信"真诚、微笑的服务"就一定能感化客人。"顾客就是上帝",作为一个星级饭店所提供的有形产品和无形产品同样重要。

三、案例分析:餐饮值台时的察言观色

有一天,一位外国人、一位翻译及中国某家企业的老板一起去吃饭,因为外商的时间紧张,目前还有其他厂家代表在等待会见,所以企业老板要想与外商达成共识,下订单,只能在吃饭期间下点"功夫"。餐厅服务员按照培训流程,热情地为客人服务,其间不断为客人斟倒茶水、介绍菜名、分发毛巾,不断地使用礼貌用语征求客人意见,如"先生,请问您喝绿茶,还是花茶,我们还有红茶、菊花茶……""先生,您喜欢什

么酒？""女士，请问您需要什么饮料，我们有可乐、雪碧、酸奶……""打扰一下，为您更换骨碟。""不好意思，打扰一下，为您换斟酒……"最后那位老板终于忍不住发话了，"你可不可以安静点在一边儿？需要服务时我会叫你的。"此时服务员被一盆"冷水"浇得不知所措，一脸茫然地站在那里，这究竟是怎么回事？

【分析思考】

1. 对于所有客人，饭店规定的规范服务程序都是必需的吗？为什么？
2. 服务人员如何把握为客人提供热情服务的尺度？

任务五 餐后服务与管理

【学习内容】

1. 餐后服务礼仪。
2. 结账服务程序。
3. 送客服务程序。

【师傅要求】

1. 能够熟练地为宾客提供结账、送客服务。
2. 具有一定的应变能力,能妥善处理服务过程中出现的问题。

【师徒互动】

餐厅的结束工作,是餐厅服务的最后一个环节,细致、周到、热情地做好结账、送客、收台工作,将给客人留下最后的良好印象。

一、结账服务

一般宾客都希望在提出结账时能立即收到账单。假如宾客对餐厅的食物、服务员的工作态度都感到满意,同样也希望结账时会很顺利。如果因结账而等候太久,则会产生不满情绪,而将原有的良好印象破坏殆尽。所以,在结账的整个服务过程中,要做到快捷准确。客人可以到账台付款,也可以由服务员为客人结账。餐厅结账的方式一般有现付、签单和使用信用卡等。结账的种类如下:

(1) 现金结账:适用于日常的零散客人和团队客人。

(2) 信用卡结账:适用于零散客人。

(3) 签单:适用于与饭店签订合同的单位、饭店高层管理人员、饭店的 VIP 客户等。

结账的要求:

(1) 要注意结账的时机。服务人员不可催促客人结账,结账应由客人主动提出,以免造成赶客人走的印象。

(2) 要注意结账的对象。尤其是散客结账时,应分清由谁付款,如果搞错了收款对象容易造成客人对饭店的不满。

(3) 要注意服务态度。餐饮服务中的服务态度要始终如一,结账阶段也要体现热情有礼的服务风范。绝不要在客人结账后就停止为其服务，马上去撤台收拾，而应继续为其服务，询问他们的要求，直至客人离去。

结账服务程序与标准：

（1）递交账单。

服务员到收银台告知收银员台号，并核查账单台号、人数、食品及饮品消费额是否准确无误，将账单取回夹在账单夹内，走到主人右侧，请主人检查，注意不要让其他客人看到账单，并对主人说："这是您的账单。"

（2）现金结账。

当客人要求结账时，服务员迅速到账台取来客人的账单，并将其放在账夹或小托盘里送交客人。客人对账单有疑问时要负责耐心解释，客人付了现金后，服务员将其送到账台，由收银员收账找零，并加盖"付讫"章。服务员再将找零和给客人的发票回呈客人，并向客人致谢，欢迎客人再次光临。客人付现金时，服务员要礼貌地在餐桌旁当面点清钱款；请客人等候，将账单及现金送给收银员；核对收银员找回的零钱与账单上联是否相符；服务员站在客人右侧，将账单上联及所找零钱夹在结账单内，送给客人；真诚感谢客人；现金结账要求唱收唱付；在客人确定所找钱数正确后，服务员迅速离开客人餐桌。

（3）信用卡结账。

如客人使用信用卡结账，服务员请客人稍候，并将信用卡和账单交收银员处。

收银员做好信用卡收据，服务员检查无误后，将收据、账单及信用卡夹在结账夹内，拿回餐厅。

将账单、收据送给客人，请客人在账单和信用卡收据上签字，并检查签字是否与信用卡上一致。

将账单第一页、信用卡收据中存根页及信用卡递交给客人。真诚地感谢客人。

将账单第二联及信用卡收据另外三页送回收银处。餐厅接受客人用信用卡的方式付账时，服务员首先要了解本餐厅所接受的信用卡种类。在客人示意付账时，服务员应迅速取来账单放在账夹内，交给客人，然后将单和信用卡一道送交账台，由收银员复印或印压，并请客人在校样单上签字。最后服务员向客人致谢，欢迎客人再次光临。结账工作要求准确、迅速，彬彬有礼。碰到客人付小费时，应婉言拒绝；辞谢不掉时，应请经理处理。账单一般一式两份，收银员应依号码先后使用，不得遗失。

（4）使用信用卡签单。

如果是住店客人，通常是用签单的形式一次结账付款。在这种情况下：

当客人示意结账时，服务员迅速到账台取来账单，放在账夹里交给客人。客人签单时，一般应出示房卡或钥匙，服务员也应对照钥匙上的房号是否与客人所签一致。签单一般在餐厅里不会给发票，而在前台一次收款时才给客人。客人签完单后，服务员应向客人致谢，欢迎客人再次光临，然后迅速将签过的账单送交账台。如果是签单客户，服务员在为客人送上账单的同时，为客人递上笔，请客人留下姓名、单位、联系电话等信息资料。客人签好账单后，服务员将账单重新夹在收银夹内，拿起账夹，真诚地感谢客人，迅速将账单交给收银员，以核对客户信息的准确。餐后服务系指顾客用餐结束后，由饭店餐饮部门为其提供的有关服务，这些服务一般指协助宾客做好结账、引领客人离开餐厅、重新整理桌面等。

二、送客服务

（1）当客人付完账后，准备离开餐厅时，餐厅的人员还要送客，因为送客可以给客人留下一个好印象。客人准备离去时所有的服务人员，尤其是该桌的服务人员或是贵宾厅房的服务员，应暂时停止工作，站立门口或桌边，向离去的贵宾做有礼貌的答谢，同时真诚地向客人表示希望他们下次再度光临，以表示餐厅的最大诚意。

（2）当客人准备离开时，客人起身后，服务人员可以为客人拉椅子，以方便客人起立。如客人有寄存衣物，也可代取之，同时注意客人有没有遗忘的东西留在餐桌或椅子上，如有应立刻交给客人，并亲切地与客人道别，送出门口。

三、重新整理台面及其他结束工作

（1）客人用餐完毕离开餐厅时，餐厅经理或引座员应主动向客人道谢，欢迎客人再次光临。

（2）全部客人都已离开餐厅后，各值台区域的服务员进行收台清扫工作。

（3）按照规定的要求重新布置桌面，摆齐桌椅，清扫地面。

（4）擦净花瓶等，将转盘用清洁剂抹净。

（5）服务柜台收拾整齐，补充必备品，归还借用的服务用品。

（6）引座员整理客人意见，填写餐厅记录簿。

（7）经理检查收尾工作，召集餐后会，简短总结，和接班者进行交接手续，交代遗留问题。

四、餐具消毒

餐具消毒是贯彻卫生工作"预防为主"方针的一项重要措施。餐厅人多口杂，如果餐具不经过严格消毒，污染上的病菌就会传染给别人，危害客人的身体健康，所以餐厅服务人员必须认真将餐具进行消毒，防止病从口入，以保证来宾的饮食卫生。一般服务员保管的餐具，均由服务员自己清洗、消毒，经消毒后，分类放在指定地点，下面介绍几种常用的餐具消毒方法。

（1）汽消法。

用密闭的金属或木箱充进蒸汽，以达到消毒的目的。消毒时，将洗干净的餐具放在消毒的容器里，封闭后蒸 15~30 分钟即可取出。

（2）煮沸消毒法。

先将餐具洗刷干净，然后用容器装好，煮沸 15~30 分钟。

（3）高锰酸钾溶液消毒法。

用高锰酸钾 5 克加 5 公斤温水，搅拌制成 1/1000 的溶液。将洗净的餐具浸泡在溶液中 5~10 分钟。此法一般仅限于消毒玻璃器皿和不耐热的餐具。在使用中当溶液由紫红色变浅时，其流水线作用已减退，应予换新。溶液必须随用随配，不能储存。

（4）漂白粉消毒法。

用漂白粉 5 克加温水 10 公斤，搅拌成 1/2000 的溶液，将洗净的餐具放到此溶液中浸泡 5~10 分钟。

不管采用哪种消毒方法，餐具经消毒后，都不要用未经消毒的抹布去抹，以免再受到污染。以上介绍的几种消毒方法，据卫生部门测定，蒸汽消毒和煮沸消毒效果较好。

五、全面检查

餐厅整理结束后，要进行一次全面检查，整理好餐桌、椅子，为下次开餐做好准备。酒水饮料存放好，结算一天的账务、现金、票证、票本，要按规定交出纳和有关人员，检查电气设备，关掉餐室灯火，有自动控制的电气设备则需按规定调整好，特别是注意火源是否彻底熄灭、水龙头是否关紧，最后关锁好门窗，整理和挂好个人工作衣帽。

【师傅指导】

一、送客时注意事项

送客服务是餐饮服务流程的结束环节。良好的送客服务可使顾客有完美的感觉，对于稳定客户有很大的意义。

做好送客服务要注意以下几个方面：

1. 主动打包

有的顾客点的菜比较多，在将离开时可能还会剩下一些没吃完的菜。对于这样的顾客，服务员应在其即将离开时主动征求客人意见，并在客人需要打包时主动为其打包。服务员主动为顾客打包，可以赢得顾客好感。因为来用餐的顾客有些人不好意思主动开口要求打包，服务员主动询问、主动给客人打包，是理解顾客心理的一种表现。

2. 不可"驱赶"顾客

用餐结束后若顾客没有马上起身离开的意思，而是继续聊天谈话，此时值台服务员不要急于去收拾餐台，可以继续为顾客续添茶水。当顾客示意服务员收拾餐桌时，服务员应当照办。服务员不要主动询问顾客是否收拾餐台或问顾客是否已经用餐完毕，这很不礼貌。服务员不要干扰顾客的谈话，不要妨碍顾客的兴趣。即使有的顾客在餐厅已经停止营业后还没有离开，服务员也不能用清理卫生、搬动桌椅、关灯等形式"驱赶"顾客离开。

3. 热情送客

顾客用餐结束起身准备离开时,负责本餐桌的值台服务员或当时位置就近的服务员要主动上前协助拉椅,提醒顾客携带好随身的物品,并热情礼貌地向顾客再次道谢、告别,欢迎顾客再次光临。

4. 送客人至门口

顾客起身离开时,沿途的服务员要停下手中的工作,主动为顾客让路,并微笑地向顾客道别,目送顾客离开;餐馆门口处的引座员要使用告别语主动向顾客告别,为顾客开门,礼貌送别顾客。

5. 及时清台

客人离开餐馆后,服务员要立即对餐桌进行清理。

(1)要检查桌面有无客人遗留的物品,如有,则迅速还给客人;如已经无法追及,则送交上级处理。

(2)码齐座椅后按照酒具的种类进行分类整理。收台顺序一般为先收拾餐巾及毛巾,后收拾玻璃器皿,再收拾不锈钢餐具,最后收拾瓷器类餐具及筷子。

(3)按要求重新摆台,等候迎接下一批客人的到来或继续为其他客人服务。撤下的部件、餐酒具等应该及时运送至指定地点。

二、发现未付账的客人离开餐厅怎么办

故意不付账的客人是很少的,如果发现客人未付账便离开餐厅,服务员应马上追上去,有礼貌、小声地把情况说明,请客人补付餐费。如果客人与朋友在一起,应请客人站到一边,再将情况说明,请客人补付餐费,这样可以照顾客人的面子,不会使客人感到难堪。

在整个过程中,服务员要注意礼貌,如果粗声粗气地质问客人,有可能使客人产生反感而不承认,进而给工作带来更大的麻烦。

【徒弟操练】

1. 模拟不同情境下的送客服务。
2. 模拟餐厅实际运行的场景,进行用餐服务各主要环节的实际运转训练。

【拓展提高】

案例分析:礼貌送客

一个深秋的晚上,三位客人在南方某城市一家饭店的中餐厅用餐。他们在此已坐了两个多小时,仍没有去意。服务员心里很着急,到他们身边站了好几次,想催他们赶快结账,但一直没有说出口。最后,她终于忍不住对客人说:"先生,能不能赶快结账,如想继续聊天请到酒吧或咖啡厅。"

"什么！你想赶我们走，我们现在还不想结账呢。"一位客人听了她的话非常生气，表示不愿离开。另一位客人看了看表，连忙劝同伴马上结账。那位生气的客人没好气地让服务员把账单拿过来。看过账单，他指出有一道菜没点过，但却算进了账单，请服务员去更正。这位服务员忙回答客人，账单肯定没错，菜已经上过了。几位客人却辩解说，没有要这道菜。服务员又仔细回忆了一下，觉得可能是自己错了，忙到收银员那里去改账。

当她把改过的账单交给客人时，客人对她讲："餐费我可以付，但你服务的态度却让我们不能接受。请你马上把餐厅经理叫过来。"这位服务员听了客人的话感到非常委屈。其实，她在客人点菜和进餐的服务过程中并没有什么过错，只是想催客人早一些结账。

"先生，我在服务中有什么过错的话，我向你们道歉了，还是不要找我们经理了。"服务员用恳求的口气说道。

"不行，我们就是要找你们经理。"客人并不妥协。

服务员见事情无可挽回，只好将餐厅经理找来。客人告诉经理他们对服务员催促他们结账的做法很生气。另外，服务员把账多算了，这些都说明服务员的态度有问题。

"这些确实是我们工作上的失误，我向大家表示歉意。几位先生愿意什么时候结账都行，结完账也欢迎你们继续在这里休息。"经理边说边让那位服务员赶快给客人倒茶。在经理和服务员的一再道歉下，客人们终于不再说什么了，他们付了钱，仍面含余怒地离去了。

[案例评析]

送客是礼貌服务的具体体现，表示餐饮部门对宾客的尊重、关心、欢迎和爱护，在星级饭店的餐饮服务中是不可或缺的项目。在送客过程中，服务人员应做到礼貌、耐心、细致、周全，使客人满意。其要点为：

（1）宾客不想离开时绝不能催促，也不要做出催促宾客离开的错误举动。

（2）客人离开前，如愿意将剩余食品打包带走，应积极为之服务，绝不要轻视他们，不要给宾客留下遗憾。

（3）宾客结账后起身离开时，应主动为其拉开座椅，礼貌地询问他们是否满意。

（4）要帮助客人穿戴外衣、提携东西、提醒他们不要遗忘物品。

（5）要礼貌地向客人道谢，欢迎他们再来。

（6）要面带微笑地注视客人离开，或亲自陪送宾客到餐厅门口。

（7）领位员应礼貌地欢送宾客，并欢迎他们再来。

（8）遇特殊天气，处于饭店之外的餐厅应有专人安排客人离店，如亲自将宾客送到饭店门口、下雨时为没带雨具的宾客打伞、扶老携幼、帮助客人叫出租车等，直至宾客安全离开。

（9）对大餐饮活动的欢送要隆重、热烈，服务员应穿戴规范，列队欢送，使宾客真正感受到服务的真诚和温暖。

餐饮企业经营与管理能力

餐饮企业作为一个与"吃饭"打交道的行业类别，同样应具备企业的一般特征，如组织性、经济性、商品性、营利性、独立性等，在经营和管理上，同样涉及标准化、精细化、社会化、人性化等现代企业科学管理理念。结合餐饮企业所涉行业的特殊性，这里主要就餐厅设立、菜单的设计、餐饮服务质量管理、餐饮销售管理等主要方面展开阐释。其中餐厅的设立部分涉及餐厅设计影响因素、常见经营方式、地理位置选择和餐厅设计的一般内容和原则。菜单的设计部分首先对菜单的分类、特点进行了铺垫性介绍，接着就菜单设计的原则、内容、一般程序进行了详细说明，最后介绍了菜单价格制定的原则和定价方法。在餐饮服务质量管理部分，首先阐释了餐饮服务质量的内涵和特点，而后对餐饮服务质量控制的基础和方法进行了说明，最后详细介绍了服务质量控制中常见的外部系统信息获取途径。在第四块内容——餐饮营销管理部分，分别就餐饮销售管理的概念、市场分析及定位、餐饮产品的定价目标及策略、餐饮产品促销手段进行了详细介绍。在餐饮组织结构和人力资源管理中，在介绍了餐饮组织结构基本知识的基础上，详细介绍了餐饮企业人力资源管理的内容，包括员工招聘、员工培训、员工考核激励等。在餐饮企业安全管理中，结合餐饮经营实际，主要介绍了安全生产检查、设施设备管理、劳动防护用品配备以及安全生产教育培训的相关内容。在餐饮采购管理单元中，重点介绍的是食品原料采购的程序和主要方法、采购质量控制和采购数量管理等内容。

任务一　餐厅的设立

【学习内容】

1. 餐厅设立所应考虑的因素。

2. 餐厅常见的经营方式。
3. 餐厅地理位置选择的注意事项。
4. 餐厅设计的内容和原则。

【师傅要求】

1. 餐厅设立能够综合考虑各方面因素。
2. 能够根据餐厅类别规划餐厅的各个要素。

【师徒互动】

餐厅是为人们提供家外就餐服务的商业性企业。随着人们生活水平的提高，外出就餐已经成为人们生活方式的一部分，作为餐饮经营者，成功的餐饮企业在设立之初，就应对餐厅设立的各方面因素进行综合考量，其中包括目标市场选择、餐饮定位、餐厅的选址以及餐厅设计等。

一、餐厅的定位

餐饮定位是餐厅设立首先应考虑的因素，它是指餐饮经营者在一定条件下选择一定类型的客源为主要消费人群来开展经营活动的一项工作内容。选好目标市场，进行市场的科学定位，是餐饮企业后续能够顺利经营的基础和前提，它能为餐饮企业的经营确立明确的方向。餐饮企业的任何一项活动如餐厅内部设计、外部标签都应该紧紧围绕着这一定位展开，以此来创造自己的产品结构和消费环境。

餐饮市场定位主要包括以下几方面的内容：

1. 目标消费群体的选择

通俗地讲，选择目标消费群体即确定餐厅最想要吸引的人群类别。这一定位内容可以有多个标签来标示，如人群的年龄层次、消费能力、工作类型等。做好目标消费群体选择的前提是前期科学的市场调查，通过市场调查，深入了解当地市场的客源规模、数量、消费能力、竞争者状况等，在市场调查的基础上，了解所关注市场的可进入性，获得目标消费群体的消费需求特点，结合自身的优势，最终确定餐饮市场定位。

2. 餐厅形象定位

在第一步确立了目标消费群体后，就需要对餐厅的形象进行定位。做好形象定位，首先应考虑清楚想要餐厅在公众及目标消费群体心中留下怎样的印象，这一印象的来源不仅包含餐厅的名称、标志标牌，还包括后续的餐饮空间布置、环境设计、菜单设计等，这些都与餐厅的形象定位密切相关。一个好的餐厅形象定位不仅与目标消费群体的偏好密切联系，而且能够给公众留下深刻而独特的印象。具体来看，餐厅形象定位的主要内容包含餐厅名称、餐厅标识标牌、餐厅外观设计和内部装饰布局，以及餐厅的产品和服务。良好的餐厅形象定位能够有效地吸引、刺激和留住目标消费群体，并给他们留下美好印象。

3. 餐厅类型的选择

根据不同的划分标准,餐厅可以划分为不同的类型。总的来看,本着便于识别和评估的角度,这里所讨论的类型将根据餐饮内容进行划分,主要分为以下六种,餐厅类型的选择往往从这六种类型中产生。

(1)中餐厅。如川菜、粤菜、湘菜等都属于中餐厅的范畴。

(2)西餐厅。欧美各国的餐饮一般被称为西式餐饮。欧美各国的菜式、服务之间均有差异,比较有名的有法国菜、意大利菜等。

(3)日韩料理。日本料理和韩国料理当下受到了许多年轻人的喜爱,这一类型的餐馆也越来越多,并且料理店常常能够根据定位营造出浓浓的国家文化风格。

(4)咖啡厅。又被称为简便西餐厅,常经营咖啡、酒类饮品、甜点、时尚美食等,受到白领阶层和商务人士的欢迎,常被选择作为聚会的合适场所。

(5)自助餐厅。自助餐厅讲究餐厅的内部布局,食品摆放的位置及次序要求尽可能地方便客人。在菜品上比较重视食品的丰富性,充分让顾客享受参与食品获得的过程,从而得到自我选择的满足感。

(6)快餐厅。快餐厅是以提供速食为主的餐厅。这种餐厅往往规模不大,菜品有所限制,大多属于中档或低档水平。快餐厅经营的特点是只提供有限的服务,服务效率高;价格低廉,适合于经常性消费;质量稳定,能够取得顾客的信任;环境干净卫生。我们常见的德克士、肯德基、麦当劳都属于快餐厅这一类型。

二、餐厅的选址

餐厅位置的选择,对之后的经营和发展有着关键性的影响。结合相应的餐厅类型,餐厅选址应考虑的因素有许多,从大的方面来说,涉及城市的整体环境,从小的方面来说,则涉及客流、街区等诸多具体因素。其中,大的城市环境因素包括城市类型、城市中与餐饮相关的规划、地区经济发展水平,以及消费者消费水平等因素。在实际操作中,小的餐厅经营者对于餐厅经营所在的城市大多没有挑选的余地,因此,那些微观因素就成了餐厅选址时所应重点考量的影响因素,主要包含以下几个方面:

1. 地理位置

地理位置是餐厅选址时需要首先考虑的重要因素。对于专门经营午餐的餐厅,尤其是快餐厅,应设在目标人群走路20分钟内便可到达的地方,一般而言,快餐厅最为理想的位置是紧靠某条主要街道、繁华的商业区或人口较为密集的公寓区。对于以特殊氛围、特色餐点见长的特色餐厅或主题餐厅,位置稍偏僻则影响不大,消费者总是愿意花费一些时间和精力找到这样的餐厅享受别样的就餐时光,但是交通通达性必须保证,此外,还应考虑有足够的停车空间。

2. 环境因素

餐厅所处的环境对餐厅的经营具有间接的影响，环境因素除包括自身所处地势、楼层、朝向及能见度等因素外，如周边商业业态等。其中，周边环境包括旅游吸引物、购物环境、办公大楼、休闲娱乐设施等。与目标顾客相匹配的环境能为餐厅经营带来更多的客源。

3. 竞争状况

竞争，既是不利因素，也是有利因素，应全面地看待，要从竞争中发现自身的优势和劣势，取长补短。竞争状况大致可以分为两种类型：一种是直接竞争，即提供同一种类、同一档次、相同经营项目的餐饮企业所带来的竞争，直接竞争对餐厅选址是极为不利的。另一种为非直接竞争，这种竞争多指与自身经营不同种类、不同项目或同一种类的不同档次的经营者所带来的竞争，应辩证地看待这类竞争，有时它会起到互补的作用，形成一定的集群效应。

4. 房租地价

房租地价关系到餐厅设立的成本，不同地点的房屋租金差别很大。在选址时，一方面应通过市场调查弄清楚房主报价是否与当地市场相符，另一方面，还要考虑报价水平是否与自己餐厅的投资规模、预期收入相匹配。

5. 能源供应

这里的能源主要指水、电、燃气等餐厅经营必须具备的条件。选址时，应考虑水电供应容量是否足够，水、煤、燃气是否能够直接送到餐厅设计的合适位置，对经营的影响和制约有多大。

三、餐厅的设计

1. 餐厅设计的原则

一般来说，餐厅的设计应以以下两点作为总的原则：第一，结合经营形式。经营形式是餐厅设计定位的关键，如中餐或者西餐所对应的家具款式以及装饰风格有很大区别等。第二，将民族习惯、地方特色作为餐饮空间设计的重要参考。

2. 餐厅设计的内容

（1）顶面。应以素雅、洁净的材料做装饰，如漆、局部木质、金属，并用灯具作衬托，可以通过控制吊顶的高低来营造开阔或亲切的空间感。在顶面设计中，因为餐饮灯饰的配置能够起到突出重点、划分空间以及烘托就餐气氛等重要作用，因此灯具的选择尤为重要。灯饰依散光方式不同大致分为五种类型——直接照明、半直接照明、间接照明、半间接照明和漫射照明。直接照明时，90%以上的光源会直接投射下来，给人以明亮、紧凑的感觉。半直接照明比直接照明更为柔和，只有60%-90%的光源直接投射到被照物体上。在间接照明时，90%以上的光先照射到墙上或顶棚上，再反射到被照物体上，光亮弱，光线柔和，利于营造安详、平和的气氛。半间接照明的光源60%以上的光经过反射后照射到被照物体上，只有少量光直接射向被照物体，它比间接照明亮度大一些。漫射照明则是利用半透明磨砂玻璃罩或特制的栅格等，使光线呈多个方向的漫射，以营造良好的艺术效果。现在专业的餐饮照明满足了大多数餐厅的需求，灯光打在食物上面不致改变食物的颜色，从而让顾客看起来更有食欲。

（2）墙面。齐腰位置考虑用些耐磨的材料，尽量选择环保的材料，如选择一些木饰、玻璃、镜子做局部护墙处理，而且能营造出一种清新、优雅的氛围，以增加就餐者的食欲，给人以宽敞感。墙面装饰可以选择字画、壁挂、特殊装饰物品等，可根据餐厅的具体情况灵活安排，用以点缀环境，但应注意不可贪多而喧宾夺主，使餐厅显得杂乱无章。

（3）地面。选用表面光洁、不易滑倒、易清洁的材料，如大理石、地砖、地板，局部区域可以考虑用玻璃，下面设置光源，照明的同时，起到美化和引领路线的作用，适用于制造浪漫气氛和神秘感的餐厅风格。

（4）家具陈设。由于餐饮空间的主要经营项目是美食，因此，餐厅里的餐台、餐椅、沙发是餐饮空间的主要家具，其数量多，占用空间大。家具的造型和色彩对确定餐厅的基调起着很大的作用，家具风格与空间的硬装风格要统一，同时要与整个室内装饰协调。

（5）织物搭配。织物一般包括地毯、台布、窗帘、吊窗、墙布、壁挂等，可根据硬装与家具的风格进行款式和材质的选择。例如，中式风格的餐厅搭配带有中式传统花纹的装饰，快餐厅搭配现代感的装饰等。

（6）艺术品摆设。在风格古朴的餐厅，一般用铜饰、石雕、古董、陶瓷和古旧家具；在传统的中式餐厅，可摆放中国的青铜器、漆艺、彩陶、画像砖以及书画等装饰品；在主题风味餐厅中可选用具有浓郁地方特色的装饰品。

（7）花艺装饰。绿化是室内设计中经常采用的装饰手段，几乎所有的餐饮空间都有植物的装扮。在餐厅设计中，为了表达某个主题，或是增加室内气氛，经常在一些不影响使用功能的所谓"死角"设计室内景观，如等候区的角落，走廊的尽头等。花艺的形式多种多样，有可用来点缀空白的盆栽，有用于限定空间的绿化带，还有用于串联上下空间的高大乔木，装饰桌面的各类型花艺等，无论是色彩还是形态，都应以丰富餐饮空间的视觉效果为出发点。需要注意的是，餐饮场所的花艺适宜选择没有浓郁香味的品种，浓郁的香气会影响人的食欲，特别是放在用餐区的花艺更是如此。

（8）音乐。现在许多餐厅为了烘托就餐气氛，开始关注顾客的听觉体验，播放背景音乐就是一种很好的办法。有研究表明，节奏缓慢的音乐能放慢客人的脚步，降低人们的动作速度，而节奏较快的音乐则会在无形中加快客人的动作速度，这也是为什么许多快餐厅会播放节奏较快的音乐的原因。

【师傅指导】

案例教学

案例一 明星餐厅的设计

案例陈述：位于南京市秦淮区太平北路南京1912街区的"从你的全世界路过"餐厅，是知名导演张嘉佳和友人合开的一个餐馆。整个餐厅的装饰在强化个人风格上，做到了"恣意所欲"。一进门，左手位置，满墙都是粉丝前来"朝拜"的火车票。右手等位的地方，墙壁上播放的视频，偶然打出一行字"恰好今天，南京调低音量"。再向里走，就是老式路灯、斑马线、不同国家的汽车牌，还有旧风琴、破自行车……正对着门的红绿灯不停地变换着颜色。餐厅的地上和墙上到处都是用灯光打出的张嘉佳的名句，熟悉张嘉佳作品的人，可以在这里找到很多曾经打动自己的故事。店内就餐的不同区域，都被冠以优雅的名字。比如，用繁体字写着"开往翡冷翠"……场景过渡的设计，反而弱化了餐厅的本质。络绎不绝的消费者诠释着"吃的不是菜，而是文艺"的号召力，而这类餐厅在市场竞争中往往缺少性价比。

请谈谈你对该餐厅设计类型的看法。

餐厅设计的一般性原则：

餐厅设计除应考虑经营形式和地域特色等个性因素外，在设计过程中也有一些一般性的原则，应予以遵循，具体内容如下：

（1）流畅性。

由于餐厅顾客和桌椅众多，所以餐厅设计时必须考虑其流畅性。流畅性一方面要求视觉上人的眼光自由地从一个地方转向另一个地方，通过重复和尺寸大小一系列的变化来装修设计实现的流畅性；另一方面，指就餐人员从入门到入座点餐再到结账，直至离开的线路的流畅性，这一线路的流畅性能有效避免高峰时段餐厅内的拥挤和秩序混乱。

（2）协调性。

协调性是赋予餐厅舒适、令人愉快的整体感的一种因素。要获得这种舒适的整体感觉，应注重餐厅设计中各个要素的搭配，大到餐厅的布局，小到桌椅的规格、颜色、风格，以及墙面装饰等。此外，除有形设施外，餐厅的灯光设计、背景音乐等对餐厅氛围的协调性也有着重要的影响。

（3）焦点突出。

焦点是顾客最为关注的点，在餐厅设计过程中可以通过突出焦点来宣传餐厅特色和主题文化。空间的布局、墙面的装饰、灯光的颜色和强弱等因素都可以帮助突出餐厅焦点。应当注意的是，就餐过程作为顾客的个人活动，不宜作为餐厅的焦点部分。

【徒弟操练】

学生以小组为单位，设计主题餐厅，详细介绍餐厅的类型、目标顾客群、形象定位、选址，以及内部设计构想。

【拓展提高】

风味餐厅选址上的常见误区

1. 盲目"扎堆儿"。生活中餐厅经营常出现这种情况：当一家餐厅经营成功后，很短的时间内，附近的街区都挤满了餐厅。或者，某区域投资建设了一种档次的餐厅，紧接着，周围一下子出现十几家乃至几十家同档餐厅。空间聚集效应加剧了餐厅之间的竞争烈度，抬高了经营成本，限制了利润空间。

2. 盲目"凑热闹"。许多投资者喜欢把风味餐厅选择在流动人口大、高楼林立的闹市区，以追求旺盛的人气。追求人气效应忽视了三个问题：首先，流动人群与顾客群体并不是一个概念，两者的相关性十分复杂。其次是现代交通工具的作用，它改变了空间距离的概念，而且，对于许多餐厅而言，乘车就餐者是餐厅利润的主要来源。最后是心理因素，许多人在时间允许的情况下并不乐意在工作单位附近就餐。追求人气效应引起投资成本和经营成本双面拉高，对顾客人数的追求，也有许多不确定性。

任务二 菜单的设计与制作

菜单是在餐厅中使用的可供顾客选择的所有菜目的一览表，是餐厅提供的商品目录。菜单作为餐饮企业自我呈现和产品销售的有效工具，一方面，是反映餐厅信息、体现餐厅风格的无声营销方式；另一方面，是顾客购买产品的主要参考依据。对于餐饮企业内部而言，菜单可以告诉经营者哪些食材必须采购，哪些设备必须具有，员工应达到怎样的技术水平等，是餐厅经营管理的重要工具。不难看出，菜单在餐饮企业经营过程中起着举足轻重的作用。

【学习内容】

1. 菜单的一般分类及其特点。
2. 菜单设计的原则。
3. 菜单设计的内容。
4. 菜单设计的一般程序。
5. 菜单价格的制定原则及定价方法。

【师傅要求】

能够依据菜单设计的原则和设计程序，为相应餐厅设计一份菜单，要求菜单内容全面、定价合理、外观美观，与餐厅特色协调统一。

【师徒互动】

按菜单使用时间的长短及其更换的频率来分，菜单主要可以分为固定性菜单、循环性菜单和即时性菜单三种。

一、固定性菜单

固定性菜单是指在一些就餐客人流动量大的餐馆中，如旅游景点或车站附近的社会餐馆，在较长一段时间内（一年或一个季度）每天给就餐客人提供相同菜品的菜单。这种菜单由于菜色品种每天一成不变，生产工艺模式单一，食品制作过程易于控制和标准化，当天采购所剩余的食品原料因菜单的固定，可以继续被利用，从而大大减少了浪费。这类菜单所示的菜肴品种在生产过程中，经营者易于进行成本控制和原料的储存保管。同时，餐厅和厨房所需要的设备用具也相对单一和经济，人力和物力的调配也较为方便。

当然，这种菜单不适用于就餐客人相对稳定的居民区、企事业单位等附近的餐馆。

这些经常光顾餐厅的就餐客人会因每天面对同样的菜单和菜品而感到单调厌烦，因此，这种固定性菜单适用于就餐客人流动量大的餐馆，因为其就餐客人来去匆匆，每天的客人大都不一样，也无所谓菜品的重复供应。

另外，固定性菜单因其菜色品种一成不变，有时候也会导致一些日常经营的不利因素。比如，当菜单上的菜品原料价格大幅上升时，餐厅会因其菜单的固定不变而不得不继续采购高价的食品原料，并按照菜单上制定的固定价格出售，从而导致餐厅的盈利率下降。再者，由于菜色品种的固定不变，也会使餐厅生产和服务人员在工作中感到缺乏创新和挑战，易于产生厌烦和懈怠感，从而降低餐厅的工作效率。更不利的是，由于固定性菜单的菜色品种、制作工艺和服务方式都一成不变，餐厅的就餐风格会表现出单一和缺乏活力的特点，以至于餐厅逐渐流失就餐客源。

二、循环性菜单

循环性菜单是指制定若干套由不同菜色品种组成的书面目录，在相对较短的时间内（如一周或两三周）可以由头至尾反复循环使用的菜单。这种菜单往往适用于面向经常性光顾的就餐客人的餐厅，如机关单位的食堂等，由于其菜色品种每天翻新，丰富多彩，消费者前来餐厅就餐时会产生新鲜感，增加食欲，从而使餐厅对顾客的吸引力大大增加。再者，由于要在一定时期内面对多套不同的菜单制作各式菜品，餐厅的生产技术人员和服务人员也会产生因为工作的多样性而产生兴趣，增强工作的欲望，从而提高菜品制作的创新性和劳动生产效率。

但是，循环性菜单也有其缺点，主要体现在成本方面。首先由于要制作多套不同菜单，其编制和印刷成本较高。其次，因循环菜单的相对固定，使其不能根据食品原料市场供应的变化和消费者饮食风格的千变万化而灵活改变，对菜单的调整相对滞后，从而导致成本的上升。最后，由于每天要调整菜单，会造成前一天菜单上的剩余原材料无法在第二天的新菜单中得到利用，从而造成食材的积压和浪费。

需要注意的是，大部分餐厅的循环菜单的使用周期为 1~4 周。这是较为恰当的使用周期。如果菜单使用周期过短，变动过大，就会造成餐厅在原料采购和储存等经营环节的成本过大，而菜单使用周期过长，则与固定性菜单区别不大，会引起餐厅常客的厌倦感。在经营过程中，一般机关单位的餐厅都以 7 天为一个循环周期，轮换使用 7 种不同的菜单，制作 7 天不同的菜色品种。

三、即时性菜单

即时性菜单往往没有固定或正式的书面形式，多通过菜品样品的形式展示，是餐厅经营者通过价格合适且具有时令特色的食品原料制作，由就餐客人即兴点取的菜单。这类菜单所示的菜品的制作要考虑季节不同、消费市场需求的变化、食品原料的可获得性、原料的质量和价格状况以及餐厅加工人员的烹调能力等因素。

即时性菜单有许多优势。每天更换菜品饮品，随行就市，灵活性强；可充分利用餐厅每天剩余的食品原料和库存物品，降低生产成本；可调动生产一线员工的烹饪创新能力和工作积极性，制作推陈出新的各式新菜；为经常光顾餐厅的消费者带来新鲜感，稳定客源，当然还可以节省餐厅编制和印刷书面菜单的成本。从消费者角度来看，顾客在点菜时不再是面对单调且缺乏想象力的书面形式的菜单，而是可以直接面对餐厅陈列的各式菜品样品进行点菜，这样的点菜方式既直观又经济，深受欢迎。

但是这种菜单也存在一些缺点。因为它每天提供的菜品变化太大，使得餐厅经营管理人员对这些菜品的原料采购及储存极为困难，经常造成较大的浪费和餐厅经营成本的上升；同时由于每天的菜品品种繁多，会使这些菜品的生产制作和管理过程变得难以标准化。

按照顾客就餐的形式，菜单可以分为点菜菜单、团体包餐菜单、宴会菜单等类型。

一、点菜菜单

点菜菜单是餐馆的基本菜单，因此必须体现出餐馆的特点和饮食特色。这种菜单分别标出价格，顾客可自由点菜，并按价付款。点菜菜单的价格档次宽泛，能迎合不同层次的宾客的需求，适合于正餐馆、风味餐馆、咖啡厅等。点菜菜单可分为早、午、晚餐菜单和客房送餐菜单等。

二、团体包餐菜单

团体包餐菜单是根据旅行社或会议主办单位规定的用餐标准来制定的，这种菜单比较复杂，在安排时既要考虑到该团体的特殊要求和团队特色，又要根据客人的具体情况、逗留时间、用餐标准等，注意花色品种的搭配和翻新。既要让客人吃得满意，又要保证利润。在编制团体包餐菜单时，应注意：

（1）根据订餐标准，制定团队标准菜谱。团队标准菜谱要根据不同地区、不同风俗习惯做到有针对性、多样性，能体现各地饮食特点，一菜一卡，明确规格、数量、质量。

（2）对不同的订餐标准，要在用餐数量、质量以及上灶的厨师力量上区别对待，以保证质价相符。

（3）中西餐结合，高低档菜搭配，避免正餐菜品雷同，多安排地方风味菜点。

（4）形式与内容结合，利用菜点的色、香、味、形等，既为宾客提供美味佳肴，又向宾客表达欢迎之情。

三、宴会菜单

宴会菜单是根据客人的国籍、宗教信仰、生活习惯、口味特点、宴会标准和宴请单位或个人的要求制定的。由于宴会消费档次较高、赴宴人涉及广泛，所以制作宴会菜单要用心设计，印刷精美。宴会菜单的内容不仅要展示出饭店的类型，还要表现出饭店的等级，使其起到广告宣传的作用。制订宴会菜单时要注意：

（1）考虑成本与利润，定出合理的价格。

（2）考虑宴席的惯例和菜点的搭配，每道菜的先后要做巧妙的安排。

（3）席间菜肴应品种多样化，避免内容重复。

（4）一席菜点分量要足，切忌席间才发现不够分配。

【师傅指导】

案例教学：

从菜单里，可以看出经营者的理念、经营的定位、经营者的心态。下面就以孟非的"孟非的小面"和韩寒的"很高兴遇见你"明星餐饮品牌为例来看餐厅与菜单设计。

案例一 明星餐馆"孟非的小面"

"孟非的小面"位于南京新街口。这个店开在商场里，开放的空间设计成一个封闭的店面。门口一面墙上有闪亮的五个字"孟非的小面"。"孟非"本身就是一个有力的IP，因此，在场景设计上，不需要用过多的东西来吸引消费者，整个店的风格朴素、简约。"孟非的小面"定位是大众消费，其价格并不算亲民，属于偏高的那种。如招牌重庆小面，售价28元。从菜单上看，基本上两个价格，要么28元，要么35元。比如，清汤抄手28元，香菇炖鸡面35元。"孟非的小面"的菜单设计，中规中矩，双面、三折叠的设计，没有特别之处，遵从消费习惯，简单明了。在菜品的设计上，有招牌推荐，有特色推荐，有常规产品，形成了以汤面为主，同时搭配米饭、蒸菜、饮品等主次分明的格局。这种简明菜单风格的优点是可以让消费者在极短的时间内快速做出决策并下单，从而提高翻台率。

"孟非的小面"菜单是三折叠，但是打开之后，基本上是正反两面，主菜单集中到一面，小吃、饮品、品牌理念、封面集中到另一面，这种正反的设计，让一切都清晰明了。

案例二 明星餐馆"很高兴遇见你"

韩寒的"很高兴遇见你"诞生于上海，颇具韩寒的个人风格，有很多亮点。餐厅名字透着浓郁的文艺范儿，环境小资，极有韩寒的风格，门口等待区放的应该是卓别林的默片，店里有个小包间摆放了韩寒的书籍、赛车模型和那座把他手指夹住的奖杯。还有一个包房，包房的名字就叫"寒舍"，挂灯和装饰也是浓浓的文青范儿。

"很高兴遇见你"在一开始，就定位为打造轻奢餐饮，人均消费在150元左右。食材都是进口的，阿根廷大虾和黑胡椒蟹透露出浓浓的东南亚风情。"很高兴遇见你"的菜单创意在于引入了手绘风格，给人清新感。菜品的创新则是将中西餐饮深度整合。比如，北京味儿的鸭馅饼，老美风格宫保鸡丁意大利面，黑松露低温蒸蛋，都是中西餐融合的代表产品。

一座城池
（多种蔬菜、鸡翅、嫩鱿鱼天妇罗及迷迭香烤羊腿）
PuPu Platter
大份168 RMB 小份88 RMB

思考：在设计菜单的过程中应考虑哪些因素？一份完整的菜单应该包括哪些内容？

（一）菜单设计的原则

1. 以客人需求为中心

以客人需求为中心要求在明确目标市场的前提下，深谙客人的饮食习惯，掌握客人的消费心理。例如，目标人群为印度教徒，则不应出现以牛肉为食材的菜品；若餐馆所在区域集中了伊斯兰教徒，则应避免以猪肉为原料的菜品的出现。

2. 以经营特色为重点

餐厅首先要根据自己的经营方针来决定提供什么样的菜单。菜单要根据餐厅的模式决定是西式还是中式，根据餐厅的等级决定是大众化菜单还是风味佳肴式的菜单。菜单设计要尽量选择反映本店特色的菜肴列于菜单上，进行重点推销。即使大众化的餐厅，往往也有几道拿手菜、看家菜。如果没有几道稳得住、立得牢的看家菜，便很难对顾客形成持久的吸引力。因此，在菜单设计时一定要突出特色，突出"拿手好菜"和"拳头产品"，把它们放在菜单的醒目位置，单独介绍，只有充分体现自身的特色，才能给顾客留下深刻的印象。

3. 以客观因素为依据

这里所指的客观因素包括原料的供应状况、餐厅的设施设备条件、员工的技术力量等。其中原料的供应状况包括市场的货源、库房库存、各种原料价格、原料出净料率、原料涨发率等。餐厅的设施设备状况包含设施设备的质量与数量、菜式的种类数量比例是否合理等。此外，还应兼顾员工的技术水平和员工数量。

4. 力求协调统一

首先，菜单风格必须与餐厅整体风格相一致，主要体现在与餐厅的装修风格、设施风格、经营风格与菜肴风格相一致。其次，菜肴的营养成分必须搭配合理，针对顾客的年龄、身体状况、每天各种营养素的大致摄入需求，安排适量的含有脂肪、蛋白质、糖类、维生素、纤维素等营养成分的菜肴，做到荤素搭配、粗细搭配、各种营养搭配合理。再次，菜肴的价格制定必须确保有利可获。最后，虽然菜单类别有固定菜单和即时菜单等类型，但总的来说，无论哪种类型的菜单，都应讲究改革创新、与时俱进，适时增加创新菜品，及时突出时令特色菜，更新传统菜肴，迎合消费者不断变化的消费需求。

（二）菜单设计的内容

1. 菜品名称和价格

菜品的名称直接影响顾客对菜品的选择，特别是顾客未品尝菜点之前，往往凭菜名去挑选。如果给菜点起个特定的名称，它就会在人们头脑里产生一种特定的印象，也会引起人们相应的联想。因此，在给菜点命名时，一方面要尽量确切，另一方面要具有特色性和一定的艺术性。所谓确切性，就是菜点的用料要与菜名相符合，切忌过分故弄玄虚，使顾客在看到菜名时难以理解所对应的菜品究竟是什么。对于大众化的餐厅，或传统经典菜肴，应尽量采用宾客所熟悉的菜名，而特色餐厅的菜品，使用独特的名称往往有助于成功。菜名的艺术性则主要体现在雅致顺口、充满趣味、能够引起食欲。另外，在外文菜名方面，涉外餐厅菜单的外文菜名务必要拼写正确。

菜单的价格应依据菜肴的不同分量、规格分别标定，对需要加收服务费的餐厅，要在菜单上注明。菜单的价格不可随意涂改，若有必要调整价格，应及时更换菜单。

2. 菜品介绍

为了促进菜品的销售和提高宾客选菜的速度，菜单有必要对一些特色产品进行简单的文字介绍，这种介绍可以在一定程度上代替服务人员的介绍，一方面节省了餐厅服务人员的服务时间，另一方面节约了宾客的选菜时间。菜品介绍的内容常包括：

（1）菜点的主要原料以及一些独特味型和调料。有些原料要注明规格，如肉类要注明是里脊还是腿肉等，有些原料需注明质量，如新鲜的果汁、活鱼等。

（2）菜点的烹调制作和服务方法。如菜点具有独特的烹调方法和服务方式，必要的介绍能起到良好的推介宣传作用。

（3）菜品的份额。有些菜品要注上每份的量。如果以重量表示要指烹调后菜品的重量，有的菜品要注上数量。

如果一份菜单就像产品的目录那样呆板地列出菜品和价格，会显得过于枯燥。菜单上的介绍要注意让宾客去选购那些餐饮企业希望销售的菜肴，因此要注意重点介绍特色菜、名牌菜。应注意菜品的介绍不宜过多，有时过多的介绍反而会使宾客产生厌烦心理，从而拒绝一些菜肴，产生不购买行为。

3. 餐厅声誉宣传

对于主题餐厅而言，菜单是确立餐厅公众形象的理想工具。主题餐饮企业的自身特色、服务方式和历史沿革等，都是餐厅声誉宣传的良好素材。

声誉宣传可以用文字介绍和图例佐证。可以宣扬自己的悠久历史或特殊事件，也可以渲染其优雅的环境氛围和风情掌故。声誉宣传还应包括一些告示性信息，其中，餐厅名称、特色风味一般列在菜单封面；餐厅地址、电话号码、营业时间一般列于封底；有的菜单还附有餐厅的交通位置等信息。

(三) 菜单内容的布局

我们在日常就餐经历中可以见到形形色色的菜单，规格各异、形状各异，但不管菜单的外观如何，在菜目的布局上通常都会遵循一般的就餐程序，这样一来能够方便顾客选择，突出主要菜式，避免产生眼花缭乱、五花八门、无章可循的不良点餐体验，另外，对于菜单的管理和后期调整也有很大帮助。

1. 菜目排列次序

菜单通常按进餐程序排列菜目，中餐的进餐程序一般是：冷菜－热菜－汤－点心等。所以中餐菜单根据这一次序将菜品按原料或烹饪的方法分类排列。例如，中餐零点餐厅的午、晚菜单的排列程式可以是：冷菜单－肉类－禽类－海鲜类－鱼虾类－蔬菜类－汤类－面饭、点心类。

西餐与中餐的进餐程序稍有不同，一般按开胃菜—汤—主菜—甜点先后进行。所以，西餐午、晚餐菜目的排列次序通常按照开胃菜—汤菜—主菜类（海鲜、鱼虾、牛羊猪肉、禽）—蔬菜类—甜点—餐后饮料等依次排列。

2. 突出主要菜式

菜目的排列不仅要符合就餐程序，还要注意突出主要菜式，要将特色菜、名牌菜安排在菜单的显要位置。菜品的分布位置对其销售有很大影响。调查和研究表明，单页菜单的中央部位，对折菜单的右侧中央部位以及三折菜单的中心部位，是最能引起宾客注意的地方，宾客的目光常会停留在这些区域。因此，在菜品布局时，应尽量将主要菜目安排在这些重点区域，以提高客人选择的概率。如果因菜品分类排列顺序的限制而无法顾及的话，也应将这些重点菜名以不同的字体或加框以突出，从而引起宾客的重视。

(四) 菜单的装帧

菜单的装帧设计是一项专业化要求较强的工作，许多餐饮企业都委托或聘请专业设计人员或公司来完成此项工作。但是，作为餐饮企业的经营管理者或从业人员，应对菜单装帧的基本点有充分的了解和认识。

1. 菜单的制作材料

制作材料是决定菜单外观质量的重要因素。

（1）菜单选材时既要考虑餐厅的类型与规格，也要顾及成本，根据菜单的使用方式合理选择。

（2）长期重复使用的菜单，要选择耐磨又不易沾染油污的重磅纸张。

（3）分页菜单，往往是由一个厚实耐磨的封面加上纸质稍逊的活页内芯组成。

（4）一次性使用菜单，一般不必考虑其耐磨、耐污性能，但亦不能粗制滥造。轻巧单薄的纸上仍然可以印出高质量的菜单。

（5）高规格的宴会菜单，虽然是一次性使用但仍然要求选材精良、设计优美，以此充分体现宴会服务规格和餐厅的档次。

此外，一般饭店应尽量避免用塑料和绸绢来做菜单封面，因为塑料易让人感到过于低廉；而绸绢装饰菜单，虽显得高雅华贵，但极易沾染污渍。

2. 菜单的规格尺寸

菜单的规格尺寸应与餐饮内容、餐厅的类型与面积、餐桌的大小和座位空间等因素相协调，要让宾客拿起来舒适、阅读起来方便。例如，零点餐厅的菜单，可以根据菜点内容的多少，相应地采用对折、三折或分页组合菜单。美国餐饮协会对宾客的调查表明，菜单的理想尺寸为23厘米×30厘米，这样的尺寸客人拿起来比较舒适。尺寸过大，拿起来不方便，尺寸过小，往往因篇幅过小而文字过密。菜单文字所占的篇幅不应多于整个篇幅的50%，宽阔的空白可使字体突出，易读和清晰。

3. 菜单的字体

菜单的字体要着重考虑让宾客易于辨认。大多数情况下要求铅字印刷，且字迹清晰。也有一些个性化的餐厅采用手写菜单，但字迹必须娟秀、清楚，如手写菜单能够与餐厅风格相适应，则会起到事半功倍的效果，如综艺节目《中餐厅》第二季中，采用明星手写菜单，对应中餐厅的小门面和温馨氛围，显得非常和谐轻松。

不论菜单采用哪一种字体，都有大小之分。菜单的字体要使宾客在餐厅的光线条件下，特别是晚间的灯光下能看清楚并轻松地阅读，一般汉字最低不可小于4号字，英文字母不可小于12号。

4. 菜单的色彩与插图

使用色彩与插图，可使菜单美观雅致，更能体现餐厅的特殊情调和风格。运用色彩设计菜单时可以使用一种色彩加黑色，也可将七色全部用上，或利用色纸。

菜单封面的色彩要与餐饮内容和餐厅环境相协调。规格较高的正餐厅，通常选用淡雅优美的色彩，如浅黄、淡灰、灰蓝等，也可以适当点缀鲜艳的色彩。而快餐厅通常采用明快鲜艳的大色块和五色插图。一般餐厅的菜单当然也可用饭店建筑物或当地风景名胜的图片来装饰菜单封面。对于婚宴、寿宴这类特殊的宴会菜单，其封面设计和色彩搭配应体现喜庆的特点。

（五）菜单设计的一般程序

1. 确定菜单类别

菜单设计的第一步应确定菜单类别，确定的依据为餐厅特色、目标人群、所处地理位置等经营因素。如前所述，如餐厅主要针对企事业单位人员，则可以考虑循环菜单；如餐厅位于车站等人流量较大的区域，则宜采用固定性菜单。

2. 确定菜单规格

这一点依然要根据餐厅的消费档次定位、目标人群等因素确定。如自助餐菜品、团体套餐菜品规格可以低一些，零点菜品、宴会套餐菜品的规格可以高一些；餐厅环境一般、风格较为普通的餐厅菜品规格可以低一些，餐厅环境豪华、装修优雅的菜品规格可以高一些。

3. 确定菜品原料及其搭配

首先应掌握好每个菜肴原料的用量。其次，应掌握好每个菜肴的主、配料搭配比例。最后，还应把握好每个菜肴的原料品质。

4. 确定菜品名称

菜品的命名应遵循真实可信、雅致得体、便于记忆、满足客人心理几个原则。在命名方法上，可采用在主料前加烹调方法的命名，或在主料前加人名或地名的方法，或加菜肴的色彩或形态，也可以以烹调方法和原料的某一特征命名，还可以直接以形象或寓意命名。

5. 确定菜品价格

菜品价格的确定首先应了解产品的价格构成，主要包括原料成本、经营费用、营业税金和经营利润。其次，应了解影响菜品价格的主要因素，除以上价格构成因素外，还包括竞争状况、供求情况、节假日以及其他不可控因素的影响。

6. 确定菜单的制作形式和内容

菜单制作形式包括单页式、折叠式、书本式、活页式、悬挂式、艺术式。菜单内容在前文已涉及，这里不做赘述。

7. 确定菜单的制作

确定菜单用纸、字体、规格、颜色搭配。

【徒弟操练】

1. 假设一份干煸花菜的成本价是 8 元，规定销售毛利率是 20%，则该菜品的销售价格是多少？

2. 思考并梳理：菜单在经营各阶段中起到什么作用？

3. 在前一节"餐厅的设立"内容的基础上内容的基础上，同学们继续以小组为单位为你们所设计的餐厅设计一份菜单，并讨论其可行性。

【拓展提高】

一、菜单价格的制定

（一）价格制定的原则

1. 价格反映产品的价值

菜单上食品饮料的价格是以其价值为主要依据制定的。其价值包括三部分：一是食品原材料、生产设备、服务设施和家具用品等耗费的价值，二是以工资、奖金等形式支付给劳动者的报酬，三是以税金和利润的形式向企业和国家提供的积累。

2. 价格必须适应市场需求

菜单定价，要能反映产品的价值，还应反映供求关系。档次高的餐厅，其定价可适当高些，因为该餐厅不仅能满足客人对饮食的需要，还能给客人一种饮食之外的舒适感；旺季时，价格可比平、淡季略高一些；市口好的餐厅比市口差的餐厅，其价格也可以略高一些；牌子老、声誉好的餐厅的价格自然比一般餐厅要高，等等。但价格的制定必须适应市场的需求能力，价格不合理，定得过高，超过了消费者的承受能力，或"价非所值"必然会引起客人的不满意，降低消费水平，减少消费量。

3. 制定价格既要相对灵活，又要相对稳定

菜单定价应根据供求关系的变化而采用适当的灵活价格，如优惠价、季节价、浮动价等。根据市场需求的变化有升有降，从而适应市场需求以增加销售量，提高经济效益。但是菜单价格过于频繁地变动，会给潜在的消费者带来心理上不稳定的感觉，甚至挫伤消费者的购买积极性。因此，菜单定价要有相对的稳定性。这里的相对具体指菜单价格不宜变化太频繁，更不能随意调价。每次调价幅度不能过大，最好不超过10%。降低质量的低价出售以维持销量的方法也是不足取的。只要保持菜点的高质量并适销对路，其价格自然能得到客人的认可和接受。

（二）菜品的定价方法

1. "随行就市"法

这是一种最简单的方法，即根据竞争对手的菜单价格来制定自身的菜单价格。这种以竞争为导向的定价策略，在实际经营中经常使用。

2. 系数定价法

以食品原材料成本乘以定价系数，即为食品销售价格。这里的定价系数是计划食品成本率的倒数。如果经营者计划自己的食品成本率是40%，那么定价系数即为1/40%，即2.5。

菜品销售价格 = 食品原材料成本 × 定价系数

例如，已知一小盘炒肉丝成本为5.00元，计划食品成本率为25%可得其定价系数为1/25%，即为4，则刻售价 =5×4=20（元）。

这种方法是以成本为出发点的计算方法，变数不大，计算简单，关键在于计划成本率的确定。这种定价法应规避的是：经营者在确定计划成本率时要避免过分依赖自己的经验，计划时要考虑全面、充分。

3. 毛利率法

菜品销售价格 = 食品成本/（1-内扣毛利率）或菜品销售价格 = 食品成本 ×（1+外加毛利率）

其中，内扣毛利率是毛利占销售价的百分比，又称销售毛利率。外加毛利率是毛利占食品成本的百分比，也称成本毛利率。这里"食品成本"是指该菜肴的原料、配料、调料成本之和。

例如，一份糖醋鲤鱼所用鱼的成本为20元，配料和调料成本为5元，规定内扣毛利率为30%，而外加毛利率为50%，则其价格为：

内扣毛利率法：P=（20+5）×（1-30%）=35.71（元）

外加毛利率法：P=（20+5）×（1+50%）=37.5（元）

上述两种方法计算的价格结果不同，是由于这两种方法中所用的比率不能互相换算，是分别规定的。

毛利率是根据经验来定的，故亦称计划毛利率。这种方法计算十分简单，但也存在缺点，由于餐厅人员为每份菜都加同样量的毛利，使成本高的菜价格偏低，而成本低的菜价格反而偏高。

4. 主要成本率法

把食品原材料成本和直接人工成本作为定价的依据，并从"溢损表"中查得其他成本费用和利润率，则可计算出食品销售价格。

食品售价=（食品原料成本+直接人工成本）/1-（非原料和直接人工成本率+利润率）

主要成本率法也是以成本为中心定价的，但它考虑到了餐厅较高的人工成本率，这样如能适当降低人工成本，定价就能更趋于合理。

例如，一盘炒什锦原材料成本3元，直接人工成本1元，从财务"溢损表"中查得"非原材料和直接人工成本率"及"利润率"之和为40%，则该菜品售价=（3+1）/（1-40%）=6.66（元）。

5. 本、量、利综合分析定价法

本、量、利综合分析定价法是根据菜肴的成本、销售情况和盈利要求综合定价的。其方法是把菜单上的菜点根据销售量及其成本分类。每种菜点总能被列入下面四类中的一类：①高销售量、高成本；②高销售量、低成本；③低销售量、高成本；④低销售量、低成本。

虽然第二类菜点（高销售量、低成本）是最容易使餐厅得益的，但在实际中，餐厅出售的菜点，四类都有。这样，在考虑毛利的时候，把第一和第四类的菜点加适中的毛利，而把第三类加较高的毛利，第二类加较低的毛利，然后根据毛利率法计算菜单上菜点的价格。

这一方法是综合考虑了销售量和餐厅成本、利润之间的关系，并根据"成本越大，毛利应该越大；销售量越大，毛利可越小"这一原理定价的。菜单价格还取决于市场均衡价格，你的价格高于市场价格，就把客人推给了别人；倘若与此相反，则你的餐厅就会吸引客人，但是若大大低于市场价格，餐厅也会亏损。因此，在定价时，可以经过调查分析或估计，综合以上各因素，把菜单上的菜点分类，加上适当的毛利，有的取低的毛利率，比如20%，有的取高的毛利率，比如55%，还有的可取适中些的毛利率，如35%。这种高、低毛利率也不是固定不变的，在经营中可以随机适当调整。

本、量、利综合分析定价法看上去比较复杂，有一定的难度，但餐厅经营者做一些调查分析，经多种因素的综合考虑后给菜单定的价，必定是比较合理的，而且这些市场调查分析的结果能使餐厅经营服务得到不断改进。

二、菜单设计和使用中存在的常见问题

（一）材料选择不当

许多菜单采用各色簿册制品，其中有文件夹、讲义夹，也有集邮册和影集本，而非专门设计的菜单。不但不能起到装点餐厅环境、烘托气氛的效果，反而与餐厅的风格格格不入，显得不伦不类。

（二）装饰过于简单

许多菜单内芯以普通纸张制作，尺寸过小，造成菜单上菜肴名称等内容排列过于紧密，主次难分，无插图，无色彩，显得简陋，毫无吸引人之处。

（三）涂改菜单价格

随意涂改菜单已成为国内餐饮企业的通病，上至五星级的豪华饭店，下到大众化的普通饮食店，这种现象比比皆是。菜单上被涂改最多的部分是价格，使菜单显得不严肃，很不雅观，引起就餐客人的极大反感。

（四）菜单上有名，厨房里无菜

凡列入菜单的菜肴品种，厨房必须无条件地保证供应，这是一条相当重要但易被忽视的餐饮管理规则。不少菜单表面看来可谓名菜荟萃，应有尽有，但实际上很多菜品常常没有。

（五）菜品缺少描述性说明

每一位厨师或餐饮经理都能把菜单菜肴的配料、烹饪方法、风味特点、有关菜肴的典故和传说说得头头是道，然而一旦用菜单形式介绍时就大为逊色。尤其是中餐馆的那些传统经典菜和创新菜，不少菜名虽然雅致形象，引人入胜，但绝大多数就餐者不能解其意，更不用说来自异国他乡的国际旅游者了。即使许多菜单附有英译菜名，但由于缺少描述性说明，外国游客在点菜时仍觉得不便。

任务三　餐饮服务质量管理

【学习内容】

1. 餐饮服务质量的内涵。
2. 餐饮服务质量的特点。
3. 餐饮服务质量控制的基础。
4. 餐饮服务质量控制的方法。
5. 服务质量控制中常见的外部系统信息获取途径。

【师傅要求】

掌握餐饮服务质量控制的方法，能够分析常见的服务质量问题。

【师徒互动】

一、餐饮服务质量的含义

（一）餐饮服务的含义

餐饮服务是餐饮企业的员工为就餐宾客提供餐饮产品的全过程（包括菜肴、酒水等），可分为直接对客的前台服务与间接对客的后台服务。

（二）餐饮服务质量的含义

餐饮服务质量是指餐饮企业以其所拥有的设备设施为依托，为客人提供的服务在使用价值上适合和满足客人物质和精神需要的程度。对这一概念可以从狭义和广义两个角度来理解，狭义地讲是指餐饮服务的质量，它纯粹指服务员的服务劳动所提供的不包括以实物形态提供的使用价值；广义的角度则包含了组成餐饮服务的三要素，即设备设施、实物产品和劳务服务的质量，是一个完整的餐饮服务质量的概念。

（三）餐饮服务质量的具体内容

从以上餐饮服务质量的定义中不难看出，餐饮服务质量构成具有二重性，餐饮服务是有形产品和无形劳务的有机结合，餐饮服务质量则是有形产品质量和无形劳务质量的完美统一。有形产品质量是无形产品质量的凭借和依托，无形产品质量是有形产品质量的完善和体现，两者相辅相成，即构成完整的餐饮服务质量内容。

具体内容包括：

1. 有形产品质量

它是指餐饮企业提供的设备设施和实物产品以及服务环境的质量，主要满足客人物质上的要求。它的构成主要包括：

（1）餐饮设备设施的质量。包括客用设备设施和供应用设备设施，客用设备设施也称前台设备设施，是指直接供客人使用的设备设施；供应用设备设施是指餐饮经营管理所需的生产性设备设施，也称后台设施。

（2）餐饮实物产品质量。通常包括菜点酒水质量、客用品质量（包括一次消耗品和多次性消耗品）和服务用品质量。

（3）服务环境质量。是指餐饮设施的服务气氛给客人带来感觉上的享受和心理上的满足。

2. 无形产品质量

是指餐饮部提供的劳务服务的使用价值的质量，即劳务服务质量，主要是满足客人精神上的需求。其构成如下：

（1）礼貌礼节。它直接关系着客人满意度，是餐馆提供优质服务的基本点。

（2）职业道德。作为餐饮员工应遵循旅游职业道德规范，真正做到敬业、乐业和勤业。

（3）服务态度。它是无形产品质量的关键所在，直接影响餐饮服务质量。

（4）服务技能。它是餐饮部提高服务质量的技术保证。

（5）服务效率。它并非仅指快，而是强调适时服务。

（6）安全卫生。主要指餐饮清洁卫生和食品卫生。

（7）其他。还包括员工的劳动纪律、服务的方式方法、服务的规范化和程序化等内容。

二、餐饮服务质量的特点

（一）餐饮服务质量构成的综合性

餐饮服务质量构成内容既包括有形的设备设施质量、服务环境质量、实物产品质量，又包括无形的劳务服务质量等多种因素，且每一因素由许多具体内容构成，贯穿于餐饮服务的全过程。设备设施、实物产品是餐饮服务质量的基础，服务环境、劳务服务是表现形式，而客人满意程度则是所有服务质量优劣的最终体现。这种构成的综合性要求管理者能够实施系统管理，及时进行质量信息的搜集、分析和控制，既要抓好有形产品的质量，又要抓好无形服务的质量。

（二）餐饮服务质量评价的主观性

尽管餐饮部自身的服务质量水平基本上是一个客观的存在，但由于餐饮服务质量的评价是由客人享受服务后根据其物质和心理满足程度进行的，因而带有很强的个人主观性。客人的满足程度越高，其对服务质量的评价也就越高，反之亦然。没有理由要求客人必须对餐饮服务质量做出与客观实际相一致的评价，这在实际上是无法办到的，更不应指责客人对餐饮服务质量的评价存在偏见，尽管有时的确是一种偏见。为了降低这种主观性对服务质量提升所带来的负面影响，酒店在服务过程中应通过细心观察，了解并掌握客人的物质和心理需要，不断改善对客服务。同时，注重为客人提供有针对性的个性化服务，并注重服务中的每一个细节，重视每次服务的效果。用符合客人需要的服务本身来提高客人的满意程度，从而提高并保持餐饮服务质量。

（三）餐饮服务质量呈现的短暂性

餐饮服务质量是由一次又一次的内容不同的具体服务组成的，而每一次具体服务的使用价值却只有短暂的显现时间，即使用价值的一次性，如微笑问好、介绍菜点等具体服务不能储存，一结束，就失去了其使用价值，留下的也只是客人的感受而非实物。服务质量显现的短暂性，使其不像实物产品那样可以返工、返修和退换。如要进行服务后的调整，也只能是另一次具体服务。即使客人对一次服务感到非常满意，评价很高，但并不能保证下一次服务也能获得好评。因此，对于餐饮管理者来说，应督促员工做好每一次服务工作，争取使每一次服务都能让客人感到非常满意，从而提高餐饮服务质量。

（四）餐饮服务质量内容的关联性

客人对餐饮服务质量的印象是通过其进入餐厅直至离开餐厅的全过程形成的。在此过程中，客人得到的是各部门员工提供的一次又一次具体的服务活动，但这些具体的服务活动不是孤立的，而是有着密切的关联。在连锁式的服务过程中，只要有一个环节的服务质量出现问题，就会破坏顾客对餐饮的整体印象，进而影响其对整个餐饮服务质量的评价，即"100-1=0"。关联性要求餐饮各部门、各服务过程、各服务环节之间要协作配合，确保每项服务的优质、高效，确保餐饮服务全过程和全方位的"零缺陷"。

（五）餐饮服务质量对员工素质的依赖性

餐饮产品生产、销售、消费同时性的特点决定了餐饮服务质量与餐饮服务人员表现具有直接关联性。餐饮服务质量是在有形产品的基础上通过员工的劳务服务创造并表现出来的，这种创造和表现能满足客人需要的程度取决于服务人员的素质高低和管理者管理水平的高低。餐饮服务质量的优劣很大程度上取决于员工的即兴表现，而这种表现又很容易受到员工个人素质和情绪的影响，具有很大的不稳定性。因此，餐饮管理人员应合理配备、培训、激励员工，努力提高他们的素质，发挥员工的服务主动性、积极性和创造性。令人满意的员工是客人满意的基础，也是不断提高餐饮服务质量的前提。

（六）餐饮质量评价的情感性

餐饮服务质量还取决于客人与餐饮的关系。关系融洽，客人就比较容易谅解餐饮的难处和过错，而关系不和谐，则很容易致使客人小题大做或借题发挥。餐饮与客人间关系的融洽程度直接影响着客人对餐饮服务质量的评价，这就是餐饮服务质量的情感性特点。作为餐饮管理者，应通过更多的个性化服务赢得客人，在日常工作中与客人建立起良好和谐的关系，使客人最终能够谅解一些无意的失误。

三、顾客对餐饮服务质量的需求

前面对餐饮服务质量的特点已经做了详细阐述，其"服务"包含为顾客所提供的有形产品和无形产品；而"服务需求"是指被服务者——顾客的需求。顾客的需求既有物质方面的，又有精神方面的，具体反映在顾客对食品饮料的价格、质量、卫生以及服务的及时、周到、热情、礼貌等方面。餐饮服务质量的要素概括起来即为下列八点，前四点属物质方面的需求，后四点属精神方面的需求。

物质方面的需求如下：

（一）物美与价廉

物美和价廉是辩证的统一，物美是建立在一定价格基础上的。餐饮产品的色、香、味、形、器、名、声、养均佳，价格合理，是服务质量好的基础。顾客要求用自己所付出的代价来得到相应满意的"物"，也就是说，以合理的费用得到满意的饮食和服务。

（二）安全与卫生

安全与卫生，属人类最基本的生理需求之一。它包括三个方面：①餐厅所提供的食物清洁卫生，不会导致生病或中毒。②就餐环境的安全，即能保证客人的人身、财产安全。③客人心理上的安全感。通过安全卫生的用餐环境、优质诱人的餐饮产品、清洁整齐的餐具用品等，使宾客产生安全感，并让其留下难忘的用餐经历。

（三）及时与周到

要使顾客满意，很重要的一点就是服务的及时和周到。如果顾客等候时间过长，而且送上的菜肴、饮料缺少必要的辅助进餐用具，服务程序混乱，即使菜肴、饮料质量再好，也会使顾客不满。及时需把握一个"度"，如上菜速度不能太慢也不能太快，在上虾蟹类带壳食品前要先上洗手盅等。而周到体现在当客人还没想到或只有潜意识的需求时，服务员就已经想到了，也做到了。及时与周到，是服务效率的体现。

（四）舒适与方便

饭店完善先进的餐饮设施和服务气氛，使宾客感到在餐厅用餐是一种美好的享受，餐饮环境幽雅、怡人，将使宾客感到轻松、愉快、心情舒畅。方便，是指餐厅有形设施的实用价值及完整的餐饮服务项目、员工主动的服务意识，使顾客感到饭店是他的家外之家，离开家如同在家一样方便，使顾客愉快舒心。方便既有进入餐厅的方便程度，又有营业时间满足客人生活节奏的因素。这是服务中最重要的方面。

精神方面的需求：

1. 礼貌与尊重

餐饮服务强调员工应具有良好的仪表、仪容、举止、礼节、礼仪、服务态度和服务技能。在服务时要注意：①注重仪表、仪容。②使用礼貌用语。③讲究操作礼节。要尊敬顾客，视顾客为上宾，认真做好每一项服务工作，使宾客的精神需求得到满足。

2. 热情与诚恳

热情与诚恳是指餐饮员工对顾客主动、积极、微笑、暖人的服务。这种服务是真诚的、发自内心的、自觉的，它建立在敬业爱岗的基础上。因此，服务过程中员工应精神饱满，专心致志。它是服务态度的一种具体体现，是服务意识的具体表现。

3. 亲切与友好

服务要有人情味，要和善、友好地为顾客服务。在为客人服务时不得流露厌烦、冷淡、愤怒、僵硬、紧张和恐惧的表情。说话用敬语，注意"请""谢谢"不离口。注意称呼客人姓氏，用诚意和友善的言行消除与客人的距离感。

4. 谅解与安慰

餐饮服务的对象是宾客，他们来自不同国家或地区，信仰不同，价值观念各异。因此，在服务工作中会出现很多意想不到的问题，如沟通方面或宾客需求满意程度方面等。当出现问题时，服务人员要把"对"让给顾客，坚持"客人总是对的"原则，要理解、谅解顾客的各种心理，在善意的谦让过程中使宾客的心理需求得到最大程度的满足。

四、餐饮服务质量控制的基础

要进行有效的餐饮服务质量控制，必须具备三个基本条件：

（一）必须建立服务规程

制定服务规程时，应首先确定服务的环节和程序，再确定每个环节统一的动作、语言、时间、用具，包括对意外事件、临时要求的化解方式方法等。管理人员的任务是执行和控制规程，特别要抓好各套规程之间的薄弱环节，用服务规程来统一各项服务工作，从而使之达到服务质量标准化、服务岗位规范化和服务工作程序化与系列化。

（二）必须收集质量信息

餐厅管理人员应该知道服务的结果如何，即宾客是否满意，从而采取改进服务、提高质量的措施；应该根据餐饮服务的目标和服务规程，通过巡视定量抽查、统计报表、听取顾客意见等方式来收集服务质量信息。

（三）必须抓好员工培训

企业之间服务质量的竞争主要是人才的竞争、员工素质的竞争。高质量的、有效的员工培训是提供高质量服务的基础和保障。因此，新员工上岗前，必须进行严格的基本功训练和业务知识培训，不允许未经职业技术培训、没有取得一定资格的人上岗操作。在职员工也必须利用淡季和空闲时间进行培训，以提高业务技术，丰富业务知识。

【师傅指导】

餐饮服务质量控制的方法

根据餐饮服务的阶段性，餐饮服务质量控制可以相应地分为预先控制、现场控制和反馈控制。

1. 预先控制

所谓预先控制，就是为提高服务质量，酒店在开餐前所做的管理上的努力。预先控制的目的是防止开餐服务中所使用的各种资源在质和量上产生偏差。

预先控制的主要内容包括：

（1）人力资源的预先控制。餐厅应根据自身特点、预订情况等因素灵活排班，安排好各个岗位人员的数量和工作内容，确保在高峰时段有足够的服务人员。那种餐厅中顾客多而服务员少、顾客少而服务员多的现象，都是人力资源使用不当的现象。除在人力资源数量上的控制外，对服务人员的状态也应给予充分的关注，在开餐前，应充分利用餐前会、例会等途径激活服务人员的工作状态、检查员工仪容仪表、反馈总结服务中的问题等。

（2）物资资源的预先控制。这里的物质资源包括厨房菜品原材料的准备，餐台物件摆放的准备，以及火柴、开瓶器、牙签等常见服务器具的准备。在前几章内容中所提到的餐巾折花、中西餐摆台等内容均属于预先控制中物质资源的预先控制。

（3）卫生质量的预先控制。在开餐前，应对餐厅卫生做一次详细的检查，包括墙面、天花板、地毯、餐具、台布、餐桌椅等，对于卫生不合格的应及时撤换，以免影响客人的消费体验。

（4）事故的预先控制。在开餐前，主管人员应再次与预订中心和厨师长核对前后台所接到的客情预报或宴会指令单是否一致，以避免因信息的传递失误而引起事故。另外，还要了解当天的菜肴供应情况，如个别菜肴缺货，应让全体服务员知道。这样，一旦宾客点到该菜，服务员就可以及时向宾客道歉，避免事后引起宾客不满。

2. 现场控制

餐饮服务质量的现场控制，是指在餐饮服务的过程中，管理者在现场对正在进行的餐饮服务行为给予必要的指导、监督，以保证餐饮服务按照规定的程序和要求进行，达到目标服务质量。现场控制是一种主要为基层主管人员所采用的控制方法，餐饮部经理也应将现场控制作为管理工作的重要内容。

（1）服务程序的控制。开餐期间，餐厅主管应始终站在第一线，通过亲身观察、判断、监督、指挥服务员按标准服务程序服务，发现偏差应及时纠正。

（2）上菜时机的控制。掌握上菜时间要根据宾客用餐的速度、菜肴的烹制时间等，做到恰到好处，既不要让宾客等待太久，也不应将所有菜肴一下子全上去。餐厅主管应时常注意并提醒掌握好上菜时间，尤其是大型宴会，上菜的时机应由餐厅主管，甚至餐饮部经理掌握。

（3）意外事件的控制。餐饮服务是面对面的直接服务，容易引起宾客的投诉。一旦引起投诉，主管一定要迅速采取弥补措施，防止事态扩大，影响其他宾客的用餐情绪。发现有醉酒或将要醉酒的宾客，应告诫服务员停止添加酒精性饮料。对已经醉酒的宾客，要设法让其早点离开，以保护餐厅的气氛。

（4）人力控制。开餐期间，服务员一般实行分区看台负责制，在固定区域服务。但是，主管应根据客情变化，进行服务过程中的再调整，保证人力的充足和充分利用。例如，如果某一个区域的宾客突然来得太多，就应从其他区域抽调员工支援，等情况正常后再将其调回原服务岗位。当用餐高潮已经过去，则应让一部分员工先去休息一下，留下一部分人工作，到了一定的时间再交换，以提高工作效率。这种方法对于营业时间长的餐厅如咖啡厅等特别必要。

3. 反馈控制

所谓反馈控制，就是通过质量信息的反馈，找出服务工作在准备阶段和执行阶段的不足，采取措施加强预先控制和现场控制，提高服务质量，使宾客更加满意。信息反馈系统由内部系统和外部系统构成。内部系统是指来自餐厅内部服务员和经理等有关人员的信息反馈。酒店在大型接待活动结束后，往往会召开总结会，总结接待过程中出现的问题，以不断改进服务质量，这就是一种内部系统反馈。信息反馈的外部系统，是指来自宾客的反馈信息。为了及时得到宾客的意见，餐桌上可放置宾客意见表，也可在宾客用餐后主动征求客人意见。宾客通过大堂、旅行社等反馈回来的投诉，属于强反馈，应予高度重视，保证以后不再发生类似的质量偏差。

建立和健全两个信息反馈系统，餐厅服务质量才能不断提高，才能更好地满足宾客的需求。

【徒弟操练】

1. 某日早上，住店客人张先生前往酒店餐饮部享用早餐，在酒店前两天的住宿和就餐体验给张先生留下了很好的印象，他很喜欢酒店的环境和服务。张先生在餐饮部点了一份酒酿圆子，没多久，一份芳香四溢的圆子就端了上来，张先生刚想品尝，发现碗里有一只苍蝇，于是他叫来了服务人员，愤怒地一通抱怨，并在酒店官网上给出了差评。

（1）思考，案例体现了餐饮服务质量的什么特点？

（2）如果你是餐饮部主管，面对材料中张先生的抱怨，会如何进行服务质量的现场控制？

2. 一天，某星级酒店迎来了一位过寿的老人。老人的儿女在预订时交代，当天，生日蛋糕务必在生日歌响起来后由服务人员推着餐车送进来。可是当天，客人围桌而坐，气氛很欢快，菜上齐后，老人的儿女高兴地为其父祝寿，客人们均起身鼓掌欢迎，气氛热烈，然后开始播放生日歌，歌声响起，却迟迟不见生日蛋糕推进来，等到歌声快完了，还是没见到蛋糕。老人的家人赶忙去包间门口看看情况，站在门口的服务员说："不好意思，餐车还没推过来。"客人勃然大怒。事后经总结发现，预订部门未能及时将客人的预订要求准确传达到餐饮部，当餐饮部发现客人的预订要求再去准备餐车时，已经来不及了。

（1）案例中的状况反映了餐饮服务质量控制中哪一环节的问题？

（2）谈谈个性化服务与餐饮服务质量之间的关系。

【扩展提高】

外部系统作为反馈控制的重要组成部分，能够更直观地获知宾客的消费体验，对于酒店改进服务质量具有不可替代的作用，常见的外部信息反馈途径主要包括以下几种：

1. 采用意见卡

客户意见卡是餐厅测知客人满意度的一种最简单的方法，还可借此与客人建立联系，得到最直接的反映，以便及时处理最迫切的问题。

当然，意见卡的反馈是相对被动的，酒店无法要求客人都填卡寄回，而会寄回的一般都是较主动的客户，他们的意见不能代表全部客人的消费体验，因此并不能完全避免调查偏差的产生。尽管意见卡不是最好的方式，但是在信息获取的直接性和低成本方面，意见卡不失为一个合适的方法。

2. 信函调查

信函调查的费用通常只比意见卡多一点，而且一般的客户多半会回函。不过，用减价、折扣等"贿赂"手段，或许可以增加回信率，而抽奖、电话追踪等可以作为辅助手段。但是，信函调查也有其自身弊端，如通常回信的都是某个特定阶层的客户，因此他们的意见仅能够代表特定阶层的体验状况，对其所获得的结果的代表性仍要打个问号。

3. 电话回访

目前，许多酒店会采取电话回访的方式来获知客人的相关意见，尤其是对于酒店的会员客户，更是具有从住前意见征询到住后意见反馈的一系列完整流程，如洲际集团对于优悦会会员的及时电话回访等。电话回访具有直接、高效、灵活的特点，但是，随着网络时代个人姓名、电话等一系列个人信息泄露事件的频发，人们普遍对于不常联系的陌生电话产生抵触和排斥心理，这直接导致电话回访的成功率频频下降。很多情况下，客人及时接通了电话，仍不愿透露过多的信息，从而直接影响到了电话回访的有效性。

4. 扮装神秘客人

"神秘顾客"是指进行一种商业调查的经过严格培训的调查员。他们在规定或指定的时间里扮演成顾客，对事先设计的一系列问题逐一进行评估或评定。这一方式在星级酒店的质量管理中较为常见。神秘客人是受测者不认识的专门人员，他们会在乔装客人之后向餐厅反馈就餐和入住体验情况。

5. 网站评价

酒店营销渠道的多样化也带来了评价主体评价入口的多样性，当下，除酒店自身官方网站或所属集团网站外，携程、艺龙、美团等第三方销售平台都拥有顾客点评区，这些网络点评已经成为当下酒店获取服务质量信息的重要来源。

任务四 餐饮营销管理

【学习内容】

1. 餐饮营销的概念。
2. 餐饮营销环境的构成。
3. 餐饮业市场分析及定位。
4. 餐饮产品策略。
5. 餐饮产品定价目标、价格影响因素及定价策略。
6. 餐饮产品促销手段。

【师傅要求】

1. 熟悉餐饮营销管理基础知识,掌握餐饮产品的定价策略和促销方式;
2. 能够根据实际情况分析餐饮营销环境,选择合适的营销策略。

【师徒互动】

一、餐饮营销及其环境分析

(一)餐饮营销的概念

餐饮营销是指餐饮企业对目标经营项目或餐饮产品进行包装宣传,以合适的价格提供餐饮产品和服务,满足目标市场宾客需求,实现餐饮经营目标的一种综合性管理过程。餐饮营销管理是连接饭店经营服务与社会需求的重要纽带,是提高餐饮市场竞争力的重要手段,是提高餐饮业经济效益的必要手段。

餐饮营销包含四大要素(4P):

(1)餐饮产品。主要包括产品实体、产品服务、包装等。
(2)餐饮价格。包括基本价格、折扣价格、支付方式等。
(3)餐饮销售渠道。包括存货控制、运输设备、储存设施、销售通路等。
(4)餐饮促销方式。包括广告、人员销售、公共关系等。

(二)餐饮营销环境分析

任何企业在营销过程中都会受到所处的内外部环境的影响,餐饮企业也是如此。在

营销前，如果不对餐饮企业所处环境进行有效分析，企业很难知道自己所处的市场位置、潜在竞争因素、风险因素等信息。因此，在具体制订营销计划前，必须对餐饮企业所处的微宏观环境进行详细的梳理和分析。

通常情况下，餐饮市场营销环境是由两方面构成的，即微观环境和宏观环境。微观环境指与企业紧密相连，直接影响企业为目标市场顾客服务的能力和效率的各种因素。宏观环境是指人口、自然、经济、科学技术、政治法律和社会文化等大环境因素。微观环境受制于宏观环境，但它同时也制约着企业的生产经营活动并受到企业营销活动的影响。宏观环境与微观环境共同构成企业营销环境系统，共同对企业的营销活动产生影响。

1. 餐饮营销环境因素特点

（1）系统性。餐饮营销环境各个因素相互影响，共同构成餐饮企业所处的环境系统。

（2）可转化性。市场环境既可能是餐饮企业营销的制约因素，又可能是机会因素。

（3）多变性。一般情况下，市场营销环境呈现出渐变状态，有时也会出现突变状态。

2. 宏观环境分析

（1）人口环境。

人口环境主要指餐饮企业所处城市或地区的人口规模、地理分布、人口结构（年龄结构、性别结构、职业结构、家庭结构）。其中，人口规模决定了市场容量的大小。在人口结构上，就年龄结构而言，要根据餐饮企业本身的定位来考虑地区年龄结构是否有利于餐饮企业营销。在职业结构上，不同的职业人群对餐饮的偏好也会有差异。

（2）经济因素。

首先是个人收入和支出状况。个人收入是指在一定时期从各个来源渠道的个人收入总和。可支配个人收入是指在个人收入中扣除个人缴纳的各种税款和其他必要转移支出后，可用于个人消费和储蓄的那部分个人收入，它是影响消费者购买力和消费支出的决定性因素。

其次，还应考虑通货膨胀和货币汇率。通货膨胀属于货币周期中的货币现象，在经济繁荣期，通常属于温和型通货膨胀，在这一时期，人们往往愿意把富余收入花费在酒店上。经济衰退期常会伴随恶性通货膨胀，人们用于酒店方面的支出会比繁荣期大为减少。例如，2008年全球金融危机时期，全国酒店业受损明显，尤其是上海、北京等一线城市，2008年11月后，酒店出租率下降了足足15%，足见经济大环境的影响力。

（3）政治法律环境。

政治法律环境是影响餐饮企业开展营销活动的重要因素，包括政治环境、法律环境等，属于企业不可控因素。

首先，政治环境的稳定性是餐饮企业市场营销活动得以正常开展的基本条件，不仅如此，对地区整体经济都有着重要的影响。比较鲜明的例子如2019年4月21日，印度洋海上岛国斯里兰卡发生系列爆炸袭击事件，作为其国家经济的重要组成部分，旅游业遭受重创。

除政治环境的稳定性外，国家政策与法律法规也在很大程度上影响着餐饮营销活动的开展。如2012年，我国"八项规定"的出台、"十八大"后中国酒店的"降星潮"，都对餐饮企业的经营管理提出了新的要求。在法律法规方面，主要应考虑三类：第一类是以规范旅游企业竞争为目的的法律法规，第二类是以保护旅游消费者权益为目的的法律法规，第三类是以维护社会利益为目的的法律法规。

（4）社会文化环境。

社会文化环境主要包括宗教信仰、风俗习惯、价值观念等内容。宗教信仰对餐饮营销管理的影响是显而易见的，如基督教不吃任何动物的血，犹太人也不食用任何动物的血和血制品，可食动物经礼定屠宰后的肉，用抹盐后熏烤的方法去除肉中的血方可食用。还有大家比较熟悉的穆斯林不吃猪肉的宗教习俗，也成了穆斯林餐厅的经营和营销需要规避的内容。

价值观念同样是营销管理需要考虑的因素，不同的人有不同的价值观，对同一种产品，不同的人会有不同的评价，很显然，与人们价值观一致的产品会受到欢迎，否则就会受到冷落，甚至遭到抵制。巴黎迪士尼乐园的经营就是一个典型的例子，巴黎迪士尼乐园是欧洲历史上第二大独立建设项目（英法海底隧道是第一大项目）。于1992年在法国开业后很快陷入亏损，到1993年年底，公园累计损失超过10亿美元。后来经过迪士尼公司的市场调研和分析，发现主要原因是，他们在法国的市场营销战略，与当地的价值观念产生了很大冲突。巴黎迪士尼乐园开业前期的管理制度中，明确规定了员工要按照迪士尼的要求着装，规定女员工不能留长指甲，要穿合适的内衣，并对员工的发型有严格的要求。这种要求被法国人认为是一种侮辱，因为这有悖于法国文化中的个人主义和保护隐私的传统个人价值观。《费加罗报》指出，"巴黎迪士尼是以降低人的文化标准来追求金钱至上的典型"。

餐饮营销还需考虑不同地域的风俗习惯问题，比如北京、天津等北方城市，有爱吃茴香馅儿饺子的饮食习惯，茴香作为一种蔬菜在北京特别受欢迎，然而，在南方城市，对茴香就不是那么喜爱了，茴香多被作为配菜出现。

3. 微观环境分析

（1）酒店供应商。

餐饮企业供应商是向餐饮企业及其竞争对手提供生产餐饮产品所需各种资源的企业或个人。如向酒店提供客源的旅游公司，向餐饮企业提供食材、低值易耗品的供应商等。

（2）营销服务机构。

协助餐饮企业了解市场的调研公司、协助餐饮企业向目标市场推介餐饮产品的各种策划公司、各种广告媒体。

（3）财务中介机构。

为酒店企业经营活动提供信贷资金和结算服务以及保险服务的银行、保险公司等，虽然不直接参与酒店企业的运营，但对其经营过程会产生很大影响。

（4）餐饮消费者。

一般而言，餐饮消费者分为个体消费者和组织消费者，个体消费者一般具有人多面广、需求差异大、购买频率高和流动性较强的特点，而组织消费者则具有购买订单少，但购买规模大的特点。同时，组织购买的需求弹性较小，如旅行社企业订购的餐饮服务。

此外，对于多样化的个体消费者，还应该考虑到消费者的不同类型，如"革新性"消费者，具有观点新颖、不随俗、爱创新的特点，他们能够引导餐饮企业找到新的卖点。而"逃避型"的消费者，倾向于逃避现实，如果经济条件允许，较喜欢宁静优雅的就餐环境。

（5）竞争者。

竞争者类型大致可以分为四类：愿望竞争者、属类竞争者、产品竞争者和品牌竞争者。愿望竞争者是指提供不同产品或服务以满足消费者的不同需求，与餐饮企业争夺同一顾客购买力的所有其他企业，如一个消费者打算拿出两万元进行旅游消费，那么他就面临着如何在食、住、行、游、购、娱中分配的问题，在其他方面的花销如果过多，就需要压缩餐饮方面的花销。属类竞争者是指把所有提供能满足同类需求的产品的企业都作为竞争者，如民宿与星级酒店、小餐馆和农家乐等都属于属类竞争关系。产品竞争者是指把所有提供同一产品的企业作为竞争者，如三星级酒店和四星级酒店就属于产品竞争者关系。品牌竞争者是指产品、规格、型号等相同，但品牌不同的竞争者，如希尔顿酒店和万豪酒店，同样属于高端酒店品牌，但是品牌不同，经营理念也有所区别。

在考虑竞争者因素时，应从竞争企业数量、规模和能力、对竞争产品的依赖程度、竞争企业的营销策略和销售渠道的差异化程度等方面来考虑。

（6）社会公众。

社会公众是指对餐饮企业市场营销有现实或潜在影响的群体，处理好与社会公众的关系，有助于维护餐饮企业的良好形象。社会公众的分类有很多，如媒体公众，包括报纸、杂志、广播电视等，社区公众，包括当地的居民和社区组织，内部公众，包括餐饮企业内部的管理人员和一般员工等。

二、餐饮市场定位与目标市场选择

（一）市场细分

餐饮市场的分析与定位是餐饮销售管理的前提和依据。餐饮市场细分是指将一个错综复杂的消费市场划分为若干具有相同需求的亚市场，从而有效分配和使用有限资源来进行的各种销售活动。餐饮市场细分是为了有效地使用各种销售资源。实际上，如前所述，在餐厅设立之初，就已经对餐饮市场进行了细分。

通常而言，餐饮市场细分是指餐饮企业根据消费者需求不同，将整体餐饮市场分为若干不同类别的子市场的过程。细分市场要求所采取的标准有利于餐饮企业经营目标的实现，细分结果能够明显表现出酒店各个细分市场在消费者需求或消费者购买方式等方面的差别，此外，餐饮企业也能根据这些差别，整合资源，采取相应的营销战略和策略。

为满足经营目标，餐饮细分市场应具有可衡量、可达性、规模性、购买力可行的特点。常见的市场细分多按照客人用餐的目的、价格敏感的程度和餐厅方便的程度来进行。

市场细分的程序如下：
（1）确定酒店的市场范围。
（2）了解所选市场范围内潜在顾客的各种需求。
（3）找出用于酒店细分市场的明显标准。
（4）列出酒店各细分市场。
（5）筛选主要细分市场。
（6）分析整合细分市场。

有效的市场细分不仅有助于企业发现营销机会，还有助于企业制定和调整营销策略组合，对于餐饮企业取得有利的竞争地位和集中利用现有资源专注主要经营方向十分有利。

（二）目标市场的选择

1. 选择原则

在细分市场的基础上应进行目标市场的选择，选择餐饮目标市场应充分考虑以下因素：

（1）目标市场的大小。即准备开发的客源市场消费群体是否足够大、人数是否足够多、是否有足够的消费能力，从而保证开发后的市场能够带来经济效益。

（2）有发展的潜力。餐厅准备开发的目标市场，可能目前所占份额不算大，但随着时间的推移和相关环境因素的改善，预测其会有较大的发展，会给餐饮店带来许多销售机会。

（3）市场是否处于暂未饱和状态。市场暂未饱和指该细分市场尚处于供不应求的状态，竞争尚不激烈或未被竞争对手控制，这样餐厅则有发挥的空间。未饱和的目标市场可以使餐饮店充分利用其资源，发挥其优势，开发新产品，满足消费者的新需求。

（4）与餐饮企业所拥有的资源相匹配。餐饮企业所拥有的人力、物力、硬件设施、软件条件等成为选择目标市场的重要依据。对适合企业经营目标的细分市场，餐饮企业

则要考虑自身的生产能力，拥有的各种资源和技术，选择那些本身有能力满足其需要的细分市场作为目标市场。在所选择的目标市场上，餐饮企业应该能充分地发挥自身的优势，充分利用自身资源，扬长避短，突出自己的特色，方能使销售获得成功。

（5）竞争对手的招徕能力。餐饮店在选择目标市场时要考虑竞争对手的客观条件极有可能对本企业构成的威胁，应避免因选择相同的目标市场而与竞争对手发生直接冲突。

2. 目标市场选择的策略类型

（1）无差异营销策略。

无差别市场营销策略，就是企业把整个市场作为自己的目标市场，只考虑市场需求的共性，而不考虑其差异，运用一种产品、一种价格、一种推销方法，吸引尽可能多的消费者。无差别营销策略适用于刚起步的企业，可以在刚刚开始时采用无差别营销，等取得一定成功和发展后，再选择其他营销策略。众所周知的可口可乐品牌，一直采用无差别市场策略，只生产一种口味、一种配方、一种包装的产品，却满足了世界各地消费市场的需求，被称作"世界性的清凉饮料"。由于百事可乐等饮料的竞争，20世纪80年代，可口可乐公司宣布改变配方，却引起了市场的轩然大波，许多声音表达出对公司改变可口可乐配方的不满。随后，公司不得不继续大批量生产传统配方的可口可乐。由这个例子可以看出，无差别市场策略对产品的内在质量和外在形象有较高要求，只有具有独特风格，才能得到多数消费者的认可，从而保持相对的稳定性。

无差异营销策略的优点是产品单一，大批量生产能够有效降低生产和销售成本，但是如果同类企业也采用这种策略，必然会形成激烈竞争，影响市场占有率。

（2）差异化营销策略。

差异化营销策略是指企业重视客户的差异化需求，并根据不同客户需求，选择几个不同的差异化产品或服务作为主要经营对象的营销策略。差异性营销策略适用范围：采用这种策略的多是资源有限的中、小型企业，它们追求的目标不是在较大的市场上占有一个较小的市场份额，而是在一个或几个较小的市场上占有较大的甚至是领先的市场份额。

差异化战略可适用的方面有很多，包括产品设计或商标形象的差异化、产品技术的差异化、顾客服务上的差异化，以及销售分配渠道的差异化等。

（3）集中性市场营销策略。

集中性市场营销策略就是在细分后的市场上，选择两个或少数几个细分市场作为目标市场，实行专业化生产、销售和经营，在少数市场上发挥优势，提高市场占有率。采用这种策略的企业对目标市场有较深的了解，中小型餐饮企业可以考虑采取这一营销策略。

集中性市场营销策略有其明显的优点，它能集中企业资源，有利于产品适销对路，降低成本，提高企业和产品的知名度。但是同时也有较大的经营风险，因为它的目标市场范围小，品种单一。如果目标市场的消费者需求发生变化或遇到强有力的竞争者进入，企业就可能因应变不及时而陷入困境。因此，基于这种情况，许多中小企业为了分散风险，仍应选择一定数量的细分市场为自己的目标市场。

（三）市场定位

市场定位是指餐饮企业在对目标市场的需求和行为特征进行充分调查分析的基础上，塑造自己的特色形象，以求在目标顾客的心目中占据一个独特的、形象鲜明的、有价值的位置所进行的一系列行动。它是酒店制定营销策略组合的基础，有利于酒店掌握目标市场特征，更好地满足目标市场需求。

1. 餐饮企业市场定位的依据

（1）根据产品属性定位。

餐饮产品本身的属性以及由此获得的利益是顾客能够体会到的，如餐厅的优雅气氛、卫生舒适、方便快捷、温馨体贴、风格明显等。餐饮企业除强调一般的普通属性外，更强调某一种或几种属性，而这种属性常是竞争对手所没有顾及或者无法仿制的。例如，肯德基推出儿童餐，吸引家庭消费者的同时，还附属儿童游乐园等满足特定消费者其他需求的服务。

（2）根据顾客特点定位。

这是餐饮企业常用的一种产品定位方式，即指餐饮企业试图将其产品指向某一类特定的消费者或某个目标市场，以便根据这些使用者或目标市场的特点创建这些产品恰当的形象。例如，丽思·卡尔顿饭店向顾客提供了目标市场营销的形式——定制营销。它们的数据库中存有顾客的详细信息，尤其是注明了顾客的各种消费偏好，如某个顾客所喜欢的枕头类型和数量等，并以其特有的各种富有创意的方式为目标市场提供定制服务，这样更多更长期地占有市场，并且使一些利润率较高的细分市场成为企业的忠诚顾客。

（3）根据产品特色定位。

一方面，餐饮企业应使自己推出的餐饮产品和服务确实具有某种独特的风格，经营管理人员必须想方设法创造本餐厅产品和服务上的特色；另一方面，营销人员要善于灵活利用各种有形证据，并通过宣传、广告等手段，让目标市场的顾客了解餐厅特色。现代酒店提供的产品和服务有很大的相似性，要显示本酒店与其他酒店不同的个性特征，越鲜明具体，越有利于形成自己的独特整体形象。有的酒店在广告中虽然使用了有形证据，但酒店建筑物和客房都很相似，难以突出与同一类型的酒店、与竞争对手的差异。

2. 餐饮企业市场定位的方式

（1）避强定位。这是一种避开强有力的竞争对手的市场定位。其优点是：能够迅速地在市场上站稳脚跟，并能在消费者或用户心目中迅速树立起一种形象。由于这种定位方式的市场风险较小，成功率较高，常常为多数企业所采用。

（2）对抗性定位。这是一种与在市场上占据支配地位的亦即最强的竞争对手"对着干"的定位方式。显然，这种定位有时会产生危险，但不少企业认为能够激励自己奋发上进，一旦成功就会取得巨大的市场优势。例如，可口可乐与百事可乐之间的竞争，"汉堡王"与"麦当劳"之间的竞争等。实行对抗性定位，必须知己知彼，尤其应清醒估计自己的实力，不一定试图压垮对方，只要能够平分秋色就已经是巨大的成功。

（3）重新定位。这种方式通常是对销路少、市场反应差的产品进行的二次定位过程。这种重新定位旨在摆脱困境，重新获得增长与活力。这种困境可能是企业决策失误引起的，也可能是对手有力反击或出现新的强有力的竞争对手而造成的。不过，也有重新定位并非因为已经陷入困境，而是因为产品意外地扩大了销售范围引起的。例如，专为青年人设计的某种款式的服装在中老年消费者中也流行开来，该服饰就会因此而重新定位。

三、餐饮产品策略

（一）餐饮产品的概念

餐饮产品是指餐饮企业提供的满足顾客需求的，有形产品和无形服务相结合的利益因素的组合，包括产品的色彩、形状、构成、质量、服务等，属于综合性的服务产品。

1. 餐饮产品具有生产、销售与消费的同步性

大多数餐饮实物产品只能在客人购买、消费前很短的时间内进行生产，也就是要"现做现吃"，或者"边做边吃"。这就使得餐饮产品的生产、销售与消费必须同时进行。

2. 餐饮产品具有复杂多样性

餐饮产品的复杂多样性，首先表现在餐饮产品种类繁多，形式与内容都很丰富上。在一定目标市场条件下，餐厅为了满足客人对风味等的不同需求，菜单上必须提供的菜品多达几十种，甚至上百种，而每种菜品的实际需求量难以预料，而餐饮服务内容则更加复杂多样。

其次，餐饮产品的复杂多样性表现在餐饮服务工作难度大。餐厅每天所能接待的客人来自四面八方，由于不同年龄、性别、民族、地域、职业、文化背景、性格的影响，因而餐饮习俗和爱好形形色色、千差万别，即使是同一种餐饮产品服务，不同的客人的感受和评价可能会大不相同。

最后，餐饮产品的生产环节多，管理难度大。餐饮产品的生产从菜单设计、食品原料采购、烹饪制作、餐厅服务到结账送客等环节众多，且各个环节的连贯性较强，必须相互协调，才能保证产品质量。另外，餐饮生产环节的成本很难控制，管理复杂，这些都体现了餐饮产品生产经营的复杂性。

3. 餐饮产品的文化性

不管是餐饮的菜肴等实物产品，还是就餐环境和员工服务，都承载了丰富的地域特色文化，这种文化从菜肴口味与命名、餐厅的装饰氛围、员工服饰与礼仪等都能体现出来。可以说，一个餐厅的饮食文化是其餐饮产品的灵魂。

（二）餐饮产品的设计与开发

1. 餐饮服务设计

20世纪70年代，社会学家丹尼尔·贝尔就已经提出了服务经济的概念。后工业社会下随着大批量生产和自由竞争，重视的是较高的生产效率和较低的生产成本，因为批量化生产的产品难以满足消费者的个性化追求，所以企业需要寻找新的增长点，在这样的背景下，服务价值逐渐得到关注，对于餐饮企业而言，恰当的服务设计能够为餐饮企业的经营带来新的机遇。

餐饮服务的设计可以从餐前、餐中、餐后三个环节入手。餐前环节也是如今顾客到店餐饮最大的痛点之一，虽然总的来说餐饮资源和供给都处于供给过剩的状态，但因为资源分布和餐饮多样化发展还未成熟，导致排队点餐等环节浪费了用户大量的时间，在等待过程中有不少消费就此流失。基于这一现状，在餐饮流程的设计上，商家应该就用户到店前或到店后，考虑如何减少用户等待时间，或者想办法创造新的、有吸引力的服务场景以减轻用户等待的烦躁。比如，体验式服务营销做得很到位的餐饮企业——海底捞，在顾客等位的时候，为了帮顾客打发时间，减轻等待焦虑，他们为女性顾客提供美甲服务，美甲做好了，也就轮到自己了。

在餐中，良好的就餐体验应以细节为抓手，如传菜上菜时间应适宜，就餐过程中服务员对顾客特殊需求的关注，在就餐过程中为用户创造新的兴奋点（如为当天生日的顾客制造小惊喜、赠送小礼物）等。总之，服务价值的体现来源于为用户创造除了解决吃饭需求以外的附加价值，给顾客更多的荣耀感、仪式感。比如，有的餐厅在看到顾客一个人前来就餐时，会悄无声息地放置一只玩具熊陪伴就餐，这就是餐中服务营销的典型例子。餐后体验主要体现在支付和二次消费方面，可以从减少顾客结账等待时间，给予优惠等方面着手。

2. 餐饮新产品的开发

基于消费趋势的不断变化和消费者本身对新鲜事物的好奇心理，餐饮新产品的开发具有其必要性。对于餐饮业而言，新产品开发可以是在原有基础上进行改进的产品，也可以是全新产品的呈现。

产品改进指餐厅在现有产品的基础上，根据市场需求的变化和顾客对菜品所提出的要求，对菜品进行调整，可以是口味上的，也可以是造型上的，以此提高菜品的质量，使菜品的色、香、味、形更适合人们消费需求的变化。如辣子鸡块这道川菜开始在北方并不是很受欢迎，客人反映"口味还可以，只是辣椒比例太大，感观不能接受"，于是厨师针对标准配方稍作修改，减少辣椒量，加大鸡块煸炒程度，使菜品得到全新的呈现。

新产品开发的另外一种形式则是根据市场需求开发出一种全新的菜品。餐饮新产品开发的灵感一般有两个来源：一是来源于餐厅员工，一方面一线员工最了解餐厅自身的产品，另一方面一线员工直接对宾客服务，宾客的意见或建议都是直接向一线员工表达的。因此，他们了解产品与宾客需求之间的差距，进而容易获得新产品的想法。二是来源于餐饮企业竞争对手，餐饮企业通过监视竞争对手的产品可以发现新构思。例如，餐饮企业通过对曾经在竞争对手餐馆用过餐的顾客的调查或亲自前去就餐来分析、汲取经验，开发、销售大众化餐饮，或是通过对相同档次、相同条件的餐馆吸引大量宾客前去消费的娱乐设施的分析，找出经营策略的差距，重新调整、组合、开发和销售新产品。在市场竞争激烈、宾客需求不断变化的情况下，这样做可以激发新构思的产生，缩短产品的开发过程。以市场为导向的开发原则不仅要求餐馆密切关注顾客的需求，还应关注竞争对手的情况。

（三）餐饮品牌策略

品牌是企业的形象和标志，具有鲜明的代表性和区别性，是市场生命力的重要体现。对于餐饮企业而言，品牌策略可以使餐饮业发挥企业的规模经济效应。许多菜品可以模仿，但是品牌是不可复制的，一个有着良好口碑的品牌可以将它所代表的企业与竞争企业区分开来，甚至可以对竞争对手形成进入壁垒。在餐饮市场中，强有力的品牌形象可以使其占据有利的市场地位，对于餐饮消费者而言，备受尊崇的品牌是质量、品质的保证。那么，餐饮企业应如何进行有效的品牌经营呢？

1. 强烈的品牌战略意识

品牌意识在竞争市场中是引领企业制胜的法宝，是企业核心竞争力形成的"领路人"。企业的品牌意识至少包括三个方面的内容：一是品牌使用意识，即企业对使用品牌重要性的认知。二是品牌保护意识。首先是对品牌的经营保护，保证产品质量，为品牌持续的生命力保驾护航。其次是对品牌的法律保护，保证品牌使用人的合法性。三是品牌的发展意识，这一点要求企业应用发展的观念来看待品牌的传承，不断增加品牌深度、创新品牌内涵，不断提升品牌的竞争力，确保企业的长远发展。

2. 准确的品牌市场定位

前文已经说到市场定位的相关内容，品牌的市场定位与餐饮企业的产品定位是一致的。如前所述，市场定位需要从市场机会入手，进而进行市场细分化、目标化，最后完成定位，在定位的基础上开展定位营销。

定位营销的第一步是要确认潜在的竞争优势：成本优势或（和）产品差别化优势。第二步应选择竞争优势，在这一阶段应放弃那些优势微弱、开发成本较高的项目，集中精力和资源在优势明显的项目上。第三步是准确地向市场传达企业的定位，再强大的竞争优势也不会自动被消费者熟知，所以，企业应通过广告、媒体等的宣传活动告诉市场自己的定位是什么，并尽力让消费者记住它。

四、餐饮产品的定价策略

在菜单设计小节中，我们已经对菜品定价的原则和方法做了相应的介绍，这里将主要就餐饮产品定价的目标、餐饮产品定价的影响因素、常见的价格策略几个方面展开讨论。

（一）餐饮产品定价目标

（1）以谋求餐厅经营利润为目的的定价目标。很多餐饮企业都采用追求高利润的定价目标，但是，追求高利润并不表示一直给产品制订高价，而是追求一个长期较高的总利润，为了达到这一目标，餐饮企业可能会在短时间内为了吸引更多的目标顾客而实验薄利多销的定价策略，以争取更多的市场份额，让更多的消费者了解整个餐厅的环境，包括菜品的质量、口味的好坏以及服务质量的优劣等。当占据一定的市场份额后，再渐渐将菜价恢复到正常水平，以获得高利润。

（2）以扩大销售知名度为目的的定价策略。以这一目标为导向的商家多会选择以低价进入市场，这样不可避免地会带来低利润。这种目标导向适用于易被模仿、竞争对手较多的餐厅类型。

（3）以生存为目标的定价策略。在市场竞争异常激烈或市场不景气的环境下，很多餐厅为了生存与发展，在定价时只求保本，以便在市场需求回升或企业达到一定知名度后再提高价格。另外，有一些大型的企业集团或公司为方便接待客户，会自己出资开办一家附属餐饮店，这种餐饮店一般也以保本为定价目标。

（4）以塑造良好企业形象为导向的定价目标。以树立餐厅良好形象为导向选择定价目标主要有以下三种情况：

①以优质高价形象为定价目标导向。有些酒店品牌具有较高的认知价值，企业可以抛开成本，根据顾客的认知价值来对餐饮产品进行定价，或者直接通过定价来提高产品的声望，将优质的产品定以高价将会产生很大的品牌增值效应。这种目标导向不但可以获得高额利润，而且能够使消费者在心理上得到满足。

②以大众化平价形象为定价目标导向。餐饮企业采取这种定价导向可以吸引大量消费者，通过扩大销售量来获得利润，这种导向常被认为是优质和物有所值的象征。

③以树立良好企业信誉为定价目标导向。价格可以树立和维护餐饮企业的良好信誉。餐饮企业在激烈的市场竞争中，尤其是市场并不规范的情况下坚持一贯的定价目标和原则，维护社会公德以及商业道德，就是维护自身信誉。价格是树立企业信誉的一种有力手段，而企业自身也可以从信誉中得到回报，信誉是企业的一项无形财富。

（5）以吸引客人增加酒店其他消费为目的的定价目标。这一导向的定价模式常会将餐厅某一种或几种产品的价格定为超低价，从而吸引大量消费者前来消费，无形中带动餐厅其他菜品的销售。

（二）餐饮产品定价的影响因素

（1）内部因素。影响餐饮产品定价的内部因素是指餐饮企业在定价时自己有能力控制的因素，如成本和费用、餐饮产品、档次、原料、工艺、人力资源、经营水平等。其中，成本是影响餐饮产品定价最基本的因素，产品是定价的基础。

（2）外部因素。影响餐饮产品定价的外部因素包括市场需求、竞争因素、地区人民生活水平、消费者心理等。

（三）餐饮产品价格策略

（1）满意利润策略。

该策略以争取正常利润为主，重点在掌握企业综合毛利率和分类毛利率，使产品价格补偿原材料成本和流通费用后，有比较满意的利润。

（2）市场占领策略。

这种方法较为看重市场占有率情况，运用市场占领策略在价格制定上，要大力降低成本费用开支，然后以较优惠的价格吸引就餐客人，造成局部优势。

（3）声望价格策略。

针对消费者"价高质必优"的心理，对在消费者心目中享有声望、具有信誉的产品制定较高的价格。价格档次被当作商品质量最直观的反映。

（4）差别价格策略。

根据不同市场或同一市场不同消费者群的具体情况，对同类餐饮产品制定不同的价格。相同的餐饮产品以不同价格出售的策略，其目的是通过形成若干个局部市场以扩大销售，增加利润。

（5）心理价格策略。

心理定价策略是指餐饮企业在定价时，利用顾客心理，有意识地将产品价格定高些或低些，以提高销售量。心理定价策略主要包括声望定价、尾数定价和招徕定价等。

①尾数定价策略：指保留价格尾数，采用零头标价，满足消费者廉价消费心理。由于尾数标价较为精确，给人以信赖感，对于需求价格弹性较强的商品，尾数定价策略可大大增加销售量。餐厅中一般菜肴可采用尾数定价策略。

②整数定价策略：餐厅在定价时，采用合零凑整的方法制定整数价格，这是针对高档菜品的常用定价策略。消费者往往是通过价格来辨别产品质量，而整数价格又能提高"身价"，使消费者产生"一分钱一分货"的想法，因此，名贵菜肴一般多采用整数定价策略。

③招徕定价策略：利用消费者廉价消费的心理，对产品以低价或降价的办法吸引消费者，借机扩大销售，打开销路。这种定价策略以餐厅的整体利益为目标，而不是以个别产品的收益为目标。如有的餐厅对某个菜肴定价会采取招徕定价策略，牺牲部分餐饮产品的利益而确保其他一些产品的高收益，最终实现整个餐厅的总收益。

④分级定价策略：把同类产品的价格有意识地分档，形成价格系列。针对消费者比较价格的心理，使消费者明显感到价格高低代表着产品的高低档次，从而便于消费者按自己习惯的档次选择购买。

（四）餐饮促销的主要手段

促销是指企业通过非人员推销或人员推销的方式，向目标消费者传递产品或服务的存在及其性能、特征等信息，帮助消费者认识这些产品或服务所带来的利益或效用，从而引起其兴趣、激发其购买欲望、促成其购买行为的活动。

促销活动能够刺激其他菜品的销售，如有的餐厅提供日式火锅时，以象征性地收费甚至免费提供开胃头菜，如野山椒、泡菜黄瓜条等，其成本很低，几样菜加起来不过一两元的成本，顾客却非常喜欢。餐厅的经营者应意识到，如果顾客多点一份山椒，他很可能就会再多点一份鱿鱼或肥牛，其毛利远远超过那些头菜的成本。

餐饮产品的促销方式与其他产品的促销方式类似，也可以分为非人员推销和人员推销两大类。

1. 非人员推销

（1）广告宣传。

广告是指通过购买某种宣传媒介的空间或时间，来向公众或特定市场中的潜在客人进行推销或宣传的一种营销方式。广告创意的基础是产品，并应与企业的营销战略融为一体。广告创意要突出产品的与众不同。按宣传媒介的不同，餐饮广告包括电视广告、电台广告、报纸广告、杂志广告、旅游指南类的印刷媒介广告、户外广告等。餐饮广告的载体不同，特点也不同，如登载在餐饮杂志上的广告信息虽然针对性和吸引力较强，但是所涉及的人群非常有限。电台餐饮广告成本较低、传播效率高，但是以声音的形式传播不可存储，缺乏形象的展示，吸引力有限。

（2）菜单营销。

菜单营销即通过各种形式的菜单向前来消费的宾客进行餐饮推销。可通过各种形式各异、风格独特的固定式菜单、循环式菜单、特选菜单、儿童菜单、中老年人菜单、情侣菜单、双休日菜单、美食节菜单等来进行宣传和无形的餐饮推销。可以将菜单设计出意境不同、情趣各异的封面，格式、大小可灵活变化，并可以分别制作成纸垫式、台卡式、招贴式、悬挂式、帐篷式等不同形式来吸引顾客的眼球。

（3）门店展示。

门店展示的内容较为丰富，首先可以对餐厅门面进行装饰布置，增强外观的吸引力和醒目度。另外，餐厅内部统一的主题和风格也是一种展示方式。餐厅服务人员的穿着、行为也是展示内容的一部分。除此之外，还可以对餐饮产品生产过程、产品本身等进行直接的展示，以达到促进销售的目的。

（4）活动组织。

餐厅可以通过举办竞赛活动、有奖销售活动等来拉动人气，从而起到增加销量的作用。餐厅可以选择在法定节假日或庆典活动期间开展促销活动，常见的节假日如春节、中秋节、圣诞节、情人节、万圣节等适合聚餐或庆祝的节日期间，典型的庆典活动如餐厅周年庆典等契机，或通过举办美食节、小吃节等活动来吸引客源、促销产品。

（5）宣传营销。

这里所说的宣传营销不包括前面说到的广告宣传。它是指以付费或非付费的新闻报道、消息等形式出现的，通过电台广播、电视、报刊文章、标志牌或其他媒介，为人们提供的有关饮食产品以及服务信息的营销方式。与广告相比，它更容易赢得消费者的信任。

餐饮营销人员应善于把握时机，捕捉一些餐厅举办的具有新闻价值的活动，向媒体提供信息资料，凡餐厅接待的重大宴请、新闻发布会、文娱活动、美食节庆等，都应该邀请媒体代表参加。

（6）对象促销。

对于这一促销方式，找准对象是最关键的。该类对象一般是餐厅最具潜力的消费人群，对餐饮的销售具有重要的影响。比如，有些地区的麦当劳在儿童节期间推出的活动：点餐的用户和麦当劳员工进行石头剪刀布比赛，如果客户赢了麦当劳员工，那么就可以免费端走一份儿童套餐。还有一些餐厅在内部空间的布置上，特意设置"儿童角"以提供给孩子玩乐的空间，设置儿童娱乐小天地，解决了消费者的后顾之忧。再如，许多餐厅会推出儿童的生日促销活动，在儿童生日当天提供有力度的优惠。

2. 人员推销

人员推销可以通过建立企业自身的销售队伍，培养自己的推销人员来开展，也可以通过使用专业推销人员，按照其代销额支付佣金，又或者使用兼职推销人员，按销售额比例提取佣金。

人员推销的任务包括探寻市场状况、市场信息和酒店信息的双向传递，推销产品，开展售前、售中、售后服务等。

【师傅指导】

一、餐饮企业的内部营销

我们前面提到的产品策略、品牌策略、定价策略等均是围绕外部营销而展开的，对于餐饮行业而言，除菜品本身会影响顾客的选择外，员工服务同样影响着顾客的满意度，可以说餐饮企业员工的态度、服务方式与顾客满意度、忠诚度有着密切的关系。餐饮企业员工作为与顾客密切接触的群体，其一言一行是提升顾客满意度的关键，因此，餐饮营销管理不仅应关注外部因素，还要关注内部员工，并进行有效的内部营销。有效的内部营销可以从以下几个方面着手：

1. 建立起以服务为导向的企业文化

任何企业都拥有自己的组织文化，组织文化作为一种"软实力"是企业精神文化的体现，文化是企业的黏合剂，当企业自身的积极文化氛围较为浓厚的时候，员工就会具有较强的凝聚力和向心力。积极健康的企业文化对员工具有有益的指导作用，会让员工对企业有充分的归属感。

2. 做好人员管理，保证信息传递的畅通性

要开展内部营销，提高员工满意度，餐饮企业应使组织中、上、下级之间的信息沟通渠道保持畅通，可以通过公司研讨会、教育培训、企业内部刊物、公告栏等方式进行。只有这样，当员工对酒店或自身的工作有任何想法或意见时，就可以借助有效的途径与直接上级或高层领导进行及时有效的沟通和反馈。另外，员工也可以通过这些多样化的渠道了解到高层管理者或整个企业向自身传达的政策精神、措施和办法。

3. 建立起员工激励机制

对于酒店或餐饮企业而言，许多针对员工的奖励机制是建立在降低成本或提高销售业绩的基础之上的，这有别于企业内部营销要建立的激励机制，这一机制应建立在顾客满意的基础之上，餐饮企业管理者可以将顾客针对服务的评价反馈给员工，将这些评价进行科学量化，对那些顾客评价较高的员工给予奖励，从而使员工更加积极地做好服务工作。在这一方面，连云港五星级酒店云台宾馆就是个典型的例子。酒店考核部门根据收到的顾客表扬信的数量对被表扬的服务行为和员工进行表扬和奖励，这使酒店的惊喜服务层出不穷。比如，当服务人员注意到顾客感冒着凉了的时候，便会主动送一碗姜茶给顾客；当服务人员在为顾客整理房间时发现顾客的眼镜盒放在桌上，便会将酒店的眼镜布悄悄放在桌边。正是这些内部营销影响下的温情服务，使得该酒店屡屡受到顾客的好评。

4. 在员工中加强"促销"工作

一方面，在餐饮企业内部，可以通过举办服务竞赛、优秀评比等活动提升员工对服务质量的重视。另一方面，也可以通过适当的外部活动如team building、参加城市马拉松、参加志愿活动等来帮助员工寻找工作之外的社会价值，以满足自我实现的精神需要。

二、餐饮产品促销策划书的编写

前面，我们提到许多关于餐饮营销的知识，对于营销活动的落地实施，还需要了解营销策划编写的一般步骤和内容。

1. 编写准备

在这一阶段应搭建策划书的大致框架，设计版面，整理相关资料。

2. 编写原则

促销策划书应遵循逻辑通畅、简单朴实、可操作性强和有创新点的原则。

3. 基本内容

（1）背景分析。

①行业状况分析。主要包括竞争对手状况、整个市场状况两部分内容。

②目标消费者分析。包括目标消费者的特征及消费习惯、目标消费者的兴趣及对本产品刺激的敏感点、目标消费者获取本产品相关信息的途径。

③产品分析。包括餐饮企业自身产品的特色和卖点（比较优势）、产品的市场生命周期及本产品所处的销售阶段。

④企业资源分析。餐饮企业当下所拥有的相关资源状况。

（2）确定促销目标。

根据以上背景分析，确定促销产品所处的销售阶段和相应的促销重点，进而确定促销总体目标。再针对促销重点，制定促销具体目标。

（3）确定促销主题。

根据促销目标，确定促销主题，重点关注消费者的敏感点，准确、鲜明地描述促销主题。

（4）选择促销方式。

（5）选择促销时机。

（6）制订促销方案。

（7）预测促销效果与促销经费。

（8）评估促销效果。

（9）注意事项和参考资料说明。

【徒弟操练】

1. 思考在餐饮促销手段中，人员推销的优缺点。
2. 案例分析。

伯乐看马

据《战国策》记载，春秋时代有一位卖骏马的，在集市上站了三天，谁也没有注意他的马。后来他去找名气很大的相马专家伯乐，对他说："我有一匹骏马，想卖掉，三天也没有人问津，请你帮帮忙，在马身边转悠一下，看一看，然后点下头，这样就够了。"伯乐一看，确实是匹好马，因此爽快地答应并且照着办了。顿时，这匹马就变为人们抢购的对象，价格也因此被抬高了10倍。

马主人掌握了人们对商品有消费需求，但又分辨不出优劣，怕贸然买下吃亏的心理，利用名人伯乐的权威性来推销商品，以伯乐的无声动作，引起人们对马的注意和联想：这肯定是匹好马，要不然人家伯乐根本不屑一顾。从而激发了人们的占有欲望，最终达成这笔交易。

思考：这则材料体现出哪一个环境因素对营销活动的影响？

3. 以小组为单位，收集当地餐饮企业所推出的新产品的相关资料，为该产品编写促销策划书。

【拓展提高】

一、拓展阅读

材料1：

杭州"狗不理"包子店是天津狗不理集团在杭州开设的分店，地处商业黄金地段，专卖"狗不理"包子。正宗的狗不理以其鲜明的特色（薄皮、水馅、滋味鲜美）而享誉神州。但正当杭州南方大酒店创下日销包子万余只的纪录时，杭州的"狗不理"包子店却依然"门前冷落车马稀"。对于这种现象的出现，总经理在不经意间流露出了撤销杭州分店经理职务的念头。经理知道后感到十分委屈，决定要将事情真相弄个水落石出。经过一番调查后，才恍然大悟：

首先，"狗不理"包子馅比较油腻，蒜一类的辛辣刺激物也很多，不合杭州市民的口味，因为杭州人喜爱清淡的食物。

其次，"狗不理"包子不符合杭州人的生活习惯。杭州市民将包子作为快餐对待，往往边走边吃。而"狗不理"包子由于薄皮、水馅、容易流汁，不能拿在手里吃，只有坐下用筷子慢慢享用。

"狗不理"包子在杭州"失宠"，并非因其自身品质不优、品牌不名，也不是杭州人对包子的需求量不大，而是从整个营销过程开始就没有注意到杭州消费者的生活方式和颇具个性化的"口味"。

根据材料体会风俗习惯对餐饮营销的影响。

材料2：

万豪如何做好内部营销？

1. 善待员工能换来忠诚

在酒店内部营销方面，万豪有自己的独到之处，它秉持了一个理念，即如果公司能够善待自己的员工，那么员工将会用忠诚来回报企业，这些忠诚的员工会为顾客提供优质的服务，从而让公司获得巨大的利益。美国《财富》杂志就曾经报道过万豪酒店的总经理平均任期长达25年，不少普通员工在岗位上工作也超过了20年，这些员工之所以在万豪工作如此之久的原因，就是万豪能够善待他们。在全球最大招聘职位搜索引擎Indeed中雇员对于万豪的评价达到了4.1分（满分5分），其中一个雇员写下的评论很有代表性：每天早上醒来，我都期待着去上班，不仅是我热爱自己的工作，而且在去上班的时候看到我的家人在那里工作真是太棒了，宾至如归，感觉就像在家里一样，每天迎接新老朋友。

2. 以核心文化激励员工

万豪酒店会以自己的核心价值观去影响、激励自己的员工，它们是：

我们把人放在第一位——因此，善待我们的同人等于善待我们的客户。

我们追求卓越的服务——每一处细节都体现出了我们对客户的奉献。

……

万豪员工在这样的企业文化引领下,为客户提供了优质的服务,获得客户的认可和赞许,成就感得到了极大的满足。整个万豪酒店被这样的工作氛围所包含,越发成为一个整体,成为员工的一个"家"。

3. 让员工幸福快乐

想激励好员工,精神层面不容忽视,特别是能让员工在工作时感到幸福快乐。为此,万豪采取了诸多措施,如提供给员工干洗服务、健身房、日托服务,甚至是灵活的工作时间。弹性工作时间允许员工平衡工作和家庭生活。在全球范围内,在酒店物业工作的部分员工被授予优秀业绩奖,酒店为这些员工举办了年度颁奖典礼,而参加这个颁奖典礼感觉就像参加奥斯卡一样。

4. 注重员工培训

万豪公司非常重视培训,而且在招聘的时候主要基于应聘者个性和态度,因为万豪一致秉持一个观念:快乐的员工提供更好的客户服务和增加利润。平均而言,万豪员工在正式参加工作前,要花30天的时间进行培训,这主要是让新员工融入公司文化。在培训过程中,员工将会了解他或她工作的方方面面,以及企业文化。当员工完全接受培训后,会对自己的工作充满信心。辞职员工不断减少意味着花在培训、招聘上的费用不断削减。

万豪也会利用轮岗培训对员工进行激励,这意味着一名员工可以尝试不同的工作岗位,所以,在万豪,你可能会发现前台接待也被训练来设置宴会桌、打扫客房,甚至做厨房任务。这一做法的出发点是,每个员工都有机会了解酒店的不同方面。对于公司的好处就是有了可以在需要的时候投入工作的员工。这是个双赢的结果。

二、促销策划方案编写示例

酒店圣诞节促销策划方案

一、策划思路

(一)策划背景

随着中国与世界的接轨,文化的多样性影响着各个阶层的人们,圣诞节在中国已经慢慢成为一个必不可少的节日。为了扩大酒店的市场份额,增加酒店的竞争力,酒店计划推出一系列以圣诞节为主题的促销活动。

(二)策划目标

(1)通过一系列的宣传和布置,给消费者带来耳目一新的感觉,营造浓厚的圣诞节氛围,提升酒店的整体文化形象。

(2)通过一系列的促销活动,吸引客流,增加人气,提升酒店的销售业绩。

(三)策划主题

相约圣诞夜。

(四)目标消费者定位

商务人士、企业团体、白领及以上阶层等中高水平收入的消费人群。

二、促销方案

（一）广告促销

1. 外部宣传

（1）由营销部负责在电视上做一些宣传报道和广告。

（2）由营销部负责悬挂宣传横幅、条幅、宣传画。

2. 内部宣传

（1）由人事部负责将酒店节日宣传策划活动以及圣诞节的由来等内容以板报的形式向员工进行宣传。

（2）各部门负责对本部门员工进行节日期间的语言规范、礼仪礼貌方面的培训。

（3）由人事部负责挑选服务员扮演圣诞老人，并进行适当的培训。

（4）由保安部负责播放节日期间的背景音乐，以烘托整个酒店的节日气氛。

3. 礼品制作

（1）由采购部负责联系圣诞礼品和装饰品的供应商，并货比三家。

（2）由总办和营销部负责确定所要订购的礼品种类、数量和针对赞助商的公关活动。

（3）预计支出：3000元。

4. 广告文案

（1）爱情篇：因为有你，我的生命里有了安定和缓慢。"执子之手，与子偕老"的山盟海誓随着圣诞老人乘坐的由驯鹿拉的雪橇，从挪威到这里，留下深深的雪痕，然后向更远的地方延伸着……当圣诞雪花漫天纷飞的时候，但愿我们永远都保持温暖的微笑。此时此刻，只有一个单纯美好的愿望：相约圣诞夜。

（2）友情篇：偶尔的繁忙，不代表遗忘；圣诞的到来，愿我的朋友平安喜乐；未曾送到的问候，这次一定补偿；所有的祝福，都凝聚在今晚：相约圣诞夜。

（3）亲情篇：一家三代围坐在圣诞餐桌旁，暖融融的亲情荡漾在每个人的心头。在温馨的家庭氛围中，每个人都有了家的感觉，心灵有了停泊的港湾，彼此眷恋地对望着，深情地发出内心最柔软的声音：相约圣诞夜。

（二）活动促销

1. 烛光晚宴（情侣卡）

（1）时间：12月24日19：00~22：00。

（2）地点：中餐厅。

（3）餐桌布置：大红色桌布，桌上摆放圣诞蜡烛、香槟酒、圣诞花。

（4）规模：80~100人。

（5）内容：烛光晚宴、情侣套餐。

（6）节目安排：圣徒手持蜡烛，深情演绎圣经故事。

（7）气氛布置：全场烛光，放轻音乐，营造安静祥和、浪漫温馨的气氛。

(8) 票价：888元/张，1680元/套票（含一男一女）。

2. 自助晚餐（友情卡）

(1) 时间：12月24日18：00~22：00。

(2) 地点：西餐厅。

(3) 规模：80~100人。

(4) 内容：大型自助餐。

(5) 节目安排：邀请专业演出队伍演出。

(6) 气氛布置：热烈、明亮、欢快。

(7) 票价：888元/张，儿童票半价。

3. 温馨圣诞家庭晚宴（亲情卡）

(1) 时间：12月24日18：00~22：00。

(2) 地点：二楼餐厅。

(3) 规模：80~100人。

(4) 内容：家常菜肴、圣诞热饮、节日甜点、世界各国的风味佳肴。

(5) 节目安排：播放关于圣诞节的经典影片。

(6) 气氛布置：自然、清新、质朴、温暖，在家庭氛围中体验异域文化的独特与神秘。

(7) 票价：888元/张，2680元/套票（含两个大人一个小孩，即三口之家）。

三、进度安排

(1) 11月10~30日，筹集经费。

(2) 11月25日，大堂及电梯广告到位。

(3) 12月1日，制订出具体布置方案，物品采购到位，开始装饰。

(4) 12月2日，制作好圣诞票、贺卡和宣传单。

(5) 12月3日，卖圣诞票，并在各媒体上投放广告。

(6) 12月6日，酒店布置完毕。

(7) 12月8日，送贺卡。

(8) 12月12日，核定娱乐节目。

(9) 12月15日，下发活动备忘录。

(10) 12月23日，下发服装，各部门相关工作及人员安排到位。

(11) 12月24、25日，做好晚餐的各项准备工作。

(12) 12月26日，做好整个活动的收尾工作。

请分析该策划书的优缺点。

任务五　餐饮组织机构的设置和人力资源管理

【学习内容】

1. 组织机构设置的内涵、设置原则。
2. 常见的餐饮组织结构形式。
3. 餐饮人力资源管理的内容与任务。
4. 餐饮企业员工招聘的流程和常见形式。
5. 员工培训的目的、形式和内容。
6. 员工考核和激励。

【师傅要求】

1. 熟悉常见的餐饮组织结构；
2. 掌握餐饮人力资源管理的主要内容；
3. 能根据具体情况选择合适的招聘形式和培训形式。

【师徒互动】

一、餐饮组织机构的设置

（一）餐饮组织机构的定义

餐饮组织机构是针对餐饮企业经营目标，为完成经营管理任务而结成集体力量，在人群分工和职能分化的基础上，运用不同职位的权利和职责来协调人们的行动，发挥集体优势的一种组织形式，是企业有效开展业务经营活动的组织保证。

（二）餐饮组织机构设置的依据

（1）企业餐饮经营的专业化程度。餐饮业大致可以分为两种形式：饭店和餐馆，两种类型的组织形式各不相同。饭店是一种综合性服务行业，其中的餐饮不是一个独立的企业，而是其组织机构的一部分，餐饮管理中所需要的工程、财务、安全、培训、人事劳动等管理工作由企业管理部门承担。因此，餐饮管理组织机构的规模可以相对较小。而餐馆、酒家等都是独立的企业，需要建立全套组织机构，在餐厅接待能力相同的条件下，组织机构的规模则相对全面。

（2）餐厅接待能力的大小。餐厅接待能力是由其座位多少决定的。餐厅座位越多，规模越大，用人越多；与此相适应，厨房规模也越大。反之，餐厅座位少，组织机构的规模也相应较小。餐饮组织机构的规模和形式必须和餐厅接待能力相适应。

（3）餐饮经营市场环境。不同地区、不同企业、不同时期的餐饮经营的市场环境不同。处于卖方市场条件下的企业市场环境好，用餐客人多，餐厅座位周转快，用人相对较多，餐饮组织规模较大；而处于买方市场条件下的企业情况则相反。因此，餐饮管理组织机构的规模和形式会随着市场环境的变化而调整。

（三）常见的餐饮组织结构形式

1. 小型饭店餐饮组织结构（见图 4-1）

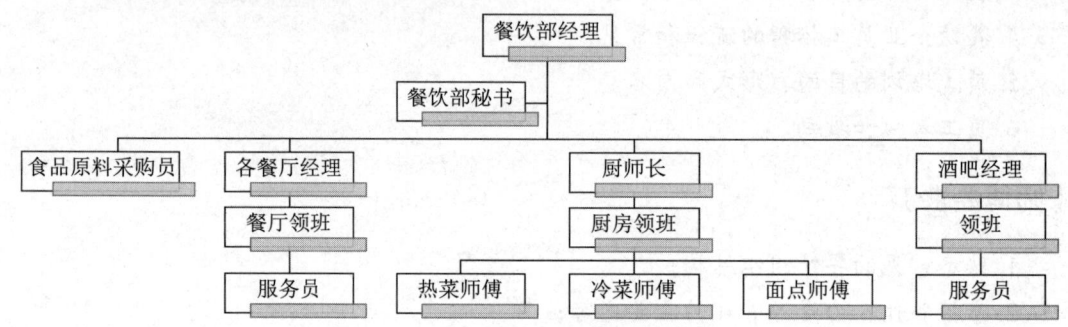

图 4-1　小型饭店餐饮组织结构

2. 中型饭店餐饮组织结构（见图 4-2）

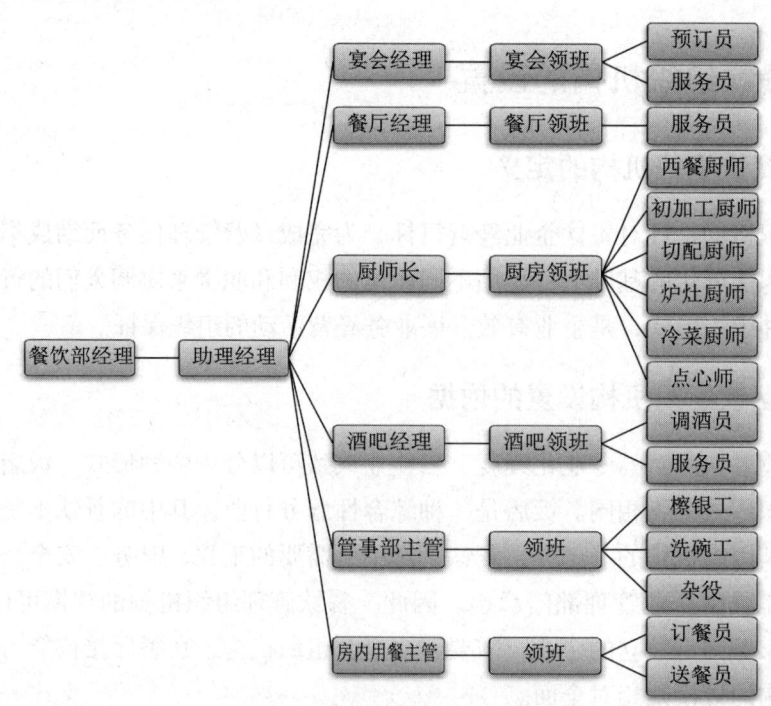

图 4-2　中型饭店餐饮组织结构

3.大型饭店餐饮组织结构（见图4-3）

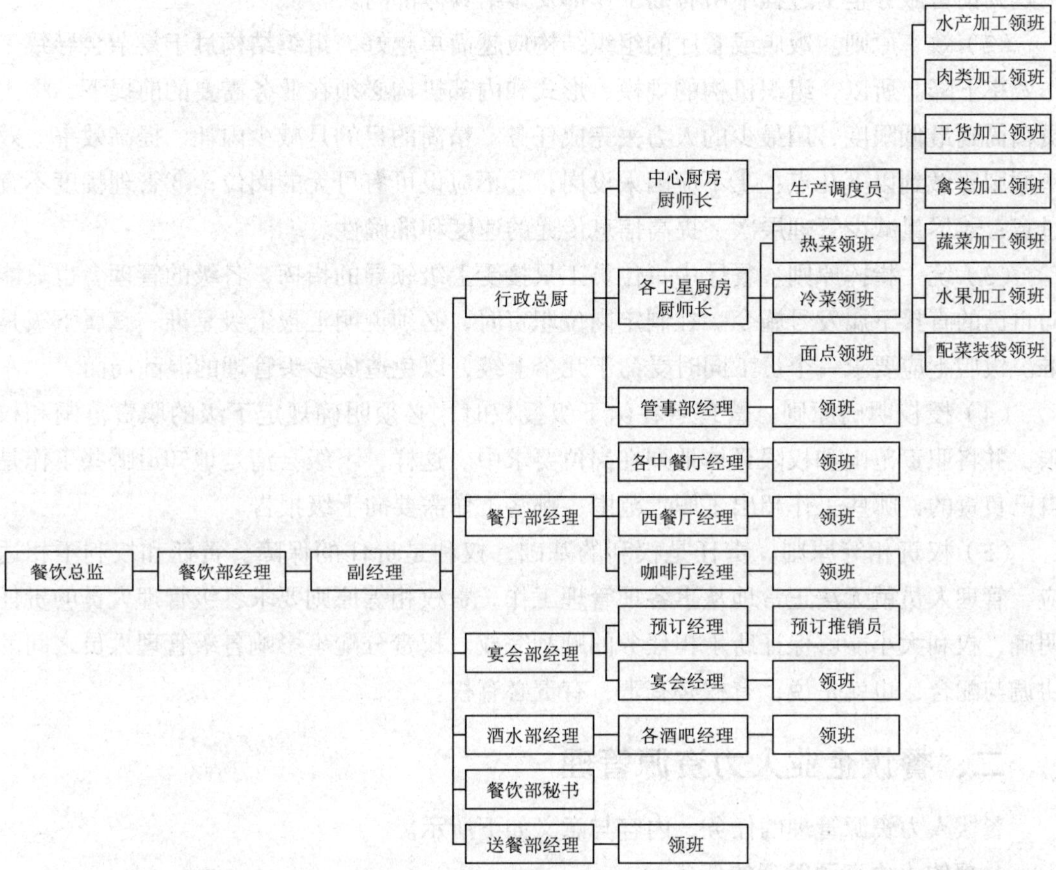

图 4-3　大型饭店餐饮组织结构

4.独立餐厅的组织结构（见图4-4）

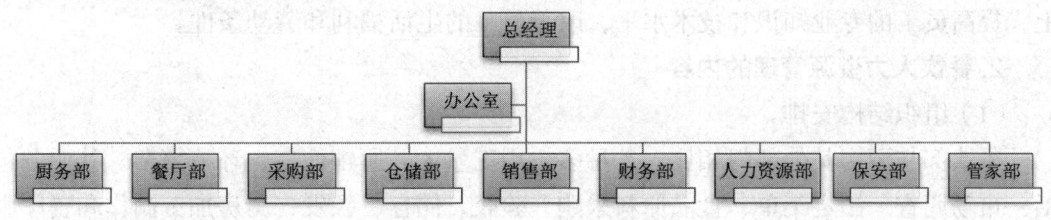

图 4-4　独立餐厅的组织结构

（四）餐饮组织机构设置原则

（1）根据组织业务活动的需要设计组织结构。餐饮组织的业务活动是围绕其中心经营线展开的。餐厅的中心经营线，就是指餐厅经营的流程。一般来说，餐厅的中心经营线为：采购—验收—储藏—发货—生产—销售—服务。组织结构设计的任务就是要把从采购到销售服务整个过程中所有的工作都安排给具体部门。

（2）效率原则。饭店或餐厅的组织结构应越简单越好。组织结构过于复杂会导致工作效率下降。所以，组织机构的规模、形式和内部机构必须在业务需要的前提下，将人员精简到最低限度，用最少的人力去完成任务。精简的目的是减少内耗，提高效率。效率原则要做到以下几点：①不应因人设岗；②不应设可有可无的岗位；③管理幅度不宜过宽；④尽量减少管理层次，提高信息传递的速度和准确性。

（3）统一指挥原则。餐厅中每位员工只接受上级领导的指挥，各级的管理者也只能向自己的直接下属发号施令。在制定岗位职责时，必须说明汇报上级是谁、直属下级是谁。饭店不应要求一个员工同时受命于几个上级，以免造成多头管理的混乱局面。

（4）授权明确原则。管理者在给下级授权时，必须明确规定下级的职责范围和权限，并将职责范围和权限具体地列在岗位要求中。这样，下级会清楚地知道哪些工作是自己负责的，哪些工作超出了职责范围，哪些工作需要向上级报告。

（5）权责相等原则。责任是权利的基础，权利是责任的保障。责任和权利不相适应，管理人员就无法正常地从事各项管理工作。责权相等原则要求各级管理人员的责任明确，权利大小能够保证所承担任务的顺利完成。权责分配不影响各级管理人员之间的协调与配合，也就是说，有权必有责，有责必有权。

二、餐饮企业人力资源管理

餐饮人力资源管理的任务、内容与意义如下所示。

1. 餐饮人力资源管理的任务

餐饮人力资源管理的主要任务是正确地组织和处理餐饮部内部劳动者之间、劳动者与劳动手段之间、劳动者与劳动对象之间的关系，使之最经济、合理、有效地结合起来，用尽可能少的劳动消耗，生产出更多的劳动产品。同时，在生产不断增长的基础上，提高员工的专业知识和技术水平，改善员工的生活福利和劳动条件。

2. 餐饮人力资源管理的内容

（1）组织结构安排。

餐饮部与酒店其他部门相比，工种多，用工量大，所辖面广，环节繁杂。其业务包括：市场调查、制定菜单、食品原料采购、验收、储存、领发、厨房加工制作和餐厅服务、销售等一系列活动。要确保如此复杂的部门正常运转，就必须拥有一个分工合理而管理有效的组织结构，并做好人员定额定员、员工招聘、员工培训、员工激励和员工报酬等工作。

（2）定额定员。

根据国家关于劳动工资的方针、政策，结合本饭店餐饮工作的实际情况，确定各部门的劳动定额和员工的工作量，分配每个员工的具体工作和岗位，合理组织和调配劳动力，保证餐饮经营活动正常进行。

（3）员工招聘。

根据餐饮企业员工的素质和定编要求，制定具体招工条件和人数，拟定必要的招聘考试和面试内容，招聘选拔员工，不断补充和更新职工队伍。

根据行业和饭店的要求，通过各种形式对员工进行专业知识、职业态度、业务技能和行为习惯等方面的培训。

（4）日常管理。

员工日常管理内容包含制定劳动检查制度和劳动纪律、排班、班前会、班后会和考勤考核等。

（5）确定员工薪酬。

根据"按劳分配"的原则和国家关于劳动工资的有关规定，确定工资、奖金及其他报酬的形式、数量、办法等，合理分配劳动报酬，以调动员工积极性。

（6）员工激励。

作为员工管理的核心部分，激励的作用就是考虑人的需求，并在实际工作中巧妙地把员工的个人需求与组织目标结合起来。

3. 餐饮人力资源管理的意义

（1）做好餐饮人力资源管理，不仅能够提高职工的积极性，最大限度地发挥每个员工的作用，还能够减少人力成本。

（2）做好餐饮人力资源管理是提高服务质量的关键。科学并切合实际的人力资源管理是树立餐饮形象和创造餐饮品牌的人员保障。

（3）做好人力资源管理是餐饮竞争的需要。餐饮业是竞争激烈的行业，谁能提供色、香、味、形、器俱佳，且绿色营养的菜品，谁就能赢得更多宾客的光顾而创造出更高的经济效益。所以需要通过加强对员工的劳动管理来确保在竞争中以优取胜。

【师傅指导】

一、人力资源管理中的定额定员

（一）定额定员的概念

劳动定额是给岗位人员核定工作的标准量，是餐饮管理的基础工作，是编制定员的依据；定员是餐饮部在确定岗位和劳动定额的基础上，核定人员的工作。

定额定员是由酒店总经理授权人事、财务、业务部门协助开展调研、拟订方案、征求意见，经试点和筛选，才在各部门实施的。定额定员应根据餐厅的经营服务方式、设备条件、营业时间、人员业务技术状况的不同情况，采用不同的方法和标准进行。

（二）定额定员的方法

1. 按比例定员，即按饭店的档次与规模来定员，再按全员数量定各岗位、工种的人员数量。餐厅服务员还需细分出中餐厅、西餐厅、宴会厅、客房送餐、咖啡厅、风味餐厅等。厨房工作人员也应与餐厅性质不同细分。但按比例定员的方法只能给酒店餐饮部配员一个框架，具体配员时还要考虑劳动效率、餐饮部规模、不同岗位设备设施情况等因素。

2. 按照劳动效率和岗位定员

餐饮服务有劳动密集的特点，我国酒店餐厅常见的服务形式为共餐式、分餐式、分派式、现场烹饪等，定额定员工作常将定额和定员两者结合，按餐厅服务形式、人员劳动效率和岗位特点核定人员。饭店也常根据餐厅类型和餐位数来预测可接待客人的数量，从而定员。

二、员工招聘

（一）招聘计划的确定

（1）应根据餐饮部的组织结构计划中对各职级员工的人员配备进行预算，决定招聘的职位及人数。

（2）对每个职级的要求给予详尽的说明。

（3）决定招聘数量。

（4）确定招聘计划。

（二）常见的招聘途径

1. 外部招聘

（1）大中专毕业生。

（2）餐饮同行在职人员。

（3）其他人员。

2. 内部招聘：从酒店内部选拔人才的招聘途径。

（三）招聘实施

1. 发布招聘广告。

2. 应聘考核。

3. 审核材料。

4. 综合判断与体检。

5. 录用。

三、员工培训

员工培训能有效增加员工对企业的了解，改变员工的精神面貌，提高员工的团结协作能力、增强组织纪律性，对于实现餐饮企业的经营目标具有重要意义。员工培训的常见形式包括入职培训、在岗培训、转岗培训、晋级培训、脱产培训。对于餐饮企业而言，由于面对的部门人员工种差别较大，因而培训工作有极强的针对性，且培训形式灵活多样，既要有理论性知识的传达，也要有实践性技能的传授，因此，实施培训的难度也较大。

（一）培训工作的意义

餐饮业是人员密集型行业，餐厅的管理，说到底就是对人的管理。人力资源管理是保证餐厅经营活动顺利进行的必要条件,是提高企业素质和创造良好的社会、经济效益的基本保证。

1. 培训是提高员工素质、增强企业竞争力的根本方式

员工是企业生存之本,竞争力是企业发展之源。人力资源管理的核心就是通过不间断的培训,建立最优的劳动组织。为了提高员工素质以及增强企业竞争力,除了必要的人才、技术、设备的引进外,还在于对在职人员的培训。

2. 培训是对员工招募与配置环节的完善

从某种程度上说,谁拥有并合理配置第一流的人力资源,谁就会在未来的市场竞争中稳操胜券。企业的人才资源可分为两类:潜在人才和既得人才。对于前者,必须通过培训造就;对于后者,可以通过招募得到。

3. 培训是塑造餐饮企业的企业文化的重要工具

企业文化的建立实际上就是企业将其核心内容灌输到员工的思想上、转移到员工的行为上的过程。企业文化建设关注的并不仅仅是企业一方面,企业的任何目标都需要员工去完成。关注员工的成长才能帮助企业取得更好的业绩,而培训正是员工个人发展的需要,是员工潜能得以发挥的手段。

4. 培训是企业的一项重要投资

长期以来,许多企业在运营过程中更注重对设备设施的投入,对人的投入却停滞不前。很多企业甚至把对员工的培训看成是一种消耗。在酒店,培训更多的是采取"师傅带徒弟"的方式。新员工在经过简单的入职培训后,即被安排到相关部门,边干边学。

5. 培训是企业留住人才的重要手段

不同的企业有不同的人才政策,但就渠道而言不外乎"挖人"和"育人"两种政策。在企业的初创期,适度地引入具有现代化管理经验的高层人才,可为企业输入先进的管理理念。但就长远发展来看,企业还是应该坚持"育人为主,挖人为辅"的人才政策。但是培育了人才,还需留住人才。

6. 培训对员工职业生涯发展具有重要意义

企业竞争的关键在于人才,而人才的去留往往取决于企业是否关心他们并为他们的成长、发展提供机会。企业在经营管理中,既要做到有利于组织发展,又要做到有利于员工的成长,为此,培训是必不可少的手段。

(二)培训工作步骤

1. 分析培训需求

培训需求分析,是由提问、回答、澄清与记录工作运行中存在的一系列问题所组成的系统过程。它主要包括:工作分析法、任务分析法和自我分析法。有了准确的需求分析,我们就可以拟定培训的目标和重点了。因此,有针对地培训就应侧重于员工所不知道的部分,对于已经掌握的知识和技能,应把培训重点放在工作标准和工作效率上。

2. 拟订培训计划

分析了培训需求后,便可提出一整套培训资源、培训方案及培训课程的培训计划。培训计划,是按照一定逻辑顺序排列的、记录选择培训资源、培训方案及培训课程的最优方案。它实际上是对课程所需资源的列表,是对课程进度、目标、内容、方法及学习效果评估等做出的规定或建议,以保证培训课程的有效实施。

3. 实施培训计划

实施培训计划的培训部门和管理者,与酒店的规模和组织结构有关。大中型酒店应下设强有力的专门负责培训的组织机构与人员。组织机构,一般建有培训部或培训中心,甚至学校。培训人员,主要包括负责组织培训的中层管理干部和培训师,以及专门负责酒店部门培训的兼职培训员等。

4. 培训的评估和反馈

在进入培训实施阶段之后,培训部门必须注意追踪和监测培训实施的情况,要根据反馈信息不断地对培训计划进行调节。为此,应建立一种灵活有效的培训评估和反馈机制,制定培训追踪和监测制度。通过培训评估和反馈机制,验证培训的效果是否达到了预期的培训期望,完善培训管理,促使培训活动规范化、科学化,也为培训计划的执行效果提供了具有科学价值的反馈信息,为改进培训系统与效果提供可靠的依据。此外,还应注重宣传培训成果,促进酒店各级管理层对培训的重视和支持,以形成良好的培训环境。

(三) 培训的基本内容

餐饮企业员工培训的基本内容如下:

(1) 思想品德与职业道德。
(2) 饭店业和餐饮业的基本概念。
(3) 餐饮专业技能及专业知识。
(4) 餐饮服务人员的素质要求包括礼貌礼节、修养水平、文明程度、应变能力等。
(5) 外语、普通话和语言技巧。
(6) 员工守则、岗位职责、操作程序和规范标准、职业习惯。
(7) 处理客人投诉,解答问题,进行案例分析。
(8) 酒店安全设备、器具、工具的使用方法和维修保养知识。
(9) 法律知识、社交知识、心理学知识。
(10) 民俗、生活常识及人际关系。

(四) 酒店培训的常用方法

1. 讲授法

由老师在课堂上讲授,学生在课堂上听讲,这种方法由于从小学到大学主要都是采用此法,故员工较易习惯,它适合于较系统的理论知识培训。

2. 操作示范法

由于餐饮工作的操作性强，因此这是最常用、最有效的基层培训方法，除由老师亲自示范外，还可以利用教学视频、幻灯片或到同行中去实地参观学习等方法来完成示范。

3. 讨论法

又分问题讨论法和案例研讨法。问题讨论法是由培训者提出讨论题，并设定一定的限制条件，组织和引导参加者开展讨论并给予指导，最终得出正确的结论。案例研讨法是指把实际工作中出现的问题作为案例，交给受训学员研究分析，培养学员们的分析能力、判断能力、解决问题及执行业务能力的培训方法。通过使用这种方法对员工进行培训，能有效提高员工解决实际问题的能力。

四、员工管理

（一）合理安排班次

餐饮部因工种多，岗位差异大，班次安排就必须适应营业需要。餐饮部经理要考虑"闲时少留人，忙时人手足"。餐饮部的班次安排，因地区不同，营业时间长短有差别，形式很多，常见的有：一班制、半班制、二班制、三班制和弹性工作制等。

班次安排应遵循以下原则：

（1）必须保证能够满足餐厅经营与服务的需要，确保营业的高峰时间前、后台工作人员最多。

（2）要针对不同餐厅的经营特点，合理科学地安排班次。

（3）班次安排既要能够最大限度地发挥全体员工的潜力，保证满负荷地运转，又要考虑员工的承受能力和客观困难，关心和保护员工的身体健康。

（二）班前会

班前会又称为餐前会，是餐饮部各餐厅开餐前半小时由餐厅经理或主管、领班召开的短会，是餐厅人员日常管理工作的重要组成部分，并使员工从餐前准备状态转入对客服务状态。班前会的主要内容有人员分工、保证人手、客情通报、VIP的接待要领、当天特色菜肴介绍、新技术培训、已发生的案例分析防范和处理方法等，使员工在意识上进入开餐状态。

（三）日常考核

员工考核是人力资源管理的重要组成部分，其考核的目的在于促进员工的表现，为员工薪酬管理提供依据，对员工绩效及潜能进行评估，为其将来的升迁发展提供依据，也是使各项服务质量和数量标准得以实施的可靠保证。考核可分为日常实际操作考核、日常出勤考核、理论知识考核、技能技巧大赛等形式。对一位员工的考核是综合多方位的，考核最后的评价应既定量又定性。

员工考核的注意事项：

1. 员工日常考核为部门主管的责任，应依据分层负责、逐次授权的原则。直属主管为初核人，上一级主管为复核人。

2. 主管对员工的日常考核为员工试用考核、年中及年终考核的依据。

3. 员工考核成绩关系年度调薪及年终奖金的发放，其等级比例另依每年餐饮企业所公布的文件考核实施。

4. 员工考核成绩为今后员工调职、培训、升降职及解雇的参考。

5. 员工考核结果应让员工本人知悉，并于考核表上签字。

（四）员工激励

心理学原理把人的需求分为两大类：物质需求和精神需求。物质需求是人类生存的基本条件和基础，精神需求则是人类所特有的一种精神现象。激励，作为对人的管理中最核心的手段，在具体实施激励的过程中，一般使用两种方法——物质激励和精神激励。

一般而言，影响员工积极性的因素包括工作环境、晋升机会、施展机会、报酬与福利待遇、职业态度几个方面。

1. 物质激励类别

（1）基本收入激励。

（2）奖金激励。

（3）福利激励。

（4）其他物质激励。

2. 精神激励类别

（1）情感激励。

（2）目标激励。

（3）成长激励。

（4）信任激励。

（5）榜样激励。

（6）荣誉激励。

【徒弟操练】

1. 案例分析

鼎文酒店集团最初只是一家普通的国有宾馆，由于地处知名旅游景点附近，故迅速发展壮大，原有宾馆已经推倒重建成一家五星级大酒店。集团在此尝到甜头后，先后在四个旅游景点附近收购了四家三星级的酒店。对于新收购的酒店，集团只是派去了总经理和财务部全班人马，其他人员都采取本地招聘的政策。因集团认为服务员容易招到，而且简单培训就可以上岗，所以只是进行简单的面试，只要应聘者长相顺眼就可以，同时，为了降低人工成本，服务员的工资比较低。赵某是集团新委派的下属一家酒店的总经理，刚上任就遇到酒店西餐厅经理带着几名熟手跳槽的事情，他急忙找来人事经理商谈此事，人事部经理满口答应，立即解决此事。第二天，赵某去西餐厅视察，发现有的西餐厅服务员摆台时把刀叉经常摆错,有的不知道如何开启酒瓶,领班除了长得顺眼外,根本不知道如何处理顾客的投诉。紧接着仓库管理员跑来告诉赵某说发现丢失了银质的餐具,怀疑是服务员小张偷的,但现在已经找不见小张了。赵某一查仓库的账本,发现很多东西写着丢失。赵某很生气,要求人事部经理解释此事,人事部经理辩解说因为员工流动率太高,多数员工是刚来不到10天的新手,餐厅经理、领班、保安也是如此,所以做事不熟练,丢东西比较多。赵某忍不住问:"难道顾客不投诉吗?"人事部经理回答说:"投诉,当然投诉,但没关系,因为现在是旅游旺季,不会影响生意的。"

请结合相关知识分析案例中该酒店集团人力资源管理中出现的问题。

2. 结合自身理解,谈一谈酒店外部招聘和内部招聘的优缺点

【拓展提高】

一、当今餐饮企业员工管理存在的主要问题

1. 酒店餐饮从业人员的整体素质偏低

据调查,在餐厅和厨房,有两到三成员工属于初中及以下学历。大部分为高中学历,大学阶段的大专和本科寥寥无几。这一方面是由于国内文化消费观念的原因,大学毕业学生大多不屑于做餐饮服务员。然而,实际情况是,如果能从基层踏实做起,许多具备大专学历的员工基本能晋升到管理层。总的来看,大部分的从业人员还没有意识到低学历所带来的困难。未来的餐饮将向科技、信息、健康方向发展,从人力集中向技术和专业服务价值集中,如果要面对未来,有必要从制度着手,加强相应制度的激励导向作用,从整体上提升整个餐饮人力的基本素质。

2. 较为严重的接班人危机

一个令人担忧的现象是,餐饮高级管理人员(包括主管)工龄基本上是20年以上甚至更久,也就是说,目前餐饮行业的骨干成员都是经过较长时间的培养而来,稳定、经验丰富。但问题是,许多进入餐饮行业的人员往往坚持不了很久就选择跳槽,只有真正热爱这一行业的人才能坚持下来,但是人数并不多,加上餐饮行业从底层到中层流动性都很强,因此,有知识积累又有基层经验的合格管理人员较为匮乏。

在餐饮行业里有个说法是"三三型"的餐饮人才概念:三年的专业教育,三年的技术学习和经验积累,仅有专业知识并不足于胜任餐饮经营管理的重任,没有一定时间的经验积累也很难担当重任的,餐饮人才培养之路,没有快速复制的捷径可走。

3. 过高的员工流失率

根据相关统计资料,目前上海市四星级以上酒店的平均员工流失率为22%~23%。相对其他行业而言,餐饮行业员工流失率显得过高。这种流失率究竟是因为新人流失还是优秀老员工流动,我们需要进一步分析。如果是新人流失,那么我们有必要认真做相应的人力成本和效益产出的具体分析。采取有效的措施,如加大培训,将各种管理制

度变得更加具有激励特性，更有效关注员工。据统计，餐饮从业人员中2年以上占到54%。如果把这部分稳定人员算在内，我们可以大致计算出0~2年新员工的流失率是非常惊人的，新员工的高度流动使我们的接班人培养十分艰难。

4. 薪酬水平普遍偏低

在决定员工辞职的所有要素中，最重要的影响因素就是工资水平。一些员工在寻找到了能够提供更高报酬的企业后，就有可能选择跳槽。由于大量民营酒楼的兴起，为一些老员工的外部发展提供了更多的选择。薪酬原因主要是薪酬体系在同行业的竞争力问题，整体薪酬相对缺乏竞争力。

5. 厨房的非正式组织

业内厨房体制上有非常明显的小团体结构，大多数是师徒相传，这种体制有较好的稳定性，如果管理顺畅也可以有非常好的执行能力，它非常适应于传统的酒店餐饮。但是，这种结构的缺陷也很明显：徒弟很难超越师傅的厨艺。绝大多数的厨师出身学徒，缺乏扎实的理论基础，缺乏创新改良能力，形成恶性循环。而且，从某种程度上，由于缺乏正规教育，很可能许多员工社会化程度相对较低，给企业人力资源管理带来很大困难。另外，这种多个小团体的存在，也容易对外来人员形成排斥状态。

6. 培训的不足

现有餐饮的培训渠道不足、培训效果欠佳。如果从更高层次来分析，如理论的研究、品牌菜的维护、服务特色的历练、高档餐饮的开发等，都缺乏统一的培训。因为更高层次培训的缺乏，从而缺少技术复制能力。从员工发展的调查来看，大多数酒店所列出的努力是建立人才库，制订接班人计划，进行职业生涯设计。但这只是停留在书面上，看起来比较完善，但实情却不能令人乐观。整体来看，整个酒店产业对于餐饮人才的培养极其薄弱，这点对于厨房尤其突出，统一性的培训基本没有。

二、拓展阅读

酒店新员工培训黄金法则

黄金法则1：明确培养新员工的重要性：做人与做事

培养新员工是每一位酒店管理者都要共同面对的话题。没有社会经验，完全一张白纸，新员工开始自己的职业生涯。他们会受到最初在酒店遇到的上司及前辈的影响。问题是，遇到的上司及前辈会是什么样的人呢？对他们的成长是否有正面影响呢？或者，他们会完全被那些不称职的上司毁掉？

所以，培养新员工，有两点很关键。一是要教给新员工做事的方法。虽然给新员工安排的工作难度不大，但是必须要让他掌握合理的操作方法。"做事的方法"会让新员工在尽可能短的时间里，克服潜意识的自卑，获得自信和成就感，从而享受工作的乐趣。二是要新员工具备酒店员工应有的素质。这里所说的素质主要是指在日常工作中必要的行为准则，如汇报、沟通、说话方式、态度等。要反复教，知道新员工形成潜意识的条件反射，几乎不用思考就能做到。

黄金法则2：工作才是培训的真正开始——集体培训只不过是助跑

培养新员工需要纠正一个错误认识。新员工岗前培训不是终点，而是起点。岗前集体培训的目的在于教会新员工一些通用知识、基本体验，以便更好地融入公司。但集体培训是非常有限的，由于培训是在不工作的状态下进行的，所以不能直接教会如何工作。所以集体培训的意义在于简化了各岗位的培训工作，是一种辅助手段。

新员工培训实际上是从分配到工作岗位那一天起，所有的责任都在工作上。每一个人都有自己的特点，不能统一化，要因材施教，有教无类，而这只有在工作岗位上的上司与资深同事才能做到。所以，工作才是培训的真正开始。

黄金法则3：做给他看的培养方法——不要把部下当帮手

管理者需要明白，什么都教给对方，就主观认为对方能做并让对方做，这是完全不靠谱的认知。作为管理者，在新人入职之初，首先应该做好示范，耐心说明方法，同时让本人尝试练习，做得好的地方不吝激励，应该改正的地方要提醒他。一句话，手把手，扶上马，送一程。没有手把手地教，任新员工自由发挥，他们就会"怎么想怎么做"，如果按照自己的想法，没有取得成功，就容易失去自信，讨厌工作，从而不知不觉养成不良工作习惯。

黄金法则4：明确指导责任人——可以同时培训两个人

新员工满怀希望进入公司，所以管理者要让其得到成长，不能培养一个不合格的人。要建立一个机制，明确一位指导新员工的责任人，让他对培养新员工负起责来。一般而言，新员工培训责任人要尽可能选择那些有过1~3年工作经验的人。

新员工责任人需要完成三项任务：

一是给新员工演示工作，让其试着做，并对其表现进行评价，反复过程，手把手教会。

二是要仔细观察新员工的行为并发现问题，通过反复提醒帮助他改正错误。新员工的领悟力程度不一，所以不要一口吃个胖子，坚持"一次改正一个问题"的原则，逐次改善提升。

三是要打开新员工的心扉，倾听他所有的烦恼，并相应给出建设性意见。

不能选择那些在为人及工作能力方面有严重问题的人作为新员工指导责任人，否则很有可能把不良习惯传递给新人。年龄相近的人容易沟通，所以要尽可能选择年龄相差不多的人。

黄金法则5：确定新员工的培训流程——从整体性工作开始

要抛弃把新员工当作临时应付人手不足的应急人员的观念，反过来，要事前明确培训新员工的流程，流程清晰、步骤明确更容易助力新员工的职场过渡期。每个部门情况不一，但培养新员工是有一定程序的，一般会让他们大致做一遍部门的所有工作，了解相互的关系以及全体同事。

要掌握培训流程的原则：从比较容易的工作开始到较难的工作，从按照固定标准程序和方法操作的例行工作逐渐过渡到应用性很强的工作。一句话,要根据部门的工作内容,明确规定工作顺序。

作为管理者,要明确一个先后顺序,是大家对部门各个组的情况都有所了解,此时要逐一交叉替换指导责任人,不要单一限定。负责人增加了,也相当于扩大了培训的范围。

黄金法则6:不要弄错指导的顺序——首先要准确,其次要迅速

培训新员工时,如果已经过了"做给他看,让他做,表扬他"的初期入门阶段,之后更重要的就是要让他准确且正确地做事。最初的阶段,要把重点放在做事的准确性上,不过于要求处理速度以及工作量,避免出现新人负担过重。如果已能够准确处理工作,接下来就是对速度的要求,指导如何处理问题才能达到更多的量。当新人速度达到一个相当高的水平之后,就应该循序渐进地给他一些前辈的工作,使其成为一个独立而合格的员工。以上三个阶段应该说是指导新员工的基本:首先要准确,其次要迅速,才能做得更好。

黄金法则7:要为顾客工作——工资是顾客支付的

在员工素质培养方面,新员工理解的第一个问题就是,工资不是由公司付的,而是顾客付的。这也是德鲁克大师的观点:企业存在的唯一价值就是创造以及满足客户需求。新员工必须经过特别教导,才能消除这种错觉。培养新员工的第一步就是要牢记对顾客的感恩之心,从行为及态度上都有所体现,养成良好习惯。这一点,前辈们也要用正确态度和行为向新员工示范。是否贯彻这种思想,决定了公司未来的发展。

黄金法则8:要习惯报告执行的结果——"理所当然"容易出现问题

报告做完被人交付的事情的结果成为执行报告。新员工要在最开始的时候养成这个习惯:被人追问之前,先报告执行的结果。接到了指示并执行,工作还不算做完。无论什么事情,都要向对方确认,这才是真正的结束。做完了而没有汇报只能算"做了一半"。等上司说"对了,那件事情怎么样了"时,就容易出错。先报告,工作才能顺利进行,才能形成愉快的工作氛围。

黄金法则9:要做出迅速的反应——速战速决

新员工必须养成的另外一个习惯就是,能迅速对指示或者提问、请求做出反应,并且能立即处理好每一项工作。整个团队反应速度很快,但有人步调不一致,会迫使大家放慢速度,从而影响团队业绩。新员工做事速度和反应速度,取决于所属部门以及前辈上司的工作速度。所以,管理者必须以身作则,帮助新员工养成速战速决、迅速处理大量的工作的习惯。

黄金法则10:养成助人为乐的习惯——把工作当作快乐的事

现在的年轻人很多不会为他人着想,"各人自扫门前雪,不管他人瓦上霜",但这种想法在职业之初是非常可怕的。要记住,你不是一个人战斗,要融入团队,新员工稍有空闲,如果身旁有需要帮助的同事,一定要乐于协作。这也是融入团队的重要标志。

——转自搜狐网

任务六 餐饮企业安全管理

【学习内容】

1. 餐饮企业各岗位安全责任。
2. 安全生产检查。
3. 设施设备管理。
4. 劳动防护用品配备和管理。
5. 安全生产教育培训制度。

【师傅要求】

1. 熟悉餐饮企业各级职务的安全责任，掌握普通员工安全责任内容。
2. 理解安全生产检查的意义与内容。
3. 熟悉餐饮企业设施设备管理和劳动防护用具管理的注意事项。
4. 熟悉安全生产教育培训制度的方法、形式及其依据。

【师徒互动】

餐饮企业部门职务及职责如下所示。

一、总经理安全职责

（1）建立、健全并督促落实安全生产责任制。
（2）组织制定并督促落实安全生产规章制度和操作规程。
（3）保证安全生产投入的有效实施。
（4）定期研究安全生产问题。
（5）督促、检查安全生产工作，及时消除安全生产事故隐患。
（6）组织制定并实施安全生产事故应急救援预案。
（7）及时如实报告安全生产事故。

二、部门主管安全职责

（1）协助总经理领导企业的安全生产工作，对分管的安全工作负直接领导责任，具体领导和支持企业安全工作管理的职责部门开展工作。
（2）组织职工学习安全生产法律、法规和规章，主持制定安全生产管理制度和安全技术操作规程，定期检查执行情况。

（3）协助总经理做好召开安全生产例会的准备工作，对安全生产决定的事项，负责组织贯彻落实。

（4）负责组建应急救援组织，指定安全生产事故应急救援预案，并定期组织演练。

（5）定期组织开展各种形式的安全检查，发现重大隐患，立即报告总经理，按照总经理的指示，及时采取有效措施消除隐患，确保安全。

（6）发生重伤及死亡事故，应迅速查看现场，及时准确地向总经理报告。同时组织事故调查，确定事故责任，提出对事故责任者的处理意见。

（7）对单位的设备、建筑物和劳动保护设施的正常使用负领导责任。对因设备、建筑物原因造成的伤亡事故负领导责任。

（8）负责组织编制和审批单位设备的大、中修计划，按期对特种设备、配件进行年审和检测，对设备、建筑物的各类技术档案的完整性负领导责任。

（9）参与分管范围以外的安全生产管理工作，提出合理化建议，促进安全生产管理工作。

（10）监督检查单位贯彻执行安全生产政策、法规、标准和开展安全工作的情况，定期研究分析单位伤亡事故、职业危害、突发事件及重大隐患，提出改进安全工作的意见。

（11）制订企业安全生产目标管理计划和安全生产责任制考核办法，经批准后负责落实。

（12）了解现场安全情况，定期进行安全检查，提出整改意见，督促有关部门及时解决安全隐患，制止违章指挥、违章作业和违反劳动纪律的行为。

（13）督促有关部门制定和贯彻安全操作规程和安全管理制度，检查各级干部、职工的执行情况。

（14）参与审查和汇总安全生产措施计划，督促检查劳动保护措施经费的合理使用和安全措施项目的完成情况。

（15）组织新职工岗前安全教育和职工安全技术教育。

（16）制订年、季、月安全工作计划，并负责贯彻实施。

（17）负责伤亡事故统计、分析，参加事故调查，对事故的责任者提出处理意见。

（18）督促有关部门做好女职工和未成年工的劳动保护工作，对防护用品的质量、发放和使用进行监督检查。

（19）在业务上接受地方监察部门和上级安全机构的指导，在向行政领导报告工作的同时，向上级有关部门如实反映情况。

三、部门领班安全职责

（1）贯彻执行《中华人民共和国消防条例》，协助单位领导做好消防工作。

（2）制定消防安全管理制度，并对执行情况进行监督检查。

（3）制订年、季、月消防工作计划，并负责实施。

（4）经常对职工进行消防安全教育，组织、指导、督促义务消防员、危险化学品保管员和要害部门人员的消防知识训练和消防安全技术考核。

（5）组织消防安全检查，督促有关部门对重大火灾隐患进行整改。

（6）负责调查火灾事故的原因，提出处理意见。

（7）负责指定并组织实施防火应急演练。

（8）负责组织开展单位消防安全竞赛、评比、奖惩活动。

（9）负责单位各种机械、起重、压力容器、锅炉、电气和动力等设备的安全管理。加强设备检查和定期保养，使之保持良好状态。

（10）组织制定有关设备维修、保养的安全管理制度及安全操作规程，并负责贯彻实施。

（11）确保机器设备的安全防护装置齐全、灵敏、可靠。

（12）参与重大伤亡事故的调查、分析，做出因设备缺陷或故障而造成事故的鉴定意见。

四、员工安全职责

（1）每日按要求佩带使用劳保用品。

（2）保证本岗位工作地点、设备、工具的安全、整洁。

（3）遵守单位的安全生产规章制度和操作规程。

（4）参加安全教育和培训、应急救援演练，增强安全意识，熟练掌握岗位安全操作技能，提高自我保护能力。

（5）发生突发事件，能够迅速引导顾客疏散，安全逃生。

【师傅指导】

为了强化餐饮业安全生产管理，提高从业人员安全防范意识和安全素质，营造良好的企业安全文化氛围，餐饮企业还应建立起科学化、制度化、规范化的安全生产教育培训制度，具体内容如下所示。

（一）安全生产教育和培训的内容

1. 国家、地方各级政府、行业的安全生产法律、法规、条例和规定。

2. 餐饮业及部门制定的安全生产规章制度和岗位安全操作规程以及必备的安全防护常识。

3. 岗位安全操作知识和技能。

4. 安全设备、设施、工具、劳动防护用品的使用、维护和保管知识。

5. 岗位生产安全事故的防范、应急预案、应急措施、自救互救知识及安全撤离

路线。

6. 餐饮业安全生产事故案例分析。

（二）安全生产教育和培训的对象和时间

安全生产教育和培训的对象是餐饮业各级管理人员、各部门在岗员工（含临时工和实习生）、从事特种作业人员以及新入职员工（包含代培人员）。

从事特种作业人员的安全知识和安全技能培训由单位的专门培训机构进行，培训课时不少于国家规定的时间。

（三）安全生产教育和培训的方法和形式

安全生产教育和培训采用课堂讲授、视听教学、案例分析、分组讨论、操作示范、现场培训、问卷调查、参观考察等方法进行。

具体形式有：

1. 课堂讲授：培训员根据培训要求准备授课讲义和试卷，对所授内容进行讲解，受训人员对培训内容做笔记备考。

2. 视听教学：利用多媒体、音像制品等对受训人员进行培训，取得直观教学效果。

3. 案例分析：通过对餐饮业以往发生事故或工伤案例的分析，剖析原因、查找根源、传授应对措施，提高受训人员应变处理能力。

4. 分组讨论：围绕某个安全主题组织受训人员进行分组讨论，集思广益，并对讨论结果进行陈述和点评。

5. 操作示范：指派操作技能突出的员工结合岗位安全操作规程进行操作示范，规范员工（特别是新员工）的操作程序。

6. 现场培训：结合岗位工作特点组织现场培训，边学边练，使受训人员达到岗位工作要求。

7. 问卷调查：结合安全生产活动或公众关注的安全话题进行问卷调查，了解和掌握员工的思想动态，跟进培训。

8. 参观考察：组织安全生产相关人员进行参观考察，取长补短，提高整体安全管理水平。

（四）安全生产教育和培训的考核

1. 考核要求：参加安全生产教育和培训的人员，应进行培训后的考核，考核合格以后方可上岗工作。同时签订员工安全生产责任书，明确安全生产职责。

2. 考核办法：采用试卷答题、口试、实际操作技能考评等方式进行，达到规定要求的可以安排上岗工作，考核不达标的需进行再次培训考核，直至达标为止。经两次以上培训不合格者不予录用或调离原工作岗位。

3. 培训考核时间：不少于半年一次。

4. 考核目标：每名员工明确岗位安全职责，知标准、懂防范、会操作。

【徒弟操练】

案例分析

2018年8月25日4时12分,位于哈尔滨市松北区的哈尔滨北龙汤泉休闲酒店有限公司(以下简称北龙汤泉酒店)发生重大火灾事故,造成20人死亡、23人受伤,过火面积约400平方米,直接经济损失2504.8万元。

哈尔滨太阳岛风景区是国家5A级旅游景区,2006年8月实施的《哈尔滨市太阳岛风景名胜区管理条例》明确规定,"风景名胜区核心区内不得建设宾馆、度假村、招待所、休养(疗养)机构以及居民住宅"。温泉酒店为何建在了5A级旅游景区,且在4次消防监督抽查不合格后依然正常运行,这引起了外界的质疑。

自2017年12月以来,两个月之内,哈尔滨北龙温泉休闲酒店有限公司在消防监督抽查时,有4次抽查不合格。另据当地媒体2017年8月报道,记者在该酒店走访调查时,发现有多处安全隐患。酒店更衣室内墙边未设置任何"安全出口"指示灯,也未看到应放置在显眼位置的灭火器或灭火器箱。在室内温泉区,泳池周边墙上或地上未设置任何"安全出口"指示灯,虽然在通往客房区域的两处台阶上分别贴有"安全出口"字样,其指向的两处大门却被紧紧封死。泳池旁摆放了一个近2米高的瞭望椅,却没有救生员。

——摘自《法制日报》

请思考并分析案例中安全事故发生的原因,并提出规避这类事故的对策。

【拓展提高】

一、饭店消防设施设备安全管理

餐厅门市消防设施包括消防水箱、自动报警系统及相关设备、自动灭火系统及相关设备、消火栓系统及相关设备、防火分隔物(防火门等)、应急疏散设施(通道、出口、照明、标志标识)等,消防器材包括移动式灭火器、消防救护器材(隔热服、灭火毯、消防斧、救护绳、手提应急灯)等。消防设施、器材的日常管理由安保负责,维修保养由工程部及相关协作单位负责。所有消防设施、器材,任何人未经批准不得擅自挪用、埋压、圈占,门市全体工作人员均有义务维护消防设施、器材的完好。

(一)消防报警系统

火灾报警探测器一般场所每3年清洗保养一次,污染场所(厨房操作间等)每年清洗一次。

(二)防火卷帘、常闭式防火门

1. 工程部每月对防火卷帘系统元器件进行检查并除尘,每季度按照设计标准对防火卷帘、长闭式防火门进行功能测试,及时排除故障。

2. 工程会同物业维保单位每季度对机械原件进行一次检查保养,确保功能完好。

（三）防、排烟系统和正压送风系统

1. 工程部每半年对送风口电气元件机械配件进行一次维护保养，检查风机的状态，及时消除系统故障。

2. 每季度对排烟阀、排烟口及控制线路检查一次并做好记录。

3. 每半年对排烟系统进行一次维护保养。

（四）固定灭火系统

1. 安保每日对室内消火栓进行检查并做好记录。

2. 工程每月对消火栓泵、室外消火栓和水泵结合器进行维护保养，确保系统处于正常状态，与物业协调按照设计标准进行联动测试并做好记录。

3. 每月对消防水箱水位以及高低压消防管压力进行检查并加强日常巡视。

4. 对室外消火栓和水泵结合处进行入冬前的防冻保养。

5. 气体灭火系统：每半月对灭火器材检查一次并做好记录，加强日常巡察，及时发现问题并妥善处理；按消防法规要求定期送专业检修单位进行检测检修。

（五）安全疏散设施

1. 安全疏散通道确保时刻畅通，不得以任何理由堵塞或占用；安全出口不得随意堵塞、封闭。

2. 疏散指示灯（标志）、应急照明设施不得随意改动位置或擅自摘除。

3. 防火门作为防烟防火及防火分隔物不得随意摘除或损坏，应按照其设计标准确保其正常使用。

安保人员每日对用火用电部位、安全出口、疏散通道、安全疏散标志、防火卷帘门、常闭式防火门、消防设施器材、安全疏散标志，消防安全重点部位进行检查，对损坏或故障设施及时修理，确保功能完好，并认真填写巡查记录。

二、饭店劳动防护用品的配备

为加强管理和合理使用劳动防护用品，统一发放标准，保护工作人员的安全和健康，提高工作质量和服务水平，餐饮企业应对劳动防护用品的配备加强管理。劳动防护用品配备范围为企业内专职从事需要配备劳动防护用品工作的员工。

劳动防护用品的管理应注意以下几点：

1. 劳动防护用品是保护员工在生产、工作过程中的安全、健康和保证工作质量的辅助措施，不是改善生活的福利待遇，不能任意扩大劳动防护用品的配备范围，增添项目，提高标准，缩短年限，也不能将劳动保护用品折发现金。

2. 要发扬艰苦朴素的优良传统，根据单位的实际情况，建立健全劳动防护用品的购置、发放、更新和保管制度，切实加强管理、厉行节约、修旧利废，做到物尽其用。

3. 发给个人的工作服等劳保用品由使用人妥为保管，在工作中穿着使用。调离或改变工作性质时，对工作服等耐用劳保用品要及时收回，丢失者应按使用年限折价赔偿。

4. 同时兼做几种工作的，以主要从事的工种为标准，配备劳动防护用品。

任务七　餐饮原料采购管理

餐饮采购管理是控制餐厅经营成本、保证餐饮产品质量的关键环节，其中，食品原料的采购更是直接影响者餐饮产品的生产和销售。在本节中，我们将重点学习餐饮食品原料采购的程序和方法、采购质量控制和采购数量管理的相关知识。

【学习内容】

1. 餐饮原料采购的常见方式。
2. 采购运作流程。
3. 采购质量控制。
4. 采购数量管理。
5. 采购价格的控制

【师傅要求】

1. 了解餐饮原材料采购的常见方式和采购运作流程。
2. 熟悉采购质量控制的内容。
3. 能灵活运用采购数量控制方法解决实际问题。
4. 熟悉采购价格控制的常用方法。

【师徒互动】

一、餐饮原料采购的常见方式

（一）即时购买法

即时购买法是按照当日的市场行情，直接到市场上对餐饮原料进行选择性购买的一种方式。这种采购方式能够保证原材料的新鲜程度，多适用于那些价格不稳定、保存时间短的食品原料。使用这种采购方式时，可以将即时购货量通知多家供应商并获取报价，货比三家，择优采购。

（二）预先购买法

所谓预先采购，就是在预先确定经营需要后，提前购买以储存备用。预先采购法主要基于餐饮企业菜单价格一经确定无法频繁变动的事实，以保证餐饮价格在一定时期内的相对稳定。使用预先采购法需要对原材料的市场供应情况有准确的预测，尤其适用于当前市场供应过量、价格合适而不久后可能出现供应短缺、价格上涨的食品原材料。

需要注意的是，预先购买并非多多益善，还应充分考虑所采购原料的保质期限、储存环境是否有保障、储存成本的高低等因素。如果储存的损耗和费用无法与将来升价后的差价相抵消，或随着保存时间的拉长，餐饮产品质量受到明显影响，那么就需要慎重考虑预先采购的数量了。

（三）集中采购法

集中采购法包含两种类型，一种是餐饮企业连锁集团总部专设一个中心采购部或配送中心，集中为所属企业进行采购。另一种是两家或两家以上单体酒店或餐厅联合起来采购某些原料。无论哪一种类型的集中采购，都能通过大批量购买获得一定的价格折扣，从而降低原料成本，最终使餐饮产品获得价格优势，提升市场竞争力。

二、采购运作流程

采购程序因餐饮企业规模、管理模式、组织结构的不同而不同，但采购的大致程序和原理是相同的，主要分为以下几个步骤：

（1）厨房确定需要的原料后填写领料单。

（2）库房根据领料单将食品原料发放给申请使用部门。

（3）当存货又降至再订购点时，库房向采购部报送"请购单"申请订购。"请购单"必须说明要采购的品名、规格、数量及建议供货单位。

（4）采购部使用订购单向供货单位订购所需原料，然后给验收部和财务部各送一份订购单副本，因此订购单应一式三联，给验收部的目的是帮助验收部门在验收时按单验收，给财务部的目的是准备付款。

（5）供货单位收到订购单后发货，连同交货单、发货票一同送至验收部。

（6）验收部根据订购单验收原料后做入库处理，并将发票和其他凭证签字盖章后送到采购部。

（7）采购部对发货票确认后，送至财务部，采购部的任务即完成。

（8）财务部审核无误后，向供应单位付款。

通过以上八个环节后，整个采购过程结束，具体流程如图4-5所示。

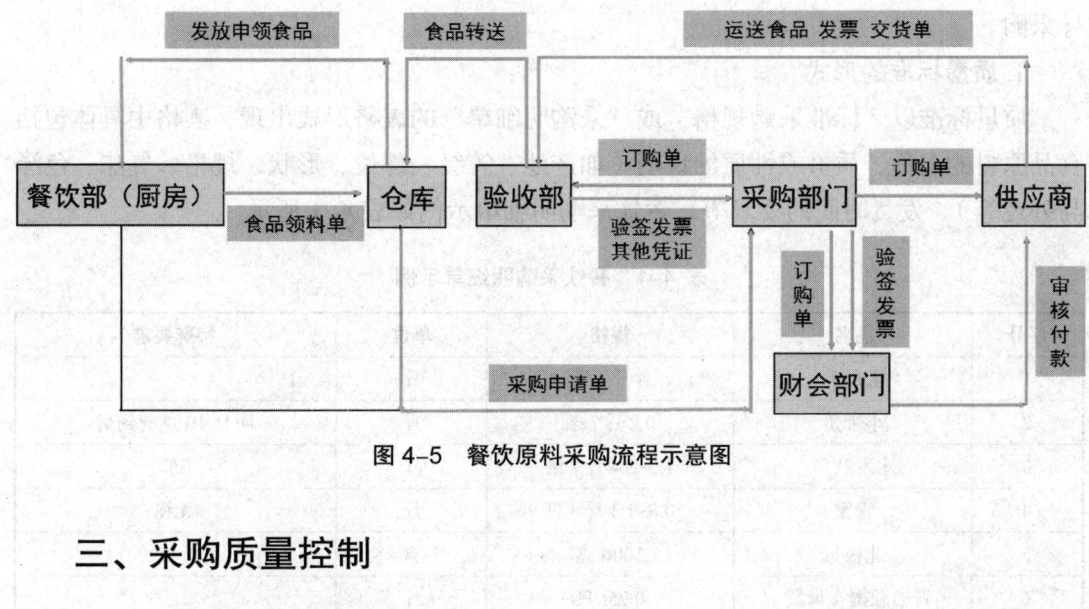

图 4-5　餐饮原料采购流程示意图

三、采购质量控制

（一）采购人员的选择

采购人员的选择对采购质量和成本控制具有重要影响，一个合格的餐饮采购人员应具备以下素质：

（1）熟悉餐饮产品经营与生产过程。一个良好的采购员，要熟悉餐厅的菜单，熟悉厨房加工、切配、烹调的各个环节，能把握各种原料的损耗情况、加工的难易程度和烹调的特点，以保证买到适需的食品原料。

（2）熟悉原料的采购渠道。采购人员应该知道什么原料在什么地方买，哪儿的货源质量好，哪儿的货源便宜，这样才能买到质优价低的原料。

（3）了解进价与销价的核算关系。采购人员应了解菜单上每一道菜品的名称、售价和分量，知道餐厅近期的毛利率和理想的毛利率。这样，在采购时就能决定某种食品原料在怎样的价格水平上是可以接受的了。

（4）熟悉财务制度。采购人员要了解有关现金、支票、发票的使用要求和规定，以及对应付款的处理要求等财务知识。

（5）诚实可靠，不收取回扣。一个合格的采购员应具有良好的职业道德，在采购活动中要做到诚实、公正，不损公肥私。

（二）采购质量标准的制定

餐厅要生产质量稳定的菜品，必须使用质量稳定的原料，这就要求采购时必须注重质量标准的控制。采购质量标准又称"标准采购规格"，是指根据餐厅的经营要求，对所要采购的各种食品原料做出详细的要求，如原料的部位、产地、外观、新鲜度、纯度、颜色等。目前，一般餐饮企业只是对那些成本较高的原料，按自定的质量标准来指

导采购。

1. 质量标准的形式

质量标准以"标准采购规格"或"采购明细单"的表格形式出现，表格中具体包括食品原料的名称、质量或性质的说明（如产地、等级、部位、形状、规格、气味、色泽与外观等）、发货时间的要求等。餐饮采购明细单示例如表 4-1 所示。

表 4-1 餐饮采购明细单示例

序号	品名	规格	单位	特殊要求
1	老母鸡	4 斤/只	斤	
2	小带鱼	0.2 斤/条	斤	明日 10 点前到货
3	水发鱿鱼	1.2~1.4 斤/条	斤	冻
4	青蟹	0.8~1.3 斤/只	斤	无绳
5	北极贝	1000 克	盒	
6	普通湖蟹（母蟹）	0.25/只	斤	

2. 制定标准采购规格的作用

标准采购规格制定后，应分送给采购员、供应商、验收员和餐厅经理办公室，其具体作用如下：

（1）使用标准采购规格可以把好采购关，避免因采购的原料质量不稳定而引起产品质量的不稳定。

（2）把标准分发给供货单位，可以避免采购员与供应商之间对原料质量产生分歧和矛盾。

（3）可以避免每次重复对供应单位提出各种原料的质量要求，减少工作量。

（4）有利于验收质量标准的控制。

（5）可以防止原料采购部门与原料使用部门之间由于原料质量而可能产生的矛盾。

【师傅指导】

一、采购数量管理

食品原料采购的质量标准在一段时间内可以相对稳定，而采购数量则要随餐厅销售量和库存量的变化而不断调整。如果采购数量控制不当，过多则会占用多余的资金，增加库存费用，并有可能造成原料腐烂、变质、损坏，使成本增加。采购数量过少，则会直接影响后厨供应，最终影响到餐饮产品的正常销售。

（一）影响采购数量的因素

1. 餐饮产品销售情况。

2. 现有的库房面积。

3. 采购的方便程度，如采购点与餐厅之间的距离、交通状况等。

4. 企业目前的财务状况。餐饮企业经营较好时，可适当增大采购量；资金短缺时，则应精打细算，减少采购量，以利于资金的周转。

5. 原料本身的特点。易储存的原料可以多购一些，不易储存的原料应分多次少量采购。

6. 原料市场价格的变化。对于当前价格较为便宜的餐饮原材料，可结合其保质时长适当多采购。

7. 市场供求状况的稳定程度。当某种原料的供应不稳定时，可以多采购一些，以防止原料短缺情况的发生。

（二）采购数量的确定

餐饮食品原材料从保存和使用期限来看可以分为易坏性原料和非易坏性原料，对这两类原料的采购应区别对待。

1. 易坏性原料的采购数量

易坏性原料一般为鲜活原料，这些原料要求购进后立即使用，用完后再购进新的原料，如鲜海产品、鲜肉类、新鲜蔬菜等。这类原料的采购频率较高，一般使用的采购方法有两种。

（1）现购法。

每次采购的数量可用以下公式表示：应采购数量 = 应备量 - 现有数量

应备量是指在进货间隔期内对某种原料的需要量。现有数量是指原料的库存数量，它包括已经发往厨房而未被使用的原料数量，这个数量可以通过实地盘存加以确定。应采购量是指需使用量与现有量之差，这个数量还要根据特殊宴会、节日和其他特殊情况加以调整。

餐厅可自行设计一个原料采购单，将所有易变质的鲜活类食品原料分类列在表上，这样既可以节省工作量，还有助于控制采购数量和采购价格。

（2）长期订货法。

餐厅中有一些原料，其本身价值不太高，但消耗量大，所需数量也较稳定，这类原料如果用上述方法采购就显得费时费力，因此可采用长期订货法。

利用长期订货法，餐饮企业采购部门可与一家供货单位订下合同，规定以固定价格每天向其供应规定数量的原料。例如：餐厅与食品公司商定每天送3箱鸡蛋，只规定需求量或结存量，有特殊变化时再增加或减少采购量。面包、奶制品、常用蔬菜、水果以及价值低、耗量大、占用空间多的一些物品，如啤酒等，也属于这一类原料。

2. 非易坏性原料的采购数量

非易坏性原料不易迅速变质，为减少工作量，可一次多采购一些储存起来。非易坏性原料采购常用到以下两种方法。

（1）定期采购法。

使用定期采购法时，采购周期不变，采购数量可任意变动，它是采购非易腐性食品原料经常使用的方法。

为便于对非易坏原料的库存管理，有必要对各项非易坏性原料确定一个标准储存量，标准储存量是指一项物资在库房中储存的最高数量。管理人员需要分别估计各项物资在规定时间内的总需要量，同时考虑客源的变化情况和供货所需的时间因素，在所需原料的总量上加上一定的保险储存量。保险储存量的多少视原材料的供应情况而定，一般饭店将保险储存量定为订购期内需用量的50%左右。

标准储存量的计算公式为：

标准储存量 = 日需要量 × 定期采购间隔天数 + 保险储存量

使用定期采购法时，管理人员可根据库房的储存面积、原料的可得性以及流动资金的多少确定同类原料采购的间隔天数开展定期采购，再根据各项原料的日需要量算得各项原料的标准储存量。日需要量是指原料的平均每日消耗数量，可根据以往经验得出。

当临近采购日期时，需清点各类原料的存量，计算出需要采购的数量：

原料需购量 = 标准储存量 − 现存量 + 日需要量 × 发货天数

利用这种方法来确定原料需购量，可保证来货后原料正好又达到标准储存量。使用这种方法时，同类物资或同一供应商的物资可定在同一天采购，这样能减少采购次数和人工成本。另外，每项物资确定标准储存量后，原料不会过量储存，采购数量容易控制。但当某些货物实际用量大大超过预订数时，使用定期采购法不易发现货物短缺。为了避免这种缺陷，餐厅可以对每项货物制定最低储存量，当货物减少到最低储存量时，不论是否到定期采购的日子，也要采购。最低储存量又称再订货点，其计算公式为：

最低储存量 = 保险储存量 + 日需要量 × 发货天数

（2）订货点采购法。

订货点采购法是通过查阅库存卡上原料的结存量，对达到或接近订货点储存量的原料进行采购的方法。使用这种方法要求在库房中对每种原料建立库存卡。货物收到后必须在卡片上登记正确的数量、单价和金额，发出的货物也要随时登记。库房中还需要有一套检查制度，检查哪些货物已经达到或接近订货点储存量，对这些已达到订货点储存量的原料发出采购通知和确定采购数量。

原料订货点储存量也就是该原料的最低储存量，当原料从库房发出使库存数量减少到订货点储存量时，该原料必须采购补充。订货点采购法和定期采购法的不同是，订货点采购法的采购数量比较稳定。

订货点储存量 = 保险储存量 + 日需要量 × 发货天数

需采购量 = 标准储存量 − 订货点储存量 + 日需要量 × 发货天数

　　　　 = 标准储存量 − 保险储存量

由于订货点采购法建立了货品库存卡制度和检查制度，所以当原料不足时，能及时检查出来从而及时采购，这样可以有效地防止货品储量不足或过量储存问题的发生。此外，相比于定期采购法，订货点采购的采购数量比较稳定，不需要每次作决策，简化了采购管理。但是利用这种方法采购时需要对原料进行不定期的采购，采购和运输的工作量比较大。此外，订货点采购法要求在库存卡上正确登记库存的进货和发货量，卡片登记工作繁琐。

在实际工作中，许多餐厅是将定期采购法和订货点采购法结合使用。他们一方面对各项库存货物建立库存卡，另一方面又对各类物资规定定期采购的日期。对一般的库存物资进行定期采购，同时，库房管理员经常查阅登记卡，随时注意对达到订货点储存量的物资发出采购通知，且采购前不用清点实物量。这样既节省了采购和库存清点时间，又能使库存物资及时得到补足和有效控制。

【徒弟操作】

1. 某餐厅平均每天需用 20 听莲藕罐头，该餐厅对罐头类食品定于每隔周的周四采购一次，莲藕罐头应有 140 听的保险储存量，发货天数需要三天，目前如果餐厅还剩下 200 听罐头，则莲藕罐头的标准储存量、最低储存量和需采购量各为多少？

2. 某自助餐厅对冻羊肉的标准储存量为 600 公斤，冻羊肉每日需用量为 30 公斤，发货需用 2 天时间，保险储存量为 60 公斤，则冻羊肉的订货点储存量和需采购量分别为多少？

【拓展提高】

一、采购价格的控制

采购价格的控制是采购工作的重要任务之一，成功的采购就是要获得理想的采购价格。餐饮原料的价格受诸多因素的影响，价格波动较大。影响餐饮原料价格的主要因素有：市场货源的供求情况、采购数量的多少、供货渠道、餐饮市场的需求程度、供货商之间的竞争以及气候、交通、节假日等。面对这些因素，对采购价格实行控制是必要的。控制采购价格的途径有以下几个方面：

（一）限价采购

限价采购就是对所需购买的原料规定或限定进货价格，规定在一定幅度内按限价进行市场采购。这种方法一般适用于采购周期短的鲜活原料。

（二）竞争报价

竞争报价是由采购部向多家供货商索取供货价格表，或者是将本饭店所需的常用原料写明规格与质量要求，请供货商在报价单上填上近期或长期供货的价格，采购部根据所提供的报价单，分析并选择合适的供应商。

（三）规定供货单位和供货渠道

规定采购部门只能向指定单位采购，或只允许购置来自规定渠道的原料。餐饮企业可以与供货单位签订购销合同，用协议的形式将价格固定下来。这种方法在一定程度上可以保证供货价格和质量的稳定性。

（四）控制大宗和贵重餐饮原料的购货权

对于贵重食品的原料和大宗餐饮原料来说，其价格是影响餐饮成本的主体。有些饭店要求餐饮部门提供该种原料使用情况的报告，采购部门需提供各供货商的价格报告，最终向谁购买必须由饭店管理层来决定。

（五）提高购货量和改变购货规格

根据需求情况，大批量采购可降低原料的价格，这也是控制采购价格的一种策略。当某些餐饮原料的包装规格有大有小时，购买大规格原料一般容易获得较低的单位价格。

（六）根据市场供应情况适时采购

随时关注原料的市场供求状况，当某种餐饮原料供过于求时，价格往往低廉，如果其厨房日常用量又比较大，则可以在质量达标的基础上趁机多采购一些，以备价格回升时使用。

（七）尽量减少采购的中间环节

在采购过程中，应尽量减少采购的中间环节，如有可能，尽量从经销商、制造商处直接采购，以降低采购价格，减少成本开支。

餐饮业发展现状与展望

任务一 餐饮部在酒店中的地位与作用

【学习内容】

1. 酒店餐饮部的地位与作用。
2. 酒店餐饮部与其他部门的工作沟通与协作规范。
3. 酒店餐饮部与酒店其他部门的关系。
4. 餐饮部的内部沟通与协作。

【师傅要求】

1. 理解酒店餐饮部与酒店其他部门的关系,掌握部门间和餐饮部门内部的工作沟通和协作规范。
2. 理解酒店餐饮部的地位与作用。

【师徒互动】

一、酒店餐饮部与其他部门的关系

餐饮部是整个饭店的有机组成部分,餐饮部的各项工作都离不开其他部门的协助与支持。只有依靠各部门之间的通力合作以及餐饮部内部的协调与沟通,才能做好整个饭店的管理。

（一）餐饮部与前厅部的关系

餐饮部与前厅部之间的关系主要体现在内部信息的沟通和工作的协调上。一方面，餐饮部依据前厅部的住宿率来预测当日销售量，进行相应的餐饮安排。另一方面，餐饮部需要从前厅部取得住客信用方面的信息，以确定是否可以签单。此外，有大型餐饮活动、重要宴会等，应把有关信息告之前厅部，以便前厅部前台应答客人查询，使客人获得良好的消费体验，保证酒店服务的流畅性和完整性。

（二）餐饮部与客房部的关系

1. 餐厅公共空间的清洁

餐厅的地毯洗涤、地面打蜡等保养工作一般由客房部 PA 来完成，在此过程中，餐饮部应配合客房部 PA 制订详细的保养计划，并在实际操作过程中派专人予以协助。

2. 餐厅的花草使用

一般而言，餐厅的花草使用也属客房部管理，餐饮部应根据实际需要填写相关单据，写明所需花草的规格、花型、摆设地点等信息，接受客房部花房专业人员的指导，然后由客房部负责具体安排，进行花草的维护和清洁。

3. 餐饮部布草的洗涤

餐饮部与客房部洗衣房的关系主要是棉织品的洗涤工作，每天根据经营的需要及时将用过的台布、口布等棉织品送洗衣房洗涤更换，将洗涤好的布草领回部门使用。在棉织品的送洗和换领过程中，必须派专人清点需清洗数量，领用时核实数量及检查洗涤质量。送脏的棉织品去洗涤时，要先抖落裹在台布中的杂物，以免洗涤时损坏洗衣房设备。客房部洗衣房在洗涤过程中应帮助餐饮部及时挑出破旧的棉织品，以确保对客服务的质量。

4. 餐饮部员工工作服的洗涤

餐饮部门的工作人员同酒店其他部门员工一样，其工作服应在规定时间送至客房部洗衣房清洗，同时领取已经洗涤完的工作服。

（三）餐饮部与采购部之间的关系

采购部门的工作对节约餐饮成本具有重要作用，对餐饮业其他各部门的正常运行也有至关重要的作用。为使采购功能能得到最好的发挥，餐饮部门应重视与采购部门的横向联系，餐饮部在采购物品时，应采纳采购部对其原材料行情方面的意见，列出采购产品规格书。及时与采购部沟通，制订标准的采购书和采购计划，避免和减少计划外采购。两个部门之间要加强市场信息方面的沟通，及时掌握新设备、新原料和时令菜的行情。

（四）餐饮部与销售部之间的关系

酒店销售部门接触的客户面广，信息渠道广，可为餐饮部带来很多有用信息，并带来许多业务。一方面，销售部作为直接与餐饮市场接触的"前线"部门，能够最直观真实地获取市场行情，因此，餐饮部能从销售部获取有效市场信息，从而帮助其预测餐饮产品的销售情况。另一方面，餐饮部在特殊日子的特殊产品有赖于销售部的合作销售，如每年的端午节、春节的特色菜肴或特惠宴会产品等。此外，作为最先接触顾客的部门，销售部门往往能提前获悉消费者购买倾向以及针对某些产品的建议或投诉信息，这些都有利于餐饮部及时调整工作。因此，餐饮部要与销售部互通信息，及时了解销售部掌握的客人对本酒店餐饮的反映，在餐饮销售预测方面，餐饮也有赖于销售部所提供的信息。

（五）餐饮部与人力资源部之间的关系

在招聘方面，餐饮部首先要根据自身部门的工作内容和工作特点，提出本部门对拟招人员的基本要求，供人力资源部在招聘时参考，并积极配合人力资源部做好人员考核、评价工作。在员工培训方面，餐饮部往往要根据人力资源部的整体培训计划制订本部门的培训计划并具体落实，在此过程中，还应接受人力资源部的监督。此外，有些酒店餐饮部的中高层管理人员还会被人力资源部抽调作为培训老师参与酒店的总体培训计划。最后，餐饮部还应配合人力资源部做好餐饮部门的人员定岗、定编工作。

（六）餐饮部与财务部的关系

餐饮部应协助财务部门完成及时准确的营业日报，以便正确掌握实际经营情况。同时在成本控制方面，发挥餐饮成本控制的作用，及时提供餐饮成本的波动情况，做好成本的控制与监督工作，做好餐饮经营的业务分析。

（七）餐饮部与工程部的关系

餐饮部在本部门设备使用过程中，要经常检查设备的运转情况，发现问题立即汇报工程部专业人员维修，非专业人员不得随便拆修机器设备。根据工程部制定的机器保养和维护工作标准，培训本部门员工正确使用机器设备。一方面，酒店餐饮部门应自觉认真地接受工程部人员关于餐饮部相关机器设备使用方法的培训，接受工程部对餐饮部设施设备的计划维护、检查；另一方面，餐饮部在发现部门设备问题时应第一时间通知工程部前来检查维修，并积极配合工程部对本部门设施设备的更新和升级。在有重大接待任务时，餐饮部应提前通知工程部，便于工程部在活动前对活动所用设施设备的检查。

（八）餐饮部与保安部的关系

餐饮部与保安部的关系主要体现在安全问题上。第一，厨房的消防安全是保安部关注的重点区域，餐饮部厨房应严格按照保安部的工作安排开展日常工作，遇到火灾、触电等特殊情况应及时向保安部报告，请求协助，避免安全事件的扩大。第二，餐饮部人员应和其他部门人员一道，积极参加保安部举办的消防演练等培训活动，认真学习火灾急救措施。第三，在有重要接待活动时，应提前告知保安部做好安全部署，提前安排人力物力，做好接待当天的安全工作。第四，在餐饮部人员工作的过程中，如果发生顾客酒后闹事等特殊事件，应及时报备保安部协助处理。第五，酒店餐饮部应自觉接受保安部对部门安全工作的检查。

二、酒店餐饮部的地位与作用

如今，餐饮部在酒店中的地位日益显著和突出。它不仅要满足客人对餐饮产品与服务的需求，为酒店在社会上树立良好的企业形象提供一个窗口，还是酒店获取经济效益的重要途径。

（一）酒店餐饮部是满足顾客需求的主要服务部门

在旅游者（住店客人）基本的需求"食、住、行、游、购、娱"中，"食"居于首位，食是人类维持生命的第一需要。可以说，离开餐饮部门的酒店就不能称之为酒店。好的餐饮及其服务不仅是酒店的产品，而且是一种旅游产品，是一种可以引来客源，建立特色品牌的资源。

（二）餐饮服务直接影响酒店声誉

餐饮部作为提供饮食的场所，是宾客活动的中心，常常被看作社交集会的理想场所，它日夜不停地和住店宾客及店外宾客发生频繁接触。餐饮部工作人员，特别是餐厅服务人员为客人提供面对面的服务，其一举一动、一言一行都会在客人的心目中留下深刻的印象。客人可以根据餐饮部为他们提供的餐饮产品的种类、质量以及服务态度等来判断酒店服务质量的优劣及管理水平的高低。许多宾客常常以点看面，把对餐厅的印象看成是对整个酒店的印象。餐饮部门经营管理的好坏、服务质量的优劣，往往直接关系到酒店的声誉和形象，进而影响客源。

（三）餐饮部为酒店创造可观的经济效益

餐饮部是饭店获得经济效益的重要部门之一。餐饮收入约占酒店总收入的1/3，在酒店各部门中仅次于客房收入而处于第二位。在欧美国家，餐饮收入占酒店收入的35%左右。在旅游淡季，客房利用率较低时，经营管理好的餐饮收入甚至可以超过客房收入。在增加收入方面，餐饮部门具有很大的发挥空间，可以通过扩大宣传、推出有特色的餐饮产品、增加服务项目、严格控制餐饮成本和费用、增收节支等手段提高收入。虽然餐饮部原材料成本开支较大，毛利率不如客房高，但餐饮部相对于客房部来说，其初期投资和固定资产占用却要比客房部低得多。

（四）酒店餐饮部是酒店营销的排头兵

酒店餐饮部在酒店参与市场营销竞争中往往充当排头兵的角色。现代酒店的客房标准相对接近，竞争余地小；而其餐饮则具灵活、多变的能力。两家条件等级相似的酒店，其餐饮水平决定胜负的屡见不鲜。餐饮部门在竞争中的地位和作用有时会决定整个酒店的兴衰。

（五）餐饮部是向宾客介绍和宣传中国饮食文化的重要场所

酒店餐饮在经营方式中，应适应不同的消费需要，不拘一格，通过举办"美食节"等活动，通过美食文化的弘扬，来宣传自己。酒店餐饮肩负着弘扬中国饮食文化的重任，在酒店中有着极其特殊的地位。

（六）餐饮部是酒店用工最多的部门

餐饮业是劳动密集型行业，而酒店餐饮部通常又是酒店中用人数量最多的部门，设有厨师、服务员等主要岗位。而餐饮部门厨师的技术水平决定了客人的味蕾能否得到充分满足，餐饮部服务人员的服务能力很大程度上又影响着客人在饭店的整体消费体验。可以说，厨师和服务人员是顾客认识酒店的"中间人"，"中间人"岗位技能技巧的高低决定着客人的消费满意度，只有有了高的顾客满意度，酒店的长期发展才能得到保证。因此，餐饮部作为用工较多的部门应注重对部门员工的选拔和培训，提高其专业性，不断提高员工的行业素质和业务水平，形成稳定的、训练有素的员工队伍。

三、餐饮部的任务

餐饮经营与管理的目的是实施餐饮部制定的经营方针和计划，满足宾客对于餐饮服务的各种需求，从而为酒店创造更多的营业收入。餐饮部的任务是以市场开发和客源组织为基础，以经营计划为指导，利用餐饮设施、场所和食品原料，科学合理地组织餐饮产品的生产和销售，满足国内外客人日益增长的、多层次的物质和文化生活需要。

（一）掌握市场需求，合理制订菜单

要满足宾客对于餐饮服务的各种需求，必须首先了解酒店目标市场的消费特点和餐饮需求，掌握不同年龄、不同性别、不同职业、不同民族和宗教信仰的宾客的餐饮习惯和需求，并在此基础上制定出能够迎合广大宾客的菜单，作为确定餐厅种类和规格、餐

饮内容和特色、选购设备、配备人员的依据和指南。

（二）开发餐饮新品种，创造经营特色

餐饮部的餐饮产品要具有吸引宾客并与其他酒店餐厅、餐馆竞争的能力，最重要的是必须具有自己的特色。如果自己的餐饮产品毫无独特之处，那么其附近甚至较远的酒店、餐馆便能轻而易举地将宾客吸引走。在实际经营中，人们常常可以看到，酒店的风味餐厅或主题餐厅之所以比一般餐厅更受宾客欢迎，全在于风味餐厅或主题餐厅的独特风味或独特情调。所以，餐饮部应该努力挖掘潜力，积极继承传统，研究开发新品种、新项目，独树一帜，从而形成自己的经营特色。

【师傅指导】

作为企业的组成部分，每一个部门都与其他部门有着千丝万缕的联系，餐饮部同样如此。前面我们学习了餐饮部与其他部门的关系，不难看出，餐饮部的许多工作需要各个部门之间通力合作才能完成好，对于部门间的沟通与协作，有许多需要了解和注意的地方。

1. 跨部门沟通的意义

沟通是信息、意念、理解或情感的传递，跨部门沟通是酒店管理沟通的一种形式，是建立在企业中同一个层次不同部门的个体或群体之间的沟通。

由于跨部门沟通的特殊性，沟通中往往会遇到同级部门间的利益冲突、沟通者之间的观念冲突，以及部门间因缺乏信任等问题而产生沟通障碍。

2. 沟通的渠道

（1）文字语言：书面语言，图片或图形。

（2）姿态语言：状态、动作、表情、眼神。

（3）有声语言：语气语调等。

行为科学家研究表明，面对面沟通中，姿态语言对沟通效果的影响达到55%，有声语言达到38%。文字语言达到7%。

3. 跨部门沟通的要领

（1）目标明确，内容合理。

（2）对象恰当，方法恰当。

（3）场合恰当，时机恰当。

（4）不断回馈，结果确认。

4. 跨部门沟通的障碍及克服

（1）对结果的预期不同。应及时确认目标，达成共识。

（2）被动等待信息。应主动沟通，及时反馈。

（3）遇到部门间相互排挤的工作要求。应及时明确责任，以主管部门为先。

5. 沟通中表达的注意事项

（1）动口之前先动脑，保证思路清晰，条理分明。

（2）简单明了。可以先说重点、目标，然后再具体描述。

（3）观察对方的反应，及时做必要的修正。

（4）柔能克刚，多用正面的词语。

【徒弟操练】

案例分析

案例一

2012年3月15日，西餐厅103台客人19：00左右点了一份"咖喱牛腩饭"，同时康乐部包厢客人点了一份"红烧牛腩饭"。康乐部服务员到17楼餐厅取菜时误将餐厅103台客人所点的"咖喱牛腩饭"当成"红烧牛腩饭"送给3F棋牌室的客人。餐厅服务员在发现问题后立即向当班领班汇报，当班领班及时与客人说明情况并建议重新帮客人做一份，但是103台客人说不要了，太久了，要求退掉。

思考：各部门之间的配合存在哪些问题？应如何改进？

点评：

通过此案例，各营运部门之间的配合存在以下几个问题：

1. 厨房与楼面的衔接工作不到位，导致餐厅所点菜品不能及时提供给客人。

2. 厨房在出品每一道菜品时应提供菜名标识，类似棋牌室及客房等送餐服务菜品必须经过保鲜膜包装后才能摆放于取菜窗口前。而本案例中厨房出品没有明确标识，也没有包装分类的意识。

3. 棋牌室员工对菜品知识不够了解，对于两种明显不同做法的菜品没有认知能力，同时取餐时未与楼面人员对接与确认，操作程序不完善。

4. 楼面服务人员对于客人所点菜品的跟进力度不够，且欠缺对送餐与其他区域人员取餐操作把关的意识。

案例二

一位在某家五星级商务酒店入住数日的客人，偶尔在电梯里碰到进店时送他进房间的行李员小田。小田问他这几天对酒店的服务是否满意，客人直率地表示，酒店各部门的服务比较好，只是对中餐厅的某道菜不太满意。

当晚这位客人再次来中餐厅时，中餐厅陈经理专门准备了这道菜请客人免费品尝。原来，客人说者无心，但行李员小田听者有意，当客人离开后，他马上用电话将此事告知了中餐厅陈经理，陈经理表示一定要使客人满意。当客人明白了事情的原委后真诚地说："这件小事充分体现出贵酒店员工的素质及对客人负责的程度。"几天后，这位客人的秘书打来预订电话，将下半年该公司即将召开的三天研讨会及100多间客房的生意均放在了该酒店。

该案例给了你什么启发？

思考并回答：

1. 在部门间沟通过程中，遇到本位主义（袒护下属、保护部门利益）怎么办？

2. 部门间就关系到各个部门的问题相互推诿、踢皮球，应如何处理？

3. 同学们，在你的实习经历中，有没有遇到过部门间沟通障碍？是如何化解的？

【拓展提高】

（一）酒店餐饮部与其他部门的工作沟通与协作规范

1. 餐饮部与采购部

（1）餐厅厨师长应提前根据菜单的内容向采购部开出货源申购单。

（2）写清申购货源的品种、数量、规格和到货时间。

（3）货到厨房，厨师长要检查数量和质量，对不合格食品应及时退货。

（4）工作中如发生矛盾，应请餐饮部经理出面协调。

2. 餐饮部与总经理办公室

（1）有重大接待任务通知内容，写清宴请时间、地点、人数、标准、菜单、宴请单位等。

（2）有重要领导人出席，应写清姓名、职务、到/离店的具体时间，提醒店领导迎送准备。

（3）写清宴请或重大活动所需要的舞台布置、会标、标示牌等要求和具体完成时间，请审阅。

（4）由餐饮部经理撰拟的以酒店名义行文的文稿，应送总经理办公室审核后报酒店领导签发。

（5）部门与办公室秘书沟通办好内部文件与档案工作并接受指导性意见。

3. 餐饮部与客房部

（1）沟通协作好宴请重要宾客的红地毯布置。

（2）沟通协作好客房部行政楼层的饮料供应和服务工作。

（3）沟通协作好客房送餐服务工作。

4. 餐饮部与保卫部

（1）如有重要宴请或大型宴会和会议要事先用备忘录与保卫部沟通并请协助维持治安秩序，做好重要客人的安全保卫工作和安排好乘坐车辆的停靠泊位。

（2）部门前、后台如发现可疑的人和事或可疑物品和不明物品，在立即做好监控工作的同时，应及时报告保卫部。

（3）各营业点如发生酗酒闹事，影响治安秩序要立即报告保卫部。

（4）在使用各种设施设备的过程中，如发生异味、异声、漏电、短路、裂管等不安全因素要立即报工程部检修，同时报保卫部。

（5）主动与保卫部联系做好易燃易爆用品的管理和消防设备、消防器材的检查维护。

（6）餐饮部各部门应组织和教育员工自觉参加保卫部开展的"四防"宣传教育及保安业务知识。

（7）餐饮部各部门应主动接受保卫部对安全保卫工作的指导和检查，对保卫部提出的工作建议和意见应及时进行整改，并将整改情况复告保安部。

5. 餐饮部与工程部

（1）部门的设备管理和操作人员应自觉接受工程部进行的安全生产教育及专业技术和管理知识的培训，提高业务技能。

（2）接受工程部定期对本部门设备设施管理制度的检查。

（3）在本部门自查设备设施安全生产时发现隐患，应立即通知工程部及时排除。

（4）主动配合工程部对本部门厨房设备、炊事机械、冷藏、水、煤气、空调、除油、除烟等设备定期进行检测和计划维修，确保运转正常。

（5）配合工程部做好餐厅、厨房等设施、设备的更新改造，并与全能技工密切合作，搞好餐厅、咖啡厅设备的日常维护保养，确保各种设备完好。

（6）有大型和重大接待任务，应提前通知工程部，便于工程部对宴请场地进行全面整修。

6. 餐饮部与财务部

（1）请财务部协助并指导编制部门的经营预算，和落实以部门为成本中心的成本费用控制管理。

（2）加强与财务部计划分析员和成本核算员的联系，做好食品和酒水毛利的日清日结核算工作。

（3）做好财务二级账和财务部财物一级账的定期核对工作。

（4）与采购部密切联系，做好每日鲜活货的采购、验收工作和原料物资的申购工作。

（5）配合财务部认真做好食品、酒水小票的管理与汇总上交工作。

（6）在财务部的指导下按月做好餐饮经济活动分析、财务管理（含二级、三级账表）和定额消耗管理。

7. 餐饮部与人力资源部

（1）根据工作需要向人力资源部提出用工申请，参与录用员工面试，并负责做好新进员工的岗前技能培训以及现聘员工的岗位资格培训工作。

（2）根据本部门工作需要和人力资源部安排，做好部门之间员工岗位调整工作和转岗培训工作。

（3）及时做好本部门考勤统计、汇总，并积极配合做好工资奖金的审核，上报人力资源部。

（4）本部门员工因故离岗、离职、终止、解除合同，在职员工退休、死亡，按酒店有关政策和规定，积极配合人力资源部办理各种手续，以及相关的劳动争议。

（5）做好本部门员工餐券发放工作以及新进、调岗、离岗人员的工作服和更衣箱钥匙发放和收回工作。

（6）协同人力资源部，做好本部门员工的职称和技术等级评定考核与审核申报。

8. 餐饮部与销售部

（1）餐饮部应及时向销售部发送四季菜单和各种宴会菜单，以及年度、季度和月度的促销设想，以便销售部进行餐饮促销计划工作。

（2）涉及餐饮场所进行的重大促销或经营活动，餐饮部在接到销售部的任务通知书后，应及时与销售部协调沟通工作。

（二）餐饮部部门内部沟通与协作

1. 餐厅与厨房

（1）餐厅经理应与厨师长核对按备忘录要求的前、后台准备工作是否一致。

（2）宴会时，餐厅应及时通知厨房客人开始吃第一道菜的时间，遇到领导讲话，要马上通知厨房，暂缓出菜。

（3）零点服务时，餐厅应及时将菜单及客人要求通知厨房，督促厨房及时上菜。

（4）将宴会进行的情况及时转告厨师长，便于厨房能正确调节出菜速度。

（5）用餐结束，餐厅经理应征询客人意见，对菜肴的评价应及时转告厨师长或厨房领班。

（6）主动了解厨房推出的新菜肴，并主动向客人推荐。

2. 餐厅与管事部

（1）餐厅经理应根据任务所需各种餐具、酒具、茶具、用具通知管事部，并写清楚数量、规格和完成时间。

（2）管事部根据餐厅的通知、要求，按时做好全部餐具、酒具、茶具、用具的准备工作。

3. 咖啡厅与厨房

（1）咖啡厅每天与厨房沟通，了解菜单上各项点心与便餐菜式的供应变化及报出的新品种。

（2）咖啡厅接到预订单或客人有特殊要求时，及时通知厨房准备，减少客人的等候时间。

（3）咖啡厅适时地征询客人意见与建议，及时转告厨师长改进，以便更好地满足客人要求。

4. 客房送餐处与厨房

（1）咖啡厅客房送餐处每天晚上把收集的第二天的早餐卡及时填写小票通知厨房和收银员准备。

(2)客房送餐处对住客临时点要的菜点品种,应迅速填写小票送交厨房准备,并随时留意出菜速度,确保送餐服务的及时、快捷、准确。

(3)主动了解厨房推出的新品种,主动向客人推荐。

(4)适时地征询客人意见与建议,及时转告厨师长,以便改进。

5. 厨房与管事部

(1)厨师长应根据开设菜单的内容,通知管事部准备餐具的品种、规格、数量和完成时间。

(2)管事部应根据厨房通知时间准备好各种合格的餐具、炊具和用具。

6. 餐厅与宴会预订部

(1)宴会预订部应提前两天将任务情况正式通知承办宴会的餐厅主管,便于餐厅布置和准备。通知中要详细写清宴请的时间、人数、标准、菜单、场地布置要求、重要参加者姓名和出席时间等信息。

(2)预订员要对餐厅的准备工作进行检查,核对是否与预定方的要求相符合,如有偏差,应及时告知餐厅纠正。

(3)预订员要主动征询预定方对准备工作是否满意,还有什么要求,并将客人意见转达餐厅主管。也可以将餐厅主管直接介绍给顾客,方便联系和沟通。

任务二 餐饮从业人员的职业现状与职业发展

【学习内容】

1. 餐饮从业人员的职业现状。
2. 餐饮从业人员的职业发展前景。
3. 餐饮从业人员应具备的九大工作意识。

【师傅要求】

1. 能准确理解和分析餐饮从业人员的职业现状。
2. 能准确把握餐饮从业人员的职业发展前景。
3. 理解酒店工作九大意识。

【师徒互动】

一、餐饮从业人员的职业现状

（一）从业人员职业倦怠现象明显

职业倦怠是指个体在工作较强的压力之下所产生的身体上的过度疲劳和心理上的耗竭无力。据相关研究显示，餐饮酒店行业的职业倦怠居多个行业前列。餐饮工作人员的职业倦怠一方面对于员工个人的身心会产生不利影响，另一方面，将职业倦怠情绪带入工作中，也会对餐饮酒店工作的顺利开展、员工服务质量，甚至酒店的声誉产生不利影响。主要由年轻人组成的员工群体抗压能力较低、酒店方面大量招用实习生进行单调重复的工作、薪酬体质的不合理以及社会支持度偏低等均是导致餐饮酒店从业人员职业倦怠的重要原因。

（二）从业人员离职率高

餐饮从业人员居高不下的离职率一直是备受餐饮企业困扰的普遍问题，究其原因，不外乎来自于以下几个方面：第一，酒店工作性质所带来的倒班安排和工作强度大的问题。第二，相对于高强度工作，大多数酒店工作岗位的薪资待遇并不高，与员工的心理预期相距甚远。第三，员工对于在酒店的职业发展缺乏必要的信心。第四，由于行业性质，餐饮工作人员，尤其是对客服务人员，均属于对于年龄限制较明确的岗位，多属于

"青春饭"。这些岗位上多为刚从学校步入社会的学生，他们往往对于社会工作带有理想化的认识，没有做好吃苦耐劳的准备，一旦遇到困难，便知难而退，这也是导致餐饮业离职率高的重要原因。

（三）外语应用水平较低

由于餐饮业作为服务行业从业门槛较低，从业人员中不乏许多高中毕业的年轻人，这直接导致了餐饮从业人员的英语水平较低，即便从业人群中有很大一部分大专学历甚至本科学历毕业生，但英文平均水平仍然偏低。餐厅内常常存在这一现象：餐厅服务人员在长期的工作影响下，和来餐厅就餐的外国客人基本能实现简单的问答交流，但如果交流稍微深入一些，服务人员的英文水平往往就招架不住了，有的服务人员更是连蒙带猜外加手势来达到交流的目的。

（四）餐饮管理人才短缺

员工的素质，特别是管理者的素质制约着餐饮企业的发展，管理人才方面捉襟见肘，是大多数餐饮企业面临的问题。一方面，酒店餐饮行业普遍面临着员工流动性强、离职率高的问题，这使需要从基层逐渐培养起来的管理人员可能在很短的时间内就被提拔到一定管理岗位，直接导致新晋管理人员在技能上尚可过关，但是在管理能力上存在不足，容易引起部门氛围紧张、上下级关系紧张、员工缺少工作激励等一系列不利用工作开展的因素。另一方面，当前餐饮企业管理人才存在"低起点与高要求"的巨大反差。国内餐饮企业的管理人员绝大多数是从基层员工中逐步提拔的，由于提拔前后的两个岗位工作内容有时截然不同，加上他们在以前的学习中专注于业务技能，却没有学习到充分的管理知识，因此不具备高级酒店管理能力，自然在新的岗位中难以圆满完成员工的管理工作。

二、餐饮从业人员职业发展前景

（一）地域上，一线城市餐饮人才需求大

从餐饮业企业招聘量和求职量的城市排名来看，一线城市的餐饮业人才供求量最大，而新一线城市紧随其后。这是因为，一线城市吸纳大量人口流入，居民收入水平较高，城市服务业发展速度较快，而餐饮业作为高频刚性、多层次的消费需求，拉动了招聘与就业。虽然目前一线城市的餐饮企业已提高薪资支付水平，但依然没有有效缓解招聘困难的问题，真正较高技能水平的人员有较大的发展机会与空间。

（二）岗位内容上，餐饮行业的就业方式更加灵活

除酒店业的传统工作岗位外，因餐饮业规模的不断扩大，用工需求量持续增加，加

上受到外卖、快递等供应链延伸领域的迅速发展，加之餐饮行业新零售模式、共享餐饮模式等发展趋势的影响，餐饮所带来的灵活就业岗位越来越多。这些岗位的工作收入可观，用工形式更灵活，更加看重个人的能力，因此势必会吸引大量人员的加入。

（三）业务素质上，更需要复合型技能人才

从酒店餐饮这块来说，随着消费群的多样性带来的消费需求的多样性，对餐饮从业人员的素质提出了更高的要求，除了一般地如摆台、折花、斟酒等操作技能要求，需要服务人员最好能具备良好的外语水平、一定的营销水平、新媒体应用知识等。餐饮行业从业人员只有具备多种专业知识和技能，才能满足餐饮行业未来发展的需求，个人职业也才能有更加广阔的发展前景。

（四）职业心理上，需要具有良好适应能力和抗压能力的人才

餐饮行业作为典型的服务行业，不仅要面对顾客，处理顾客投诉及突发事件，还要应对来自岗位自身的业务压力，这些对从业人员的心理素质提出了更高的要求。就学校教育而言，随着"95后""00后"的成长，许多这一年龄段的餐饮、酒店专业毕业生在走上工作岗位后难以适应工作环境，一遇到困难就打退堂鼓。在处理对客关系和上下级、同事之间的关系时，不能做好有效的沟通，带来了更多的工作问题。这些也是导致餐饮行业员工流失率高的重要原因，因此，也成为餐饮业用工时所考虑的主要因素。

【师傅指导】

（一）酒店意识

酒店意识是指酒店员工的言行举止应该有酒店从业人员的职业素质和风度，是酒店从业人员必备的素质，其中包括：团队意识、服从意识、服务意识、角色意识、销售意识、安全意识、沟通与配合意识、预前控制意识、时间意识、效率与质量意识、成本意识、制度意识、责任意识、创新意识等。

1. 团队意识

团队意识指整体配合意识，树立正确的团队精神，包括团队的目标、团队的角色、团队的关系、团队的运作过程四个方面。团队意识必须做到：

（1）集体成功观。

团队中所有成员必须意识到，个人的成功需融入集体的成功之中，只有项目成功、团队成功，才谈得上个人的成功。相反，项目的失败会使所有人所付出的努力付诸东流，表现再出众的成员也不会有成就感，因此，团队协作是项目成功的必要条件。

（2）树正气，刹歪风。

水桶原理更适合于衡量团队战斗力。团队中全体成员要认清极少数人的工作进度拖延会造成这个项目的不可控、个别模块的不稳定会造成整个系统瘫痪这一严峻现实。不

是所有人都在团队中举足轻重,但任一人出一个微不足道的差错,就会使整个团队的工作功亏一篑。因此,团队中每一个成员要勇于和影响团队士气、干扰集体工作正常进行的做法做斗争。

(3)沟通无限,理解万岁。

项目团队中所有的成员应该及时有效沟通,相互理解。团队中出现意见分歧时,分歧双方的基本态度应该是说服对方而非强制对方,裁决两种不同意见的唯一标准是看哪一种意见更有利于推动工作的正常进行。

2. 服从意识

在酒店工作过程中常会遇到因别人的行为影响到自己的工作成绩而造成自己承受指责与批评的情况,如做房时自己房间做干净了,工程部维修时弄脏,受批评的却是自己,这时,自己心里就会不由自主地产生一种委屈和不公平的心态,从而会呈现出种种客观因素为自己辩解。我们必须改变这种心态与意识,找出主观原因,是因为自己把关不严或操作不当而让别人的行为影响到自己的工作成绩。

3. 服务意识

服务意识是指企业全体员工在与一切企业利益相关的人或企业的交往中所体现的为其提供热情、周到、主动的服务的欲望和意识。它是一个人对服务(或是某一服务)的理解以及在理解该服务后所表现出来的一个自觉性行为,即自觉主动做好服务工作的一种观念和愿望,它发自服务人员的内心。

4. 角色意识

在酒店服务工作中,我们扮演的是以下几个角色:

(1)服务的提供者:目的是使客人对我们的服务感到满意。

(2)解决问题的人:目的是圆满地解决问题。

(3)亲善大使:目的是使客人和同事感到亲切、热情。

(4)饭店产品的代表:目的是使客人喜爱酒店的形象与品牌。

(5)沟通者:目的是既理解客人的需求又得到客人的理解。

(6)展示者:目的是展示饭店的服务及个人的风范。

(7)销售者:目的是既让客人觉得价格合理又让酒店获得利益。

(8)饭店员工:目的是为酒店做出自己的贡献,保护酒店的利益。

(9)终身学习者:目的是使自己不断成长和进步。

5. 销售意识

销售就是介绍商品所提供的利益,以满足客户特定需求的过程。销售是一项很具挑战性的工作,成为销售人员比较容易,成为优秀的销售人员却没有那么简单。优秀的销售人员一般在以下四个方面具有良好的素质:内在动力、干练的作风、推销能力、与客户建立良好关系的能力。这四者相辅相成,缺一不可。

6. 安全意识

安全意识就是人脑对生活、生产等活动中安全观念的反映。人要有安全的意识,才会有安全的行为;有了安全的行为,才能保证安全。安全是酒店的头等大事,它包括财产安全、操作安全、饮食安全、交通安全、消防安全、心理安全等方面,在做任何事情时我们必须考虑到安全系数有多高,避免造成损失和人身伤害。

7. 沟通与配合意识

沟通是磋商共同点、交换彼此思维模式,从而达到相互理解、相互帮助、相互配合的意思。沟通中要逻辑清晰,表达清晰、准确、简洁。沟通的重要性不言而喻,它是人生中不可缺少的一种重要能力,在不同的沟通中我们可以获得不同的财富、知识、经验、快乐,良好的企业内部沟通能提高管理效率。

8. 预前控制意识

预前控制是在问题发生以前即进行控制程序以防患于未然。在企业运行阶段就预计到可能发生的问题,并采取措施,以保证将到时候进行纠正的需要降到最低。为了保证控制有效,需要及时、准确的信息和对未来的合理估计。

9. 效率与质量意识

在酒店服务工作中,节省时间,掌握好服务节奏,提高服务效率是很重要的。虽然我们在服务中强调"眼、嘴、手、腿"四勤,但在实际的工作中还应机动灵活,讲究技巧,因为我们的最终目标是把工作做好。操作中应尽量减少不必要的走动,因为那样既浪费时间,又影响客人,还会给人造成忙乱的感觉。

有效的服务还包括不出差错或少出差错,服务人员应时时注意观察,随时保持头脑灵活,工作有条理,争取能够自己纠正差错,避免客人的抱怨和投诉。

(二)员工职业生涯规划

根据马斯洛需求层次理论,当人满足了较低层次的需求时就会追求自我实现的需求,自我实现是最高层次的需要,它是指实现个人理想、抱负,最大限度发挥个人能力的需求层次,是接受自己也接受他人、解决问题能力增强、自觉性提高、善于独立处事、要求不受打扰地独处、完成与自己的能力相称的一切事情的需要。也就是说,人必须干称职的工作,这样才会使他们感到最大的快乐。而酒店的员工职业生涯规划即是帮助员工实现自我超越,成为自己所期望的人物的一种方法。

员工职业生涯规划是近十几年在发达国家兴起的一种新兴人力资源管理技术。在人才竞争日益激烈的今天,越来越多的企业把目光投射到员工的职业生涯规划上,把员工职业生涯规划作为人力资源重要的战略组成部分,以便协调员工个人的职业生涯目标与企业发展目标,这不仅有助于增加企业的稳定性和凝聚力,也会更有效地调动员工的积极性和创造性。

通过对每个员工的职业生涯管理,企业能达到自身人力资源需求与员工职业生涯需求之间的平衡,创造一个高效率的工作环境和引人、育人、留人的企业氛围。因为,企业职业管理的最终目的是通过帮助员工的职业发展,提高员工认同度,降低员工流失率，实现企业的生存和可持续发展的目标。在帮助员工认识自我、认识职业环境，帮助员工确定职业目标和职业发展路径，帮助员工拟订工作计划、学习与培训计划以及帮助员工确定职位等方面，酒店可从以下几个方面开展工作：

1. 提供专业的工具和技术

进行职业生涯规划的第一步是进行自我评估。自我评估就是对员工的个人特征进行分析，主要采用测验的方法和自我反思的方法。酒店向员工提供自我评估的测评表格量表等测评工具，如个性特征问卷、多项人格特质测验、职业兴趣六边形测验等，帮助员工进行价值观、兴趣、技能的自我测评。

2. 提供信息支持

酒店根据员工的工作情况向员工提供企业对其能力和潜力的评估信息。企业向员工提供职业环境和职业发展机会的信息，其中主要提供的是企业内部环境的信息，包括：企业文化、企业规模、组织结构；企业发展战略；企业中的人力资源状况，即目前的人员年龄、专业、学历结构、人力资源发展等。利用这些信息帮助员工分析环境因素对员工职业生涯发展的影响等，使员工职业规划设计更加合理。

3. 设计多重职业生涯路线

企业帮助员工确定职业发展道路，设计不同的晋升路线，向员工展示不同的发展路径。酒店根据不同岗位的特点和职务发展层次，设计"三线推进"的晋升系列，包括管理系统晋升系列、技术系统晋升系列和业务系统晋升系列。每一系列都设置由低到高的职务晋升路径，并明确每一职位的职责及所需要的经验、知识和技能。

4. 提供咨询帮助

酒店可以通过举办一系列职业生涯规划研讨会，就职业生涯规划中自我评估、目标设置、行动计划等进行研讨，或者举办有关职业理念、管理技巧等内容的专题讲座提升员工的认识水平，还可以通过举办培训班等方式，帮助员工为晋升做准备。

【徒弟操练】

一、阅读问卷并回答问题

酒店员工职业生涯规划问卷

（一）职业现状调查

1. 你现在对你的现有岗位满意吗？

A. 很满意　　　　　　　　B. 比较满意

C. 不太满意　　　　　　　D. 很不满意

请简述选择原因：

2. 你个人在本酒店 2 年内的短期职业目标是什么？你 2~5 年内的中期职业目标是什么？

3. 你自己是否找到了你与实现目标所需能力的差距？如果是请述说理由。

A. 已经找到，并且知道了差距在哪里

B. 正在探寻，苦于不知差距在哪里

C. 不想探寻，没有必要

D. 没有差距

4. 对你来说，实现自己的目标最主要依靠的是什么？

A. 给我证明自己的工作机会　　　B. 领导的赏识

C. 更丰富的专业知识和技能　　　D. 平和的心态

5. 距离你的职业目标，你有什么期待和计划？

A. 寻找信息，积极准备，寻找能证明自己的工作岗位

B. 暂时未做考虑，把本职工作做好，提高自己的业务水平，有机会争取职位晋升

C. 暂时不换工作，参加继续教育，提高自己的竞争力，保住自己的这份工作，暂时没有计划，视情况而定

6. 如果因客观原因，你需要更换工作，你想以何种方式更换工作（注明理由）？

A. 换行业，不换职业

B. 换职业，不换行业

C. 既换职业，又换行业

D. 从没有考虑过改变，以稳定求发展

7. 如果有本行业的职业精英给你指点，你需要哪些有益的经验和教诲（多选）？

A. 本行业的最新动态及本行业发展趋势

B. 在这个行业里发展应具备何种素质和技能

C. 本职业的发展空间和社会需求度

D. 如何在这个职业中提升自己的能力

E. 其他

8. 请对自己的性格做一个简单的描述。

（二）对职业规划需求的调查

1. 你认为参加学习和培训主要的目的是什么？

A. 稳定自己现有的工作，真正能学有所用

B. 提升自己的工作职位，能有进一步的拓展

C. 改变自己的职业，重新选择一种职业

D. 学到有用的知识，自己创业

E. 其他

2. 在对你的职业规划上，希望酒店提供的哪种形式的辅导和帮助最适合你？

A. 及时的咨询解惑

B. 合适的工作岗位

C. 各行业背景和各职业背景分析

D. 现有的岗位情况介绍和岗位培训机会

E. 酒店内部人际关系间的沟通与交流

国际连锁酒店在用人上与我国的最大差别是每个管理岗位上找合格的人。即他们常说我是请你来当经理的，而不是请你来学当经理的。国内酒店的情况大多是帮助员工在岗位上成长。国际连锁酒店也有职业发展计划，其一般面向经理以上级别的员工。他们有时会填写"职业发展计划表"。大体内容是：

（1）你是否对目前的职业满意。

（2）你认为是否还能向更高的职务发展。

（3）你认为能担任的职务。

（4）你认为你能胜任该职务的时间是：半年后、一年后、两年后。而我们帮助员工设计个人职业生涯规划是全员的和整体的，是基于文化认同基础上的，是基于人无完人及岗位成才的理念上的。因此，更适应中国国情。此外，在员工职业生涯规划的实施过程中，还有一项非常重要的工作就是尽可能地创造公平、公正、公开的发展环境。一旦员工担心职业生涯发展中存在不公正的现象，那么他将很容易丧失信心。

思考习题

1. 如何理解员工第一的管理理念？
2. 如何开展酒店培训工作？
3. 如何帮助员工做好职业生涯规划？

二、案例分析：来自酒店实习生的自述

案例1：小王是某高校酒店专业实习生，繁忙的婚宴接待工作又来了，而且接下来几天都是婚宴。作为实习生，每次婚宴，工作量都会骤然增大，时不时就会遇到一些突发状况。果然，当天的婚宴接待，就遇到了令小王窝火的事情。现在酒店人手紧张，作为顶岗多月的实习生，领班安排工作时，把全场一半的工作分给了小王，同时，还让他指导两个钟点工的工作。因为钟点工是临时找来的，所以许多工作还需要小王带教。后来，小王在帮兼职钟点工倒水时，一不小心烫到了手，但为了服务好婚宴，他忍痛把水端给了客人。接待间隙，小王问领班有没有治疗烫伤的药物，领班让他拿冰在手上敷一下。刚开始的时候还可以忍受，后来到上菜时，被烫伤的地方就开始发热了，非常痛苦。可那么多客人，出于责任心，他不能离开岗位，只好忍着，终于忍到下班。可刚要下班时，领班却突然叫他到其他楼层去帮忙，没办法，只能去帮忙。就这样，一直忙到了夜里10点才下班。

案例2：小李也是某高校酒店专业实习生，实习前带着对实习生活的美好向往来到了实习单位——某五星级酒店，并在餐饮部门任服务岗位工作。三天后，当正式投入到工作当中后，他发现许多问题不是他事先想象的那么简单，每天要在工作的同时学习很多操作技能知识，还要面对形形色色的客人，时不时还会冷不丁接到一个客人的投

诉。在实习时间上，也有很大的不确定性，晚班时要根据顾客离店时间才能收拾完毕下班……顾客的多样性、工作环境的复杂性、工作时间的不确定性以及与校园生活形成强烈对比的工作强度都让他感到有些崩溃。由于心理状态调整不好，在后来的实习时间里，他不是无故告假，就是擅自不来上班，给酒店留下了不良印象，在实习返校后，相比于在实习岗位认真工作的同学，他在岗位技能掌握上也欠缺了许多。

案例3：小闵同是某高校酒店专业实习生，后被分到某星级酒店西餐厅任西餐服务员岗位，与她一同前来的还有同班的两位女同学。工作一个月后，由于其他两位同学难以忍受西餐厅忙碌的工作节奏，不时向酒店人资提出换岗要求，在换岗之后，又觉得不适应，再次要求换岗。与此同时，小闵一直坚守在西餐厅工作岗位上认真学习和工作，她不断调整心态，能够理解当下工作的辛苦正是学习的良好资源，克服了这一困难，就没有什么可以打倒她。这种韧性使得小闵很快适应了酒店的实际工作节奏，在工作岗位上表现优秀，对客服务热情真诚，最后被酒店评为优秀实习生，并推荐到集团总部。鉴于她在实习期的优异表现，在小闵毕业后，直接被酒店集团以领班身份聘用，并收获了良好的职业发展前景。

思考并回答：

1. 材料反映了什么问题？
2. 请逐一分析这些实习问题产生的原因。
3. 谈谈你在实习过程中的心理调适。

【拓展提高】

消费升级助推餐饮行业人才需求量提升

人民网北京5月4日电（孙阳）消费升级趋势正在深刻影响国内行业人才供求结构。《2018年1~4月全国重点城市餐饮业用工分析报告》显示：北京、广州等一线城市餐饮业规模不断扩大，带动餐饮人才招聘量和求职量的增加。

据悉，报告由国内最大的生活服务平台58同城旗下58英才招聘研究院与阿里巴巴旗下本地生活服务平台口碑联合发布。北京餐饮行业的企业招聘量和人才求职量均位居首位，高于其他城市。北京、南京、广州餐饮行业企业发布薪资平均值排名前三，分别为7656元、6447元、6377元。

一线城市餐饮人才需求大　北京人才供需居首

根据国家统计局数据显示，2018年第一季度餐饮业增长平稳，收入9711亿元，同比增长10.3%，持续发挥拉动内需和扩大消费的作用。如今的餐饮业发展不仅满足了人们休闲社交的需求，也引起一波餐饮创业风潮。随着餐饮业规模的持续扩大，高端餐饮和特色餐饮作为大众餐饮的补充，为一线和新一线城市餐饮业发展带来了更大的空间，创造了更多的招聘与求职机会。

58英才招聘研究院数据显示，2018年1~4月，餐饮业企业招聘量城市前十位依次是北京、广州、深圳、上海、成都、杭州、重庆、武汉、西安、苏州。而餐饮业人才求职量城市前十位依次是北京、深圳、上海、成都、广州、重庆、杭州、西安、武汉、郑州。其中,北京餐饮业的企业招聘量和人才求职量均居首位。

从餐饮业企业招聘量和求职量的城市排名来看,一线城市的餐饮业人才供求量最大,而新一线城市紧随其后。这是因为,一线城市吸纳大量人口流入,居民收入水平较高,城市服务业发展速度较快,而餐饮业作为高频刚性、多层次的消费需求,拉动了招聘与就业。

58英才招聘研究院院长李妍分析,一方面因为餐饮业规模扩大,用工需求量增加。另一方面,受到外卖、快递等行业的迅速发展,相比餐饮业,这些行业工作收入更高,用工形式更灵活,工作门槛更低,吸引大量外来务工人员加入。虽然一线城市的餐饮企业已提高薪资支付水平,但依然没有有效缓解招聘困难。

全国7成以上餐饮业人才为"90后"

58英才招聘研究院数据显示,餐饮业企业支付薪资水平城市前十位依次是北京、南京、广州、上海、深圳、杭州、合肥、苏州、西安、武汉。其中,北京的餐饮业企业薪资标准居全国第一,为7656元,其次是南京、广州、上海、深圳,分别为6447元、6377元、6331元和6196元。值得一提的是,南京的餐饮业平均薪资超过了广州、上海、深圳等一线城市,仅次于北京。

一方面是餐饮行业规模的扩大和用工需求量的增加,另一方面是招工难和人才供不应求现象显著,这将拉动餐饮行业薪资的增长。中国饭店协会发布的报告显示,人工成本依然是影响餐饮企业盈利水平的重要因素。

此外,58英才招聘研究院数据显示,餐饮业求职者中,"90后"占比最高,达到72.5%。作为当下求职主力人群,在招工难、员工流动性较大的餐饮业,面对"90后"员工,企业不仅要提升薪资水平,加大激励投入,更要加强内部环境建设,创造持续发展的空间和机会,才能吸引并保留高素质的员工。

——央广网,2018-05-04

任务三 我国餐饮行业发展趋势

【学习内容】

1. 我国餐饮业发展现状。
2. 我国餐饮业发展趋势。

【师傅要求】

1. 熟悉我国餐饮业发展现状。
2. 熟悉餐饮行业发展趋势。

【师徒互动】

我国餐饮业发展现状如下所示。

一、行业规模不断扩大

随着供给侧结构性改革深入推进,餐饮行业呈现出持续平稳较快发展态势。2017年,全国餐饮收入39644亿元,同比增长10.7%,较上年同期略低0.1个百分点。限额以上单位餐饮收入9751亿元,同比增长7.4%,比上年同期大幅提升1.4个百分点,品牌餐饮引领作用显著。并且,餐饮业还在扩内需、促消费、稳增长、惠民生方面作用强劲。

二、市场竞争上升至品牌竞争

随着消费者越来越关注产品和服务的质量,餐饮消费逐渐由价格导向转为品牌导向,餐饮业最核心的竞争力还是产品和服务。餐饮企业愈加重视品牌塑造和深耕,以及品牌维护和传承。市场竞争从业态品类进化为品牌之争,充分体现出餐饮行业的发展已上升至一个新阶段。

三、餐饮业"互联网+"消费体系展现出强劲的发展潜力

在当前"互联网+"的大背景下,随着我国综合信用体系建设、智慧城市建设、移动互联网的普及使用,餐饮业"互联网+"消费体系已具有相当的影响力。随着餐饮与互联网的深度融合,餐饮业新模式激发出消费者新需求。中式正餐向着"店铺小型化、菜品精致化"的路径转型提升,休闲餐饮发展空间持续扩大,餐饮品牌入驻电商促进营

销已经成为潮流。在"互联网+"的不断发酵中，餐饮行业更加关注O2O、餐饮外卖等线上经营与实体经营的协调发展。

"互联网+"战略的实施，将会进一步加快替代和颠覆传统的产业，但也将是传统产业的助推器，通过共同做大"用户"价值，无疑对餐饮行业是一种助推，也是在共享经济时代的一种有益的尝试。

四、餐饮外卖发展日益稳健

餐饮外卖市场正由探索性、爆炸性发展时期步入稳定发展时期。近两年，随着在线餐饮外卖用户超过3亿人，市场规模增速逐渐放缓，消费者对"外卖"这一餐饮消费形式的新鲜感逐渐消失，随之而来的是对餐饮外卖品质及附加价值的关注，并开始由价格导向向品牌导向转移。另外，随着《外卖服务规范》团体标准于2017年9月1日起正式实施，网络送餐从此步入了规范化轨道。

五、休闲餐饮兴起

以满足社交需求为主的休闲餐饮逐渐兴起，目前主要依托于购物+餐饮+娱乐的一体化商业综合体。随着城镇化率进一步上升，中产阶级比重扩大，年轻群体渐渐成为餐饮消费的主力，对于餐饮的用餐环境、时尚性、原材料、性价比等方面有了新需求。

六、餐饮行业纺锤形结构形成

2012年12月"八项规定"出台之后，餐饮业由以高端餐饮和低端餐饮为主的哑铃形结构逐渐转为以大众餐饮为主的纺锤形结构。据统计，目前大众餐饮贡献了超过80%的餐饮收入。与中高端餐饮逐渐回归理性相对应，大众化餐饮呈蓬勃发展之势。随着消费结构不断升级，餐饮消费需求更趋品质化、精细化、体验化，中高端需求内部再次细分至超高端、高端、中高端、中端，既注重消费场景和菜品精致美感，又能够达到宴请、聚会双重体验的模式开始受欢迎。

【师傅指导】

我国餐饮业的发展趋势

伴随着新科学时代的到来，餐饮业也出现了许多崭新的发展态势，主要有四个方面：一是产品、经营创新化，二是服务两极化，三是企业连锁化，四是设备自动化。有理性和有远见的餐饮经营者应敏锐地把握这些新动向，在提高餐饮管理水平的前提下，一方面可以提高餐饮竞争力，另一方面可以赢得经营主动权，为企业创造更多的社会效益与经济效益。

1. 行业发展环境进一步优化

一是食品安全领域法律规制持续完善。国务院办公厅《2017年食品安全重点工作安排》提出食品掺假造假行为直接入刑；国务院食品安全办等14部门联合发布《关于提升餐饮业质量安全水平的意见》，明确网络订餐提供者须有实体店和许可证；国家食品药品监督管理总局发布《网络餐饮服务食品安全监督管理办法》。二是市场格局进一步集中。饿了么收购百度外卖，市场从"三分天下"过渡到美团外卖、饿了么"双雄争霸"新阶段，平台资源进一步整合有助于企业精细化运营。

2. 餐饮业品牌化转型趋势更加明显

创建品牌、促进产业升级是餐饮行业不断进化、转型发展的必经之路。为了满足消费者对餐饮品牌多样化、多层次的消费需求，真实反映品牌价值在行业转型发展中的重要作用，餐饮业应重视"质量、服务、技术创新、有形资产、无形资产"这五个核心要素，增强品牌价值，树立、维护品牌社会信誉和社会形象，强化诚信经营、品牌自律理念。

3. 餐饮行业趋向智能化发展

随着人工智能产业的快速发展，应用场景不断拓展，互联网餐饮外卖平台也逐步开始向技术密集型企业转型，利用系统的大数据分析、人工智能等科技创新实现外卖配送效率的提高和服务品质的提升。"互联网+餐饮"愈加活跃并蓬勃发展。传统餐饮产业与互联网这一现代化工具的结合如火如荼地展开，各种App工具手段全面利用、线上线下双管齐下，电子商务市场规模将持续走高。而且，餐饮企业后厨房将进一步引入机械化、现代化、智能化，与此同时，前厅服务的预订、点餐、移动终端支付、智能机器人传菜、娱乐等智能化服务将全面铺开。

4. "互联网+"思维助推餐饮服务全面延伸

互联网和大数据思维的渗透和应用助推了餐饮新模式的产生和发展，并呈现出从餐饮营销到服务体验的全线"升级"。2017年，摩拜单车联合丹麦的健康餐饮品牌Wagas打造了上海第一家摩拜单车主题餐厅，这种知名IP与餐饮的跨界结合，大大提高了传统餐饮的运营效率，取得了良好的营销效果。此外，传统的餐饮供应逐步向零售化转变，业务内容从传统堂食，到后来者外卖服务，再到外送、包装，不断延伸覆盖。餐饮销售的内容从餐饮成品到食材售卖，再到纯粹提供餐饮体验，每一个餐厅元素都可能成为顾客消费的对象，餐饮新零售快速发展。2017年，南宁市一家生鲜超级市场推出了"共享厨房"，顾客可以自购食材，在共享厨房自主烹调食物，并与好友欢聚在此，相比于传统堂食消费不仅费用低廉，还能体验到烹饪的乐趣，这无疑是共享经济模式在餐饮行业的典型体现。

5. 餐饮业短板领域谋求新发展。

休闲简餐成为新时期极具发展潜力的业态。而且，作为餐饮业不平衡不充分发展领域，社区餐饮、老年餐饮、团餐、农村餐饮一直是业内短板。2017年，团餐率先试水，高铁用餐打破垄断，联合社会餐饮推出互联网订餐服务。虽然团餐、农村餐饮等市场规范化发展还有差距，但具有强劲的发展潜力和市场活力。

【徒弟操练】

1.同学们，结合你们的就餐体验或所见所闻，谈谈你身边的餐饮智能化发展现象。

2.结合所学，谈谈你心目中餐饮行业未来的发展模样。

【拓展提高】

拓展阅读：

首个24小时无人餐厅　新零售如何改造餐饮

1月24日，口碑与五芳斋合作的首家24小时无人智慧餐厅正式亮相，这家店由五芳斋文三路老店改造而成。而在1月28日，这家无人智慧餐厅将正式对外运营，未来有望复制到全国。

据了解，这家无人餐厅主打自助体验，整个用餐过程，不管是排队、点餐还是取餐、结账，全靠消费者用支付宝或者口碑自助完成，就连菜品推荐、营销方案也都由系统基于大数据自主完成。五芳斋总经理吴大星称，仅无人化改造这一项就可以帮助门店节省7个服务员，每年平均节省32万~35万元的用工成本。

那么，这家店有何特别之处？

据悉，在五芳斋智慧餐厅，消费者只需通过口碑App自助扫码下单，并用60个智慧餐柜代替原来的人工叫号等餐，一系列环节都由消费者独立完成，提升服务效率的同时，也能节省人工成本。消费者在扫码的一瞬间，系统已经采取智能数据算法，自动识别出顾客的口味与喜好，并做出相应的精准推荐。在五芳斋智慧餐厅的墙上，还印着五芳斋LOGO的AR图案，用口碑AR扫码后会出现砸金蛋赢优惠券的互动游戏。当顾客离开餐厅时，系统已经自动完成代付，一整套就餐流程到此结束。

此外，在堂食区隔壁，有一间24小时无人零售区，消费者只需要扫码开柜，取货后，便能自动扣款。如此一来，不仅延长营业时间，还提升了门店坪效。

据了解，具体就餐流程分为进店找座、扫码点餐、自助取餐三个部分，这些环节全部依靠消费者独立完成。该店点餐方式包括口碑App、到店扫码点餐、门店自助点餐机三种方式。消费者在使用支付宝结算支付后，可参与口碑AR扫码砸金蛋赢优惠券互动游戏。餐厅内放置的60个智慧餐柜，取代了原来人工叫号送餐的方式，后厨人员将食物放入餐柜，消费者可凭借取餐短信取餐。

而在堂食区隔壁，是24小时无人零售便利货柜。消费者用支付宝扫码开门，即可打开货柜，里面摆放有五芳斋粽子、糕点等食品，取货即走，系统自动扣款。

2017年11月，德克士首家无人餐厅在上海亮相，主打"无人自助式"体验服务，没有服务员，也没有收银员，主要通过微信支付构建智能点餐系统。具体来说，顾客落座后，通过微信扫描桌上的二维码实现点餐、下单、支付等环节，然后自助取餐完成就餐体验。

与德克士无人餐厅有所不同，五芳斋无人餐厅重点是利用数据驱动经营。据了解，

作为口碑餐饮新零售首个样本，五芳斋无人餐厅运用了口碑无人餐厅技术，后者能为餐饮商家提供包括智能点餐、智能推荐、服务通知、自助取餐、自动代扣、用餐评价在内的全流程解决方案。

——联商网，2018-01-25

京东未来餐厅VS盒马机器人餐厅：双方各有什么异同价值？

在7FRESH之后，阿里与京东又迎来了第二次正面碰撞：京东未来餐厅VS盒马机器人餐厅，它们有何异同价值？这种黑科技能否真正影响餐饮行业？

从时间先后顺序来讲，机器人餐厅是盒马在国内率先推出的产物，一个以数字化和IOT设备为整体架构，主打机器人炒菜、送餐和预点单一体的数字化餐饮业态。

去过盒马机器人餐厅的用户，无论是在一代店的上海南翔店，还是二代店的上海国展店，都会对颇似物流仓库机器人和传菜滑轨所吸引。熟悉盒马CEO侯毅的人都知道，侯毅此前有着多年的物流仓储从业经历。

而侯毅在京东的从业经历，又让今天机器人餐厅在京东和盒马之间，再次找到了一个正面较量的机会点。盒马曾经公开质疑过京东在2018年"618"之前公布的机器人餐厅，与盒马有着太多的重合类似。

而这可以看作京东和盒马两家公司，在7FRESH之后，开始在基于数字化驱动下的零售创新方面，形成第二次正面碰撞，虽然两家机器人餐厅之间并无直接的经营竞争。

更重要的是，两者究竟是否存在雷同类似的疑问，其实应该让渡给一个更有价值的疑问：餐厅的机器人化、自动化创新意义有多大？以及两家的机器人方案各有什么异同价值？

当整个传统零售业都在数字化、智能化一条道走到底时，庞大的餐饮市场也逐步涉身其中。

11月10日，也就是双11前夕，属于京东X事业部每年发布黑科技产品的时间。2018年无一例外，继2017年的无人超市后，京东的机器人餐厅正式在天津亮相。这家位于天津市区的新天津生态城的京东未来餐厅，实现了从点餐、配菜、炒菜、传菜到用餐、结算的全流程智能化运营，它也成为京东赋能餐饮行业的重要突破。

无独有偶，在刚刚结束的中国国际进口博览会（以下简称进博会）上，盒马鲜生打造的机器人餐厅（二代店）正式亮相进博会。扫码点菜、线上支付、灵活小巧的传菜机器人，使得整个就餐流程方便、快捷了很多。

此前，口碑也推出过智慧餐厅。可以发现，数字化、智能化也开始渗透到餐饮行业，但《零售老板内参》App（微信ID：lslb168）认为，其中的意义并不是机器人餐厅的崛起，而是这些智能化模块能够实现组合、拼接，最终提升整个餐饮行业的运营效率，并有效降低成本。

机器人餐厅瞄准百万商户，如何影响餐饮行业？

回过头来看京东、盒马的机器人餐厅，这种黑科技究竟能否真正影响餐饮行业？它的影响力又有多大？

阿里口碑 CEO 范驰就曾表示，口碑的预点餐、智能 POS 系统、数字驱动等智能餐厅解决方案，未来要帮助 100 万家商户完成智能餐厅改造的总目标。

京东、盒马的机器人餐厅没有说具体的目标，但他们在门店智能化上更近一步，AGV 送餐机器人、自动驾驶传菜机器人、烹饪机器人等，直观感受来看，店内的服务员确实减少了。

如果是面向众多餐厅赋能，那么这些智能黑科技真的会被传统餐厅接纳吗？

首先从用户体验角度来说。以京东未来餐厅为例，虽说是机器人炒菜，不过菜品味道并没有让人失望。虽说不上惊艳，但口味和价格还是很相称的。不过也有顾客表示，点菜环节不能进行口味设置有点遗憾，如顾客想要求"少辣"，但下单页并不能进行设置。

此外，自动驾驶传菜机器人虽然看起来炫酷，但在就餐高峰期，机器人们受到的干扰还是很大，来回穿梭的消费者，因为好奇挡路的小孩，都给机器人正常工作带来困扰。从这个层面来看，餐厅的复杂环境，也是技术落地过程中必须要考量的因素。

对于盒马机器人餐厅来说，利用 AGV 传菜，传菜环节会流畅很多，但这种设置占用面积又比较大，对于寸土寸金的餐厅来说，如何在提高运营效率的同时尽量缩减智能设备的占地面积，也需要机器人餐厅不断打磨。

除以上这些细节外，菜品的味道与新品研发能力，同样考验着机器人餐厅。据京东集团副总裁、×事业部总裁肖军介绍，京东未来餐厅会设置中央厨房集中进行菜品的研发，保证菜品的持续更新，但如何根据不同城市、不同选址的门店，研发出符合该区域用户喜欢的菜品，依然是不小的难题。

盒马的机器人餐厅虽然是人工炒菜为主，但据知情人士透露，菜品多海鲜。其实这还是承接了盒马鲜生餐饮区的思路，海鲜一方面引流，另一方面制作简单，容易标准化。

因此，机器人餐厅需要在菜品口味上、菜品的丰富度上，建立一套更加成熟的模式，以此来对用户形成持续的吸引力，而不是短暂的出于对黑科技产品的好奇。

即便各个环节都用机器人替代还有不成熟的地方，但机器人餐厅试图把餐饮智能化、标准化的方向还是值得期待的，至少在某些环节，大数据、人工智能的介入能够有效提高餐厅运营效率。

唐思宇透露，在京东未来餐厅试运营阶段，每日仅晚餐的顾客平均流量近 300 位，单餐翻台率超过 3 次。

随着智能化产品打磨的成熟，在成本和效率方面具备明显优势后，不排除餐饮商家纷纷让门店进行智慧升级，尤其在商超、购物中心、家居等业态的数字化升级如火如荼进行中时，餐饮行业引入大数据、人工智能似乎也是必然趋势。

——win 赢商网，2018-11-20（节选）

结　语

　　在日趋激烈的饭店市场竞争中，餐饮部占有极其重要的地位，一直充当着饭店营销的先锋。与饭店的其他营业部门相比，餐饮部在竞争中更具灵活性、多变性和可塑性。就现代饭店而言，如果是同星级的，其客房设施标准相对比较接近的，餐饮服务常被客人作为挑选饭店的重要因素。有力的餐饮经营，同时会对饭店客房及其他综合服务设施的销售产生良好的影响。此外，餐饮部又是平衡饭店经营中季节性差异的部门，尤其对于旅游饭店而言，经营中的季节性变化比较大，在旅游者集中的季节，饭店往往超负荷运转，而在旅游淡季，饭店则相对比较冷清，不能充分发挥设施设备以及人员的接待能力，从而形成资源浪费现象。饭店可以通过规范餐饮服务流程、提升服务人员服务技能，在菜单设计、服务质量管理等方面提高管理水平等途径助力饭店发展。

　　随着人工智能、互联网＋在各行各业的无限延伸，餐饮行业同样发生着缓慢而又根本的改变。如机器人服务员的上线，使人们的就餐体验更加便捷和智能化，同时也向餐饮管理提出了新的要求。再如，随着线上评价对消费者购买决策的影响越来越大，餐饮管理中的线上口碑营销应得到更多的关注。诸如此类的行业变化都要求餐饮行业在保持其标准化服务与个性化优势的同时，更多地观察和紧跟时代的趋势，及时做出调整和改变，只有这样，才能使餐饮企业的发展跟上消费变化的节奏，不断发展和进步。

参考文献

[1] 徐红军主编.餐饮管理学.北京：经济科学出版社，2005.
[2] 苏北春主编.餐饮服务与管理.北京：人民邮电出版社，2006.
[3] 万坤编著.餐饮管理.北京：旅游教育出版社，2004.
[4] 桂宝编著.现代餐饮管理.北京：北京大学出版社，2006.
[5] 张世琪，陆净岚编.餐饮企业连锁经营与管理.沈阳：辽宁科学技术出版社，2001.
[6] 徐文苑，贾湘辉.饭店餐饮管理实务.广州：广东经济出版社，2015.
[7] 虞讯，严金明编著.现代餐饮管理技术，北京：清华大学出版社，2005.
[8] 黄文刚主编.餐饮管理.成都：四川大学出版社，2005.
[9] 赵涛主编.餐饮店经营管理.北京：北京工业大学出版社，2006.
[10] 李明平编著.餐饮服务与管理.大连：东北财经大学出版社，2002.
[11] 夏雨生主编.餐饮服务与管理.北京：机械工业出版社，2005.
[12] 陈觉，黄波编著.餐饮管理核心技能及训练.沈阳：辽宁科学技术出版社，2005.
[13] 林德荣.餐饮企业经营与管理.厦门：厦门大学出版社，2009.
[14] 陈觉.餐饮服务要点及案例评析.沈阳：辽宁科学技术出版社，2003.
[15] 黄浏英.主题餐厅设计与管理.沈阳：辽宁科学技术出版社，2001.
[16] 黄文波.餐饮管理.天津：南开大学出版社，2000.
[17] 邹郑主编.餐业 HACCP 实用教程.北京：中国轻工业出版社，2005.
[18] 谢民，何喜刚编著.餐厅服务与管理.北京：清华大学出版社，2006.
[19] lack D.Ninemeier 著.餐饮经营管理.张莉莉，纪俊超主译.北京：中国旅游出版社，2002.
[20] 陈尧帝.餐饮服务培训教材.沈阳：辽宁科学技术出版社，2003.
[21] 郭敏文主编.餐饮部运行与管理.北京：旅游教育出版社，2003.
[22] 李勇平，王晓晓.饭店餐饮部的运行与管理.北京：旅游教育出版社 2000.
[23] 郭敏文.餐饮部运行与管理.北京：旅游教育出版社，2003.
[24] 余炳炎主编.饭店餐饮管理.北京：旅游教育出版社，2004.
[25] 黄浏英主编.餐饮品牌营销.沈阳：辽宁科学技术出版社，2003.

［26］Jack p.Mllr 著.餐饮成本控制.文波,孙超详译.天津:南开大学出版社,2004.

［27］王蕾.2017 年前三季度旅游上市公司财务分析［J］.时代金融,2018（15）:162-163.

［28］三亚亚龙湾瑞吉度假饭店业主代表高钟凯先生荣获"海南饭店业十大杰出业主代表"奖项［J］.中国会展（中国会议）,2018（10）:21.

［29］黄平.基于 AHP-模糊评价综合法的高星级饭店顾客感知满意度研究——以昆明市五星级饭店为例［J］.价值工程,2018,37（15）:4-6.

［30］王一飞,崔然红.基于 SWOT 分析的青岛餐饮式饭店营销研究［J］.现代商贸工业,2018,39（15）:70-71.

［31］王柏.浅谈"绿色饭店"发展方向［J］.现代营销（经营版）,2018（5）:132.

［32］手工鲜豆皮机 祝你实现创业梦想［J］.现代营销（创富信息版）,2018（5）:73.

［33］手工鲜豆皮机 祝你实现创业梦想［J］.现代营销（经营版）,2018（5）:146.

［34］韩旭博,陈蜀花.饭店管理专业应用型本科与专科人才培养方式的比较——以《餐饮服务与管理》课程为例［J］.中国商论,2018（11）:188-190.

［35］陈丽威.基于消费者行为视角的温泉度假饭店设计研究［J］.中外企业家,2018（12）:35-37.

［36］田一涵.基于"9S"管理法对星级饭店餐饮部门服务人员的管理［J］.旅游纵览（下半月）,2018（4）:77-78.

［37］陆郁.中小型饭店餐饮管理系统的功能需求分析［J］.科技风,2018（11）:162.

［38］张俊兰.关于饭店餐饮人力资源管理的思考［J］.中外企业家,2018（11）:211+213.

［39］章洁.基于工作过程的高职专业课程设计——以《餐饮服务与管理》课程为例［J］.中国多媒体与网络教学学报（中旬刊）,2018（4）:76-77.

［40］王崇民.安佳专业乳品专业伙伴亮相 2018 上海 Hotelex,助力餐饮服务业健康发展［J］.食品安全导刊,2018（10）:16.

［41］林凤.饭店管理专业"赛教融合"教学模式改革探究——以 2017 年省技能大赛"中餐主题宴会设计"竞赛为例［J］.知识经济,2018（8）:159-160.

［42］手工鲜豆皮机.祝你实现创业梦想［J］.现代营销（经营版）,2018（4）:82.

［43］尚社,刘义昂,王建平.行业集体协商的实践探索——江苏省滨海县餐饮行

业集体协商过程"回放"[J].工会信息,2018(7):42-43.

[44]郭燕胜.旅游饭店餐饮服务质量问题的分析及对策研究[J].旅游纵览(下半月),2018(3):82+85.

[45]凌楠.饭店餐饮服务模式转变分析——从标准化到个性化服务[J].时代金融,2018(8):331-332.

[46]王博.FML饭店餐饮成本控制存在的问题及改进措施[J].经营与管理,2018(3):25-28.

[47]于思佳.高星级饭店餐饮服务质量管理影响因素分析[J].市场周刊(理论研究),2018(3):48-49.

[48]卜俊芝.大数据在浙江省高端饭店餐饮转型中的应用研究[J].四川旅游学院学报,2018(2):26-28.

[49]韦豪,周永欣,李小玉.基于网络评价内容分析的张家界高星级饭店餐饮服务质量改进研究[J].产业与科技论坛,2018,17(5):200-201.

[50]李孟奇.浅谈饭店餐饮成本控制问题[J].才智,2018(6):184-185.

[51]周倩微,付冰.浅谈饭店餐饮服务质量管理——以上海浦东嘉里大饭店为例[J].中外企业家,2018(6):5-6.

[52]张玏.关于高职院校《餐饮服务与管理》课程改革的几点思考[J].科学大众(科学教育),2018(2):145.

[53]唐丽娟.基于职场体验的餐饮服务与管理课程改革研究[J].辽宁经济,2018(2):90-91.

[54]林凤.基于工作过程的饭店管理专业技能课程教学内容和教学方法的研究——以《饭店餐饮管理实务》为例[J].现代交际,2018(3):221-222.

[55]李凯.谈国际品牌饭店餐饮服务的差异化[J].才智,2018(5):202-203.

[56]孟醒.浅谈如何提高饭店餐饮服务质量[J].才智,2018(5):218+220.

[57]白长虹,张植奎,杨明静."旅游·饭店·餐饮"创新教育联盟建设探究[J].现代教育技术,2018,28(S1):17-21.

[58]林永坚.信息化环境下中职实训项目教学研究——以餐饮服务与管理课程为例[J].科学咨询(科技·管理),2018(2):77.

[59]赵广欣.将地域特色文化植入饭店餐饮 浅谈兰州皇冠假日饭店如何打造特色文化[J].中国会展(中国会议),2018(2):108-109.

[60]王相惠.洛桑模式对餐饮实操教学的启示——以扬州中瑞饭店职业学院为例[J].旅游纵览(下半月),2018(1):199.

[61]于莘.论五星级饭店如何实现餐饮服务个性化——以深圳某国际品牌饭店为例[J].旅游纵览(下半月),2018(1):86-87.

[62]李向红,苗雨萌.西安位列国内优质旅游消费十大目的地[J].现代企业,

2018（1）：41.

［63］曾凡琪.关于应用型本科院校职业导向型课程的实践——以《餐饮部运行管理》课程为例［J］.中国高新区，2018（1）：67.

［64］邓桂兰.广州市星级饭店餐饮从业人员食品安全知识调查研究［J］.广东轻工职业技术学院学报，2017，16（4）：71-76.

［65］陈海明，董倩婷.饭店NPS测量系统模型研究［J］.邵阳学院学报（社会科学版），2017，16（6）：44-52.

［66］陈鹭洁.高星级饭店餐饮O2O营销策略研究［J］.金融经济，2017（24）：141-142.

［67］张远.从供产销环节看饭店餐饮成本控制［J］.旅游纵览（下半月），2017（12）：78.

［68］周松.连锁饭店餐饮食品质量安全管理研究［J］.食品工业，2017，38（12）：228-230.

［69］祝海珍.HACCP体系在我国餐饮行业食品安全管理中的应用研究进展［J］.现代食品，2017（23）：1-4.

［70］朱景山.欧美连锁饭店餐饮食品安全管理及给中国的启示［J］.食品工业，2017，38（11）：287-290.

［71］肖平，刘莉.浅论高星级饭店自助餐菜品设计——以成都群光君悦饭店为例［J］.现代食品，2017（21）：58-62.

［72］徐琳，宋薇.沈阳市民对高星级饭店中餐厅个性化服务的需求研究［J］.现代经济信息，2017（21）：468-470.

［73］万达饭店及度假村任命陈国宾为武汉万达瑞华饭店总经理［J］.中国会展（中国会议），2017（20）：25.

［74］张丽萍.产教融合背景下餐饮管理课程教学改革与实践［J］.课程教育研究，2017（42）：236-237.

［75］林碧虾，陈贵松，罗丹霞，郑才亮.OTA背景下度假饭店赢利路径研究——以泉州Y饭店为例［J］.台湾农业探索，2017（5）：75-81.

［76］马靖华.凯歌饭店餐饮管理系统［J］.计算机产品与流通，2017（10）：261.

［77］王伟.论中小型饭店餐饮管理系统分析与设计［J］.旅游纵览（下半月），2017（9）：50.

［78］毛用春.饭店税收筹划研究［J］.全国流通经济，2017（26）：46-47.

［79］罗霞.饭店餐饮管理实践课程立体化教学模式的构建与实施分析［J］.科技风，2017（17）：48-49.

［80］冀瑞鹏，陆敏.基于柯氏模型的《餐饮管理》课程教学考核体系初探——以河海大学文天学院饭店管理专业为例［J］.才智，2017（10）：194-195.

[81] 封烽，梁远远，周彬.论"互联网+"的饭店电子商务经营策略[J].电子商务，2017（3）：5-7，32.

[82] 李鹏.饭店管理《餐饮成本控制》课程教学思考[J].财会学习，2017（5）：207.

[83] 刘佳淇，林怡.饭店餐饮部核心竞争力研究[J].现代营销（下旬刊），2017（1）：146.

[84] 王洋.高职教饭店管理专业餐饮实务教学改革探索[J].中国市场，2017（3）：236+238.

[85] 康慧玲.高职饭店类实训课程教学改革研究——以《餐饮服务与管理》课程为例[J].旅游纵览（下半月），2017（1）：259-260.

[86] 陈杰.饭店餐饮中食品安全管理信息不对称问题的研究[J].食品研究与开发，2017，38（2）：214-217.

[87] 王智慧.浅析增加星级饭店自助餐厅客流量的策略——以百纳瑞汀饭店四季自助百汇为例[J].价值工程，2017，36（2）：214-215.

[88] 兰青燕.浅谈饭店业餐饮成本控制方法[J].财会学习，2017（1）：11-12.

[89] 曾余.学习型组织在饭店餐饮服务质量管理中的应用[J].知识经济，2017（1）：63-64.

[90] 王晓宇.饭店餐饮一线员工一岗多责现象探讨——以上海蓝海博龙国际大饭店为例[J].现代经济信息，2016（23）：58+60.

[91] 陈程.内蒙古餐饮企业人性化服务分析[J].现代商贸工业，2018，39（35）：93-95.

[92] 徐小桃，苏莉.中职饭店服务与管理专业教学资源库建设与应用研究[J].职业教育研究，2018（10）：61-65.

[93] 陈悦诗，王宁.文化类主题饭店现状及发展趋势初探[J].市场周刊，2018（10）：26-27.

[94] 韩静.浅谈点菜服务对提升餐饮服务质量的作用[J].文化创新比较研究，2018，2（28）：162-163.

[95] 原娅丽.饭店服务与管理专业教学改革之思考[J].职业，2018（27）：42-43.

[96] 王洪斌.高档饭店餐饮部门成本控制研究——以营口华联大饭店为例[J].现代经济信息，2018（18）：168-169，183.

[97] 贾荣.成都乡村旅游特色餐饮供给调查[J].旅游纵览（下半月），2018（9）：133-134.

[98] 调查显示：干净卫生和食物品质对顾客而言同等重要[J].中国洗涤用品工业，2018（9）：23.

［99］李思，王敏．基于OBE理念的《饭店餐饮管理》课程教学设计［J］．产业与科技论坛，2018，17（18）：158-159．

［100］许朝辉．我国饭店餐饮在食品营养方面的问题探析［J］．食品安全质量检测学报，2018，9（16）：4445-4448．

［101］钟瑶，梁艳．双语教学模式在饭店管理专业教学中的实际运用研究——以《餐饮服务与管理》课程为例［J］．才智，2018（24）：9．

［102］陈敬华．产教融合背景下饭店餐饮管理课程教学改革实践［J］.旅游纵览（下半月），2018（8）：220-223．

项目策划：段向民
责任编辑：武　洋
责任印制：谢　雨
封面设计：武爱听

图书在版编目（CIP）数据

酒店餐饮管理实务教程 / 张恒，张远主编. — 北京：中国旅游出版社，2021.3（2025.7重印）

全国高等职业教育"十三五"现代学徒制规划教材

ISBN 978-7-5032-6250-0

Ⅰ．①酒⋯ Ⅱ．①张⋯ ②张⋯ Ⅲ．①饮食业—商业管理—高等职业教育—教材 Ⅳ．① F719.3

中国版本图书馆CIP数据核字（2019）第084757号

书　　名：酒店餐饮管理实务教程

主　　编：张　恒　张　远
副 主 编：夏远利
出版发行：中国旅游出版社
　　　　　（北京静安东里6号　邮编：100028）
　　　　　https://www.cttp.net.cn　E-mail:cttp@mct.gov.cn
　　　　　营销中心电话：010-57377103，010-57377106
　　　　　读者服务部电话：010-57377107
排　　版：北京旅教文化传播有限公司
经　　销：全国各地新华书店
印　　刷：三河市灵山芝兰印刷有限公司
版　　次：2021年3月第1版　2025年7月第2次印刷
开　　本：787毫米×1092毫米　1/16
印　　张：15.5
字　　数：299千
定　　价：49.80元
ＩＳＢＮ　978-7-5032-6250-0

版权所有　翻印必究
如发现质量问题，请直接与营销中心联系调换